# 文化与经济

篆赠
清华大学
文化经济研究院
李岚清
乙亥岁末

  清华大学文化经济研究院是由清华大学经济管理学院、美术学院、新闻与传播学院及清华大学艺术博物馆共建的校级跨学科交叉研究院，2017年8月经清华大学校务会议批准设立，并于2017年10月10日正式挂牌成立。研究院设立的目的，旨在服务于"坚定文化自信，建设社会主义文化强国"和"提高国家文化软实力"的战略构想，以及满足"人民群众对美好生活的向往"，发挥清华大学多学科学术及研究的资源优势，整合科研机构、政府部门、产业界与企业界的相关资源，推进产、学、研及管理部门的交流与合作，为推动中国文化事业和文化产业大发展大繁荣，推动文化与经济有机融合和共生发展，以及推动中国经济整体升级搭建平台，贡献力量。

### 研究定位
**文化促进经济，经济赋能文化**

### 研究方法
以经济学、管理学的全新视角、方法和工具，
进行泛文化产业及相关经济课题研究

### 发展愿景
致力成为中国文化经济领域优秀智库，推动学术研究（学界）、政策制定（政府）、产业发展（企业、文化界）良性互动，建设文化经济健康生态

# 文化经济学

## CULTURAL ECONOMICS

魏 杰 主编

图书在版编目（CIP）数据

文化经济学 / 魏杰主编 . —北京：企业管理出版社，2020.3
ISBN 978-7-5164-2105-5

Ⅰ . ①文… Ⅱ . ①魏… Ⅲ . ①文化经济学 Ⅳ . ① G05

中国版本图书馆 CIP 数据核字（2020）第 013426 号

| | |
|---|---|
| 书　　名： | 文化经济学 |
| 作　　者： | 魏　杰 |
| 责任编辑： | 尚元经　李　坚 |
| 书　　号： | ISBN 978-7-5164-2105-5 |
| 出版发行： | 企业管理出版社 |
| 地　　址： | 北京市海淀区紫竹院南路17号　　邮编：100048 |
| 网　　址： | http：//www.emph.cn |
| 电　　话： | 编辑部（010）68414643　发行部（010）68701816 |
| 电子信箱： | qiguan1961@163.com |
| 印　　刷： | 三河市东方印刷有限公司 |
| 经　　销： | 新华书店 |
| 规　　格： | 170毫米×240毫米　16开本　21.75印张　388千字 |
| 版　　次： | 2020年6月第1版　2020年6月第1次印刷 |
| 定　　价： | 128.00元 |

版权所有　翻印必究·印装错误　负责调换

# 前 言
Foreword

《文化经济学》是清华大学文化经济研究院为创建一流研究院而精心打造的奠基之作。它既适合于相关智库使用，也适合于相关教学使用，更适合于从事文化经济及相关活动的人们使用，是一部学术与实践相结合的著作。

本书由三个部分构成。

第一部分着重构造文化经济的理论框架，确定文化经济的基本分析方法及视野，梳理中外有关学术思想及理论，为文化经济做好学术积淀。

第二部分是从经济看文化，探讨文化经济的基本构成要素，包括文化产品、文化企业、文化产业、文化市场、文化资本、文化政策等，全方位探讨文化经济的运行规律。

第三部分是从文化看经济，探讨经济活动中的文化要素，包括两个内容：一个是表现在产品上的文化要素，即产品形态的经济文化；一个是反映在从事经济活动的人们的思想上的经济文化，因为从事经济活动的人是有思想的人，有关思想在支配人们如何从事经济活动，这种支配人们从事经济活动的价值理念，就是价值理念形态的经济文化，例如契约精神、法治意识等。

在本书撰写过程中，有关机构、清华大学经济管理学院和文化经济领域相关专家给予了大力支持和帮助，我的学生赵俊超、施成杰、汪浩、刘小刚和文化经济研究院宋逸群、中央财经大学研究生解晓通协助做了大量文字和数据整理工作，在此，一并表示感谢。

魏　杰

2020年3月于清华大学文化经济研究院

# 目录
Contents

## 第一章 文化经济和文化经济学

### 第一节 文化经济新形态孕育而生 …………………………… 2
1. 文化的经济化 …………………………………………… 3
2. 经济的文化化 …………………………………………… 8
3. 文化经济：一种全新形态 …………………………… 13

### 第二节 文化经济的历史使命 ………………………………… 16
1. 文化经济：未来经济发展的重要引擎 ……………… 17
2. 文化经济：获取文化话语权、实现文化复兴的基本途径 … 20

### 第三节 构建时代需要的文化经济学学科 ………………… 24
1. 狭义定义：基于文化产品的文化经济学 …………… 25
2. 较宽泛定义：基于文化产业的文化经济学 ………… 29
3. 本书的定义：基于文化经济的文化经济学 ………… 32

# 第二章 文化经济学的研究框架

## 第一节 文化经济研究的三种逻辑：一个简要回顾 ············40
1. 批判逻辑：探讨文化经济背后的社会关系 ········ 41
2. 实用逻辑：分析文化经济自身的运行规律 ········ 42
3. 交互逻辑：探索文化和经济的相互影响 ·········· 44

## 第二节 从"分工—交换"视角认识文化经济 ············48
1. 物质生产和文化生产交互作用 ················ 48
2. "分工—交换"交互拓展是人类发展的原动力 ······· 50
3. 物质生产方式变革对文化生产方式的影响 ········ 51
4. 物质生产和经济文化共生演化 ················ 53

## 第三节 文化经济学的概念体系 ············54
1. 文化产品和文化商品 ······················ 55
2. 文化企业与文化公共机构 ··················· 56
3. 文化市场 ····························· 57
4. 文化产业 ····························· 58
5. 文化资本 ····························· 59
6. 文化政策 ····························· 61
7. 经济文化 ····························· 62

# 第三章 文化产品和文化商品

## 第一节 从文化产品到文化商品 ············66
1. 文化产品的概念和分类 ···················· 66
2. 文化产品的商品化 ······················· 67

3.文化商品的基本特征 ·················································· 69

第二节　文化商品的市场逻辑·················································· 74
　　　1.文化商品的需求分析 ·················································· 74
　　　2.文化商品的供给分析 ·················································· 77

第三节　我国文化消费的发展·················································· 79
　　　1.文化消费发展的总体情况 ············································ 79
　　　2.文化消费发展的重要意义 ············································ 83
　　　3.文化消费发展的未来潜力 ············································ 84

# 第四章　文化企业和文化公共机构

第一节　文化企业分析·························································· 92
　　　1.文化企业概述 ··························································· 92
　　　2.文化企业的特征 ························································ 94
　　　3.文化企业的发展演变 ·················································· 96

第二节　文化公共机构分析······················································ 99
　　　1.文化公共机构概述 ····················································· 99
　　　2.文化公共机构的特征和分类 ········································ 100
　　　3.我国文化公共机构转型发展的趋势 ······························· 101

第三节　我国文化企业和文化公共机构的发展····························· 105
　　　1.我国文化企业的发展情况 ··········································· 105
　　　2.我国文化公共机构的发展情况 ····································· 110

## 第五章　文化市场

**第一节　文化市场的内涵和外延** ·············· 118
　　1.文化市场的定义 ······························ 118
　　2.文化市场的主体与功能 ···················· 119
　　3.文化市场的分类 ······························ 120

**第二节　文化市场的特征与特点** ·············· 122
　　1.文化市场的基本特征 ························ 122
　　2.文化市场的独特性 ··························· 122

**第三节　文化市场的运行机制** ·················· 125
　　1.文化市场机制的功能 ························ 125
　　2.文化市场机制的类型和作用 ·············· 126

**第四节　国内外文化市场发展现状** ·········· 132
　　1.快速发展的中国文化市场 ················· 132
　　2.稳定扩张的国际文化市场 ················· 136

**第五节　建设我国完善的文化市场** ·········· 138
　　1.文化市场发展的未来方向 ················· 138
　　2.发展我国文化市场的建议 ················· 141

## 第六章　文化产业

**第一节　何为文化产业** ···························· 146
　　1.从文化工业到文化产业 ···················· 147
　　2.文化产业的界定 ······························ 149

  3. 文化产业分类 ·········································· 156

## 第二节 文化产业：国民经济支柱性产业 ············· 162
  1. 我国文化产业发展历程 ······························ 162
  2. 文化产业发展的国际经验 ··························· 165
  3. 国家发展视角下的我国文化产业 ··················· 170

## 第三节 我国文化产业发展趋势判断 ····················· 173
  1. 我国文化产业现状 ···································· 173
  2. 我国文化产业发展的趋势性特征 ··················· 175
  3. 从文化产业大国迈向文化产业强国 ················ 184

## 第四节 作为区域发展战略的文化产业 ·················· 186
  1. 城市更新 ················································ 187
  2. 特色小镇 ················································ 189
  3. 节庆会展 ················································ 190
  4. 地标产品 ················································ 193
  5. 主题公园 ················································ 194

# 第七章 文化资本

## 第一节 文化资本：文化经济中最活跃的生产要素 ········· 202
  1. 文化资本界定 ·········································· 203
  2. 文化资本与文化资源辨析 ··························· 208
  3. 文化资本与文化经济生产 ··························· 212

## 第二节 文化资本典型形态 ································ 214
  1. 文化投资 ················································ 214

2.文化遗产 …………………………………………… 216
　　3.品牌字号 …………………………………………… 219
　　4.文化IP……………………………………………… 222
　　5.人气潮流 …………………………………………… 226

第三节　现代市场体系中的文化资本运营…………………… 229
　　1.从文化生产经营到文化资本运营 ………………… 229
　　2.目前比较活跃的几种文化资本运营方式 ………… 231
　　3.文化资本运营的特性 ……………………………… 238

# 第八章　文化政策

第一节　文化政策：文化经济的国家调节工具 …………… 244
　　1.文化政策是什么 …………………………………… 245
　　2.文化经济双重属性与文化政策二元目标 ………… 250
　　3.文化政策：实现文化经济历史使命的政策保障 … 252

第二节　文化体制改革与我国文化政策体系划分………… 253
　　1.我国文化体制改革历程 …………………………… 253
　　2.我国文化体制改革的脉络主线：理顺政府和市场的关系 259
　　3.文化政策体系划分 ………………………………… 261

第三节　直接性文化政策：发展公益性文化事业………… 263
　　1.公共文化设施开放和服务提升 …………………… 264
　　2.文化遗产保护和利用 ……………………………… 268
　　3.文化多样性与保护传承 …………………………… 272
　　4.文化均等化服务和艺术普及推广 ………………… 275

### 第四节　间接性文化政策：健全现代文化市场体系 …………… 279
　　1. 生产端政策 ………………………………………………… 280
　　2. 消费端政策 ………………………………………………… 284
　　3. 制度端政策 ………………………………………………… 288
　　4. 对外端政策 ………………………………………………… 293

## 第九章　经济文化

### 第一节　契约精神 ……………………………………………… 305
　　1. 契约精神的内涵与溯源 …………………………………… 305
　　2. 契约精神在市场经济中的意义 …………………………… 306
　　3. 我国培养市场主体契约精神的实践 ……………………… 308
　　4. 培养市场主体契约精神的未来举措 ……………………… 309

### 第二节　法律意识 ……………………………………………… 310
　　1. 法律意识的内涵 …………………………………………… 310
　　2. 法律意识在现代市场经济中的作用 ……………………… 311
　　3. 我国市场经济主体法律意识现状 ………………………… 313
　　4. 市场经济中法律意识的形成机制探讨 …………………… 314

### 第三节　责任意识 ……………………………………………… 315
　　1. 责任意识的内涵 …………………………………………… 315
　　2. 责任意识在现代市场经济中的作用 ……………………… 316
　　3. 我国社会责任投资发展现状 ……………………………… 317
　　4. 市场主体培育责任意识的可行方式 ……………………… 318

### 第四节 创新精神·································· **319**
　　1.创新精神的内涵 ································ 319
　　2.创新精神在市场经济中的意义 ···················· 320
　　3.我国创新体系的现状 ···························· 321
　　4.进一步加强市场创新能力的建议 ·················· 323

### 第五节 风险意识·································· **326**
　　1.风险意识的内涵 ································ 326
　　2.风险意识在现代市场经济中的作用 ················ 327
　　3.中国的系统性金融风险与防范 ···················· 328
　　4.企业现代风险管理体系的进一步完善 ·············· 329

### 第六节 产品文化·································· **330**
　　1.产品文化的内涵 ································ 330
　　2.我国产品文化发展的现状 ························ 331
　　3.我国产品文化未来发展趋势 ······················ 333

# 第一章 文化经济和文化经济学

文化经济学是一门横跨文化和经济的新兴交叉学科。文化经济学的产生，并非是出于"运用经济学方法来研究文化问题"的技术性需要，而是由于出现了一个此前尚未有过的新形态——文化经济。文化经济是人类社会发展到较高阶段的产物，一方面是文化的经济化，另一方面是经济的文化化，二者相向发展、相互渗透、高度融合，诞生出文化经济这一全新形态。文化经济学，就是以文化经济作为研究对象的新学科。

# 第一节　文化经济新形态孕育而生

人类社会的任何活动的最终目的，都是为了满足自身的需求。人类的需求基本可以分为两类，一个是物质需求，一个是精神需求。满足物质需求依靠物质产品的生产即经济，满足精神需求则依靠文化。自人类出现以来，经济与文化，始终构成人类社会的两大基本活动。

但经济与文化并非完全相互独立，尤其是伴随人类社会向更高阶段发展，同时出现两个趋势：一方面文化越来越带有经济的特征，文化产品经由技术进步规模迅速扩张，文化产业成为举足轻重的国民经济部门；另一方面经济越来越带有文化的特征，物质产品生产中"文化含量"越来越重要，文化影响甚至决定了产出的效率和质量。经济和文化的边界日渐模糊，已经难以区分经济化的文化和文化化的经济，我们将这种同时具有经济和文化两个属性的事物及发展形态称为文化经济。

## 1. 文化的经济化

文化经济化指的是，随着人类社会向更高阶段发展，文化逐渐具有经济特征甚至成为一种独立的经济形式，尤其是经济活动的内在规律成为推动文化发展的基本原则。文化经济化主要表现为四个转变。一是动机转变。在早期，文化生产的动机只是娱乐和艺术等精神追求，现代以后其动机转变为牟利，为赚钱而生产。二是受众转变。在早期，文化作为一种高层次精神产品，为少数统治阶层专享，现代以后其面向对象扩展到社会绝大多数阶层。三是规模转变。在早期，文化的经济产出很小，几乎可以忽略不计，现代以后其规模迅猛扩张，甚至成为重要的国民经济部门。四是运行规则转变。在早期，文化基本按照其自身的规律而运行，现代以后经济规律的作用日益凸显，经济规律已经成为指导文化发展的内在规律。文化实现这四个转变的过程，就是文化经济化的过程。

在人类社会发展相当长的时期内，文化是脱离经济而存在的。文化是人类社会与生俱来的活动形式，在文字尚未产生的年代，人类已经开始用器物和符号表达自己的价值观念。此后，陆续出现文字、舞蹈、音乐等独立的文化形式。然而在这一时期，文化和经济几乎是完全脱离的。如我国西周时期已经有了完备的编钟文化，在祭祀、会盟、宴享、婚丧嫁娶中都有广泛使用。然而，编钟文化只是当时礼制的一部分，面向的只是国君、卿大夫等极少数群体，不仅如此，"人们的社会地位不同，所奏的音乐不同，使用乐器，特别是铜编钟的规格和等级也不相同"[①]。因此，这种文化不仅和经济完全脱离，而且也不存在经济化的空间和可能。

中国古代文化在隋唐时期发展到全面繁荣的阶段，但文化与经济仍具有相互分离的特征。在隋唐时期，随着人口爆炸式增长、国力长期强盛和与周边民族的开放交流，出现了以诗歌艺术为核心的多种多样艺术形式。唐玄宗爱好艺术，在皇家禁苑中的梨园开辟演习歌舞戏曲场所，成为我国历史上第一座集音乐、舞蹈、戏曲的综合性"艺术学院"。从盛唐贯穿晚唐，达官贵人蓄养歌伎伶人风潮盛行。如著名诗人白居易蓄养家伎超过百人，其中就有在后世扬名的"樊素"和"小蛮"，白居易的诗歌中也留下大量涉及音乐、舞蹈的诗作[②]。然而，这些文化更多属于私人爱好而非市场属性，达官贵人蓄养歌伎不是为了演出赚钱，而是为了体现其作为主人的地位尊严、丰厚财力和高雅格调等，文化和经济依然是分离的。

宋元以后我国古代文化开始具有一些经济的特征。宋词以曲牌作为基础，可以自如转化为歌曲，不仅提高了文化传播的速度，而且丰富了文化传播的方式，甚至为其商业化提供了空间。各种艺术形式不断涌现，通过市场的方式赢得生存和发展。专业化的文化市场也开始

---

[①] 李玉洁："先秦编钟组合的礼制研究"，《考古与文物》，2016年第1期。
[②] 李成秋："白居易的音乐实践"，《艺术科技》，2017年第10期。

出现，如两宋时期的"瓦肆勾栏"就是音乐歌舞文化商业化的重要形式①。在宋代，"瓦肆"中有一些固定的表演曲艺、杂技、杂剧的商业性演出场所，其四周设有护栏，被称作"勾栏"。市民进入"勾栏"观看演出需要买票，因此"勾栏"实际就是当时的歌舞音乐剧院。到了元朝，元曲演出成为最典型的文化经济活动。出于谋生的需要，关汉卿、马致远和其他许多书会才人一样，在不得已的情况下与民间艺人结盟，参与勾栏瓦肆的杂剧创作，以经济活动的形式实现了我国古代文化的新繁荣。

尽管我国文化源远流长、高度繁荣，但直到近代以前，文化的经济特征都不显著。总体来看，在近代以前我国文化与经济呈高度分离状态，文化产品能实现经济化的只是个别、零星、局部的现象②。一是文化产品的规模一直很小。直到近代以前，我国一直以"一家一户、男耕女织"为基本社会形态，90%以上的人口是小农，由于生产资料无限细分、生产力水平极为低下，难以支撑起一个独立完整的文化经济部门，文化产品规模极小，只是零星和点缀。二是受众限于少数有闲阶级。劳动人民以温饱为最高生活目的，没有财力来享受文化产品，同时，大多数人民文化素养低下，缺乏对文化产品的需求。三是文化产品本身传播能力受限。这一时期文化产品同生产行为还无法分离，尚未出现低成本、易传播的产品，"看戏只能到戏院且只能即时欣赏"，这就大大限制了其传播能力，经济性受到极大限制。四是文化生产者地位低下。我国传统社会按"士农工商"的社会等级，文化产品生产

---

① 段海燕："从'瓦肆''勾栏'看宋代商业音乐文化"，《兰台世界》，2014年第12期（上）。
② 任平："文化的资本逻辑与资本的文化逻辑：资本创新场景的辩证批判"，《江海学刊》，2013年第1期。

者如画匠、手工艺人、戏曲歌舞表演者等地位低下，甚至被列入四个社会等级之外的"贱籍"，既缺乏社会资源也缺乏积极性实现文化产品的发展和扩张。由于文化缺乏大批量生产和传播的基础，也就难以成为一种经济形式并在整体社会经济中占据一席之地。

但是，随着人类社会的发展，文化经济的社会基础逐渐形成。进入20世纪以后，以西方发达国家为肇始，文化开始出现大规模、深层次经济化的过程。这一时期制约文化经济化的两个瓶颈得到很好的解决。

一个是生产端，一系列的新发明实现了文化产品的"工业化"或产业化生产。其中具有标志性的产品是唱片。1888年，德裔美国发明家埃米尔·玻里纳研制出一种唱盘式留声机，使用扁圆形涂蜡锌版作为播放和录音的媒体，同时也可制成母版复制，使得唱片商业化量产成为可能。后经包括爱迪生在内许多人的改进，20世纪初期唱片成为录音音乐的主要载体。唱片从根本上改变了人们欣赏音乐的方式。以前，人们必须买票去剧院现场听音乐，不仅成本高，而且时间、空间都受到限制。在唱片发明以后，人们可以低成本地、随时随地地听到自己喜欢的名家的作品。以唱片为起点，麦克风、电吉他、电影等新产品和广播、电视等新传播方式不断涌现，文化产品得以大批量、低成本地实现复制和扩散。

另一端是消费端，工人阶级的持续斗争改善了自身境遇，使文化产品具备了大众基础。至18世纪中期，西方资本主义国家工人阶级不仅超时长劳动，而且工资待遇很低。早在1817年，空想社会主义者罗伯特·欧文提出了"八小时工作制"的口号，即"八小时劳动、八小时休息、八小时休闲"。这一口号在19世纪末期终于成为现实。1886

年5月1日，美国芝加哥等城市工人举行总罢工，在世界进步舆论的支持下，美国政府终于在一个月后宣布实施八小时工作制。此后，主要资本主义国家陆续宣布实施八小时工作制，并在1919年得到国际劳工会议的确认。在工人阶级的持续斗争下，不仅劳动时长得到减少，而且工资水平实现持续提高。在人类历史上第一次，人民大众既具备了对文化产品的支付能力，也具备了消费和享受文化产品的闲暇时间，文化真正具备了大众化的基础。

生产端与消费端的同步提升使文化生产形态产生根本变化。文化不再是小规模、自然化、即期式的精神产品生产，而是具备了一般商品的生产、交换、分配、消费等特征，成为一种工业或产业。随着人类生产效率和物质承载力的不断提高，文化产品生产消费的规模持续扩大。尤其是20世纪80年代以后，由于电脑、手机、网络等新技术的出现，文化经济的范围不断扩张，程度不断加深，体量不断膨胀，成为国民经济的一个独立部门，甚至对经济发展整体具有了显著影响。文化生产成为举足轻重、备受瞩目的经济构成部分。

更为重要的是，经济运行规律成为文化活动的内在运行原则，文化依据经济运行规律而发展，经济思维成为文化活动的指导思想。从经济学角度来看，但凡是经济，必然包括5个要点，即：产品、产业、资本、市场、企业，随着文化经济化的进程，人类社会形成了文化产品、文化产业、文化资本、文化市场、文化企业，文化构成一种完整的经济形态。相应地，在这些文化活动的运行中，也必然同样遵循经济运行的规律。文化活动实现这一根本转变，成为一种全新的经济形态，同时标志着文化经济已经形成核心内容。

## 2. 经济的文化化

与文化经济化相向发展的是经济的文化化。经济文化化指的是随着人类社会向更高阶段发展，经济活动中文化的作用越来越突出，文化向整个经济活动领域扩散，在某些领域和某些环节甚至成为灵魂和核心。它包括三大趋势性特征。

（1）产品文化化

产品文化化是经济文化化的一种典型特征，其表现非常广泛。随着人类社会发展，已有的大量商品逐渐具有了文化的特征，甚至文化性占据主导地位。经济文化化的过程不易为人们所察觉，它随着消费水平的提升、消费潮流的变化而悄然发生，往往当一种商品文化性占据主导地位的时候才被人们所认知。在这一过程中，对不同产品来说其经济文化化的程度存在显著差异，有些产品可能已经实现了非常充分的文化化，而另一些产品却可能并不明显，但总的趋势是产品文化化的不断扩散和深化。

产品文化化是随着物质产品不断丰富和人们消费水平不断提高而产生的。在物质产品不丰富的年代，人们购买商品以满足基本生存需要为首要目的，而在温饱问题解决之后，则转向更高层次的精神需求。商品中蕴含的文化的分量越来越重，甚至占据主导地位。以茶叶产业为例。我国栽培茶叶已有4000多年的历史，茶叶成为大宗贸易品也已有上千年的历史，当年的海上丝绸之路同时也是海上"茶"路。但现在随着经济社会向更高阶段发展，茶叶已经不再是一种单纯的物质产品，它的文化特征越来越突出，甚至超越了茶本身。茶文化成为茶产业的灵魂，决定了产品价值和产业发展形态。

> **专栏1-1　　哈雷：卖的不是摩托车而是文化**
>
> 　　"哈雷·戴维森"之所以历经百年而不衰，就在于它从制造第一辆摩托车起，不是一味埋头于摩托车的设计制造，而是潜心致力于创造一种独具特色的"摩托文化"。他们想方设法延续和演绎凸显美国老百姓人文观和价值取向的"牛仔精神"，巧借硕大笨重的体型，纯金属的坚硬质地，令人炫目的色彩，大排量大油门的轰鸣，满足所有男人向往"狂野之心"和"狂野之形"的渴望。
>
> 　　单纯从技术层面来看，哈雷摩托车的性能并不卓越超群，可能确实不如本田、雅马哈，但市场价值却远超后者。哈雷摩托车整车构架非常坚固，造型非常古典，看起来有点元件化而非浑然一体。正是这种轮廓原始而制作又很精良的独特造型，营造出了哈雷摩托车独有的传统而富于激情、实用、霸气十足的无穷魅力。在轻松、自由、冷峻的"哈雷·戴维森文化"熏陶下，孕育出了高雅猪娃（高级白领）、逍遥骑士（叛逆抵触）、地狱天使（地痞无赖）最具代表性的三大"哈雷迷"群体，彰显了"哈雷·戴维森"的印象图腾色彩。这一文化经由其创办的《狂热者》杂志和哈雷俱乐部扩散传播，不仅织就遍布世界的忠诚客户，而且产品领域不断延伸拓展。
>
> 　　美国有一句谚语：年轻时有辆哈雷·戴维森，年老时有辆凯迪拉克，则此生无憾了。可见，"哈雷·戴维森"的魅力是多么难以抗拒。环顾世界，无论是热血男儿还是潇洒女郎，无论是平民百姓还是大腕名流，无论是工薪阶层还是富豪巨贾，无不为"哈雷"魂牵梦绕。美国亿万富翁福布斯，是一个地地道道的"哈雷·戴维森迷"，一人竟

独自拥有上百辆哈雷摩托车;约旦已故国王侯赛因、伊朗前国王巴列维、猫王、施瓦辛格以及香港影星钟镇涛、叶童,都是"哈雷"的忠实信徒……

百年哈雷的成长,浓缩了美国一个世纪以来品牌的发展历史。更胜于可口可乐、麦当劳、微软、IBM 等品牌,哈雷创造了一个将机器和人性融合为一体的精神象征,并深刻地影响了其目标消费群的生活方式、价值观,甚至衣着打扮。从人类进入商业品牌化的社会以来,还没有一种商品的品牌能够从里到外地改变着消费对象,并形成一个特定的社会群体,品牌从识别和指导消费的功能上升到了精神的寄托和情感的归宿。

从这个意义上讲,哈雷·戴维森除了是一个被物化了的品牌之外,更多的是被幻化为一种精神象征、一种品牌文化、一种生活方式、一个美国式的传奇……

资料来源:董仲舒:"哈雷:永不沉寂的摩托品牌",《上海经济》,2015 年第 4 期;凌继尧、李林俐:"文化创意与相关产业的深度融合",《东南大学学报》(哲学社会科学版),2014 年第 11 期;张大伟、陈满儒:"符号在品牌传播中的研究及其应用",《艺术与设计》(理论),2007 年第 3 期。

从趋势来看,随着人类社会向更高阶段发展,产品中的文化特征越来越明显,范围也越来越广泛。最初出现文化化的是高端消费品,而且,消费品所处的位置越高端,其文化特征或附加值就越显著,如高档手表、年份名酒等奢侈品,其中比较典型的如美国哈雷摩托,见专栏 1.1。之后,随着人们生活越来越丰富、消费越来越升级,几乎所有消费品都出现文化的特征,餐饮、服饰、建筑、汽车、体育、旅游等莫不如此。人们选择餐馆用餐,实际是选择某种餐饮文化;人们选购服装，实际是选择某种服饰潮流；人们购买 iphone 手机，实际是选择某种时尚的生活方式。各个产业、各个品牌都开始热衷"讲故事""树文化"，能否成功地讲出美好故事并被大众所接受，成为其产品能否有效增值、实现顺畅销售的关键所在。2019 年 7 月，知名互联网零食品牌三只松鼠在深市 A 股挂牌上市，敲响上市宝钟的不是其企业创始人、合伙人或高管，而是其品牌形象动漫角色"松鼠小酷""松鼠小贱"和"松鼠小美"，凸显了文化在产品中的灵魂地位。总之，人们在物质产品的消费中越来越注重精神享受，产品文化化的范围正日益扩大，力度也在日益强化。

（2）产业文化化

经济文化化的另一个特征是产业文化化。产业文化化即一些经济部门出现整体性的文化化，其中最为典型的是旅游业。改革开放以来，我国旅游业出现快速增长，已经成为国民经济的重要组成部分。2017 年旅游业实现增加值 3.7 万亿元，占到当年 GDP 的 4.53%[①]。与此同时，旅游产业与文化的边界逐渐模糊，文化成为旅游最重要的内涵特征，而且越来越突出。以目前如火如荼的特色小镇建设为例，至 2017 年底，全国一、二批特色小镇共有 403 个，加上地方政府正在培育中的 2000 多个特色小镇，到 2020 年，规划中的特色小镇达到 2500 个，其中绝大多数都是旅游小镇，着眼于当地特色文化的发掘和培育，文化氛围营造成为其建设的核心和关键。我国旅游业在整体上与文化已经相互渗透、高度融合。2018 年 3 月中共中央印发《深化党和国家机构

---

① 国家统计局：2017 年全国旅游及相关产业增加值占国内生产总值的比重为 4.53%，http://www.stats.gov.cn/tjsj/zxfb/201901/t20190118_1645545.html

改革方案》,将文化部、国家旅游局的职责进行整合,组建文化和旅游部,正是顺应了这一趋势。在未来,将会有更多的产业呈现出文化特征,甚至像旅游业一样实现整个产业的文化化。

（3）经济运行规则文化化

经济文化化的第三个特征是经济运行规则的文化化。经济运行规则文化化指的是,特定社会文化对经济领域运行规则具有重要影响,进而对整体经济运行效率产生重大影响。经济规则任何时候都应当是明确的、严格的,表现为一些法律的、成文的规则,或称之为"明面规则"。然而,制定和维系这些运行规则的指导思想却是文化,即人们在长期经济生活即物质生产活动中形成的观念,或称之为"深层规则"。这些观念相当于经济规则的"上位规则",必然对经济规则的运行效率产生影响。亚当·斯密认为,经济生活是社会生活中密不可分的一部分,要理解经济行为,就不可能将其与特定习俗、道德观和社会习惯分割开来。简而言之,它不能与文化脱节。现实地来看,经济交易行为固然以法治为最终保障,绝大多数情况下却在市场参与者的契约、责任等意识支配下来完成。尤其是,在人类进入信息时代以后,由于生产、交易、消费等环节大量采用"不见面"的方式,法治监管的难度加大、成本提高,经济运行规则受文化的影响作用更为加大。总的来看,在未来经济运行中,契约精神、法治意识、创新意识、职业操守等文化要素对人类经济活动软性约束作用将会日益凸显,甚至对经济规则制定和维系产生重大影响,文化正在日益成为经济运行的轴心。

## 3. 文化经济：一种全新形态

文化的经济化与经济的文化化这两种趋势同时相向发生，使传统的文化与经济的二分法越来越不准确。在传统观念中，文化是文化，经济是经济，经济化的文化，其本质仍是文化，文化化的经济，本质还是经济。然而，随着文化与经济的界限日益模糊，彼此间渗透融合且渗透融合的范围和深度不断扩展。对两者边界处的某种业态来说，很多时候已经难以准确区分它是经济化了的文化还是文化化了的经济。此前，人们还可以采取特征出现的先后顺序来作为依据，如果先有文化后有经济可视之为文化经济化，如果先有经济后有文化可视之为经济文化化，然而随着时代发展，出现了大量文化特征和经济特征同时出现的事物。如特色小镇、城市节庆、展会经济等，其中一些原本既无经济也无文化，出于发展旅游业的需要才重新发掘、培育和制造文化，同时实现经济效益。其中典型的如日本熊本县的熊本熊，其文化和经济两个特征几乎是同时出现的。

> **专栏1-2　　"白手起家"的熊本熊**
>
> 熊本熊（Kumamon）是日本熊本县的吉祥物。位于日本九州岛的熊本县是一个没有太多特色的地方，一直以农业为主，资源匮乏，经济一度低迷，当地也没有什么具有特色的文化，外地来九州的游客一般都会选择去长崎、鹿儿岛等地。熊本县当局出于振兴经济、吸引游客的目的，人为创造了熊本熊这一卡通形象。
>
> 熊本县当局委托设计师水野学于2010年设计出熊本熊的卡通形象，并于2011年发布。熊本县煞有介事地任命熊本熊为"熊本县营业

部长"，以吉祥物般的公务员身份在全国频繁露脸，通过"旅行日记"等方式介绍当地特产、景点、美食。很快，这只行动略显笨拙但内心贱萌的吉祥物就成功引起了大众的关注。此后，借助各种有趣猎奇甚至荒诞离奇的活动，如迷路失踪、寻找腮红等人为制造的事件，熊本熊在几年内就红遍了整个日本，甚至向世界传播扩散。2019年6月，熊本县政府向东京奥组委申请让熊本熊担任奥运火炬手，东京奥组委以其"非人类"与"商业形象"为由拒绝。火炬手招募规定必须由"年满13岁的人"且"能安全地运送火炬"为遴选标准。而熊本县政府推荐的熊本熊，从官方设定来看，年龄只有5岁，也不是人类，不符合火炬手的基本条件。尽管申请未果，但借助此次事件再次激起大众好奇心，在网络上又掀起一波热潮，熊本熊的人气再创新高。

熊本熊横空出世之后，熊本县这个此前既无经济也无文化的农业县迅速成为一个熊文化县和旅游热点地区。短短两年时间，人工制造的熊本熊形象给熊本县带来12亿美元的经济收益。大量游客涌向熊本县，甚至带动了整个九州岛的旅游产业。相关产品如玩具公仔、钥匙扣、各种摆件，以及餐饮、住宿、服饰、家居、动画片等，据统计超过2万件商品使用了它的形象。对熊本熊来说，它的文化特征和经济特征几乎是同时出现的。

文化与经济的交叉领域不仅越来越扩展，而且越来越多样化，远远超出了传统的文化产品的范畴。在文化与经济相互渗透、相互扩散的过程中，一些产品或产业虽然具有文化的属性，但属性的程度却可能存在巨大差异。对有些产品和产业来说，其文化属性是完全充分的，如电影、著作、艺术品、文艺演出等；但对另一些产品和产业来说可能就会复杂一些，如旅游、体育、新闻、互联网，它们与文化高度相关，却并非全部属于文化，其中部分内容暴露于文化范畴之外；还有一些产品和产业则可能存在争议，如服饰、餐饮、家居、房地产等，人们通常不把这些计入文化之列，但文化在其中却确确实实发挥着重要的作用，而且随着时代演变，文化要素的影响还将越来越显著。随着这种多样化的大量出现，原有的文化与经济二分法不仅不准确，而且变得日益不合理，尤其是会造成对交叉领域的忽视和遗漏。

在这一背景下，我们提出文化经济的概念。文化经济，就是同时具有文化属性和经济属性的事物及发展形态。这一定义包括三个要点：第一，文化经济必须同时具有文化和经济两种属性。仅具有文化属性的不能称为文化经济，如一般意义上的宗教信仰、价值理念、语言文字、民俗习惯等都不是文化经济的范畴，同样地，仅具有经济属性的也不能称为文化经济，如制造业、采掘业、服务业、战略性新兴产业，以及一般意义上的投资、消费、进出口、财政税收等都不是文化经济的范畴。第二，文化经济的这两种属性并不需要充分和绝对。如文化事业，和文化产业相比，它的经济属性大为弱化，其生产目的源于社会公益而非出售盈利，但从创造GDP、吸纳就业角度来看它也具备一定的经济属性，宏观上属于政府消费的一部分，因此，它和文化产业同样都属于文化经济的范畴。第三，文化经济是一个开放式的、与时俱进的体系。文化的经济化和经济的文化化，都是人类社会发展到较高阶段的产物，且会随着人类社会向更高阶段发展而进一步渗透交融。因此，文化经济是一个相对开放而不是封闭的体系，大体来说文化经济的边界处于动态扩展之中，目前不属于文化经济的有可能在未来成为文化经济的一部分。

总之，单纯的文化活动不是文化经济，单纯的经济活动也不是文化经济，只有文化与经济发生关联、同时具有这两个属性时，才能进入文化经济的范畴。大致地，可以以关联度作为文化经济不同内容的划分标准，根据这一标准，文化经济包括了两个组成部分：一是文化产品以经济方式而进行生产，反映经济规律，形成文化产业、文化资本、文化市场、文化企业，可称之为文化经济的基本内容；二是经济活动反映文化因素，人们从物质享受中获得精神享受，经济运行过程受契约、法治等价值观念的指导和影响，可称之为文化经济的外溢现象。我们可以以此作一个大致划分。然而，由于文化经济体系本身的开放性、不同部分之间边界的动态性，上述划分并不是截然的和绝对的，往往需要根据实际研究需要选取不同的角度和切入点。

## 第二节 文化经济的历史使命

人们关注文化经济、研究文化经济，不仅因为它是个新生事物，更因为这种新生事物的现实价值。总的来看，在现阶段文化经济已经发展成为最活跃、最富生命力、最富创造性的形态，对文化和经济两个领域都具有战略性的助推作用。文化经济这种新形态不仅是我国经济发展的重要引擎，也是获取文化话语权和文化复兴的基本途径。

## 1. 文化经济：未来经济发展的重要引擎

随着文化经济的迅猛扩张，目前它已经成为经济发展中最具活力的组成部分，具有影响和带动全局的作用。从我国的情况来看，在文化经济扩张的时代背景下，我国文化经济也已实现初步发展，但与国外发达经济体相比仍存在不小的差距，空间和潜力广阔，文化经济的加速赶超将成为我国未来经济发展的重要引擎。

### （1）国际经验表明文化经济已成为经济发展的战略驱动力量

文化经济已经成为一国经济发展的战略驱动力量。随着世界经济从工业经济时代向后工业时代过渡，社会生产已经开始由生产、制造商品为主，逐渐转变为以提供服务为主。在这个过程中，生产的要素已经从过去的以自然资源为主，转化为以文化、信息、科技等要素为主。文化与经济渗透融合的范围、深度和效果，直接影响产出的效率和竞争力。文化经济迅速发展、扩张，已经成为经济发展中最为活跃的力量，甚至对经济发展全局都具有了举足轻重的作用。

文化经济对经济发展的作用主要依托文化产业来体现[1]。美国是目前文化产业最发达的国家。在美国，最富有的400家公司中有72家是文化企业。在领先的现代科技和雄厚资本的支持下，美国形成以电影、电视、报纸、艺术、娱乐、体育为核心的强大文化产业群，每年生产

---

[1] 文化经济并不仅限于文化产业，文化产业反映的只是文化经济化的影响，除此之外还有经济文化化，即文化要素渗透整个经济体系带来的影响。然而，由于目前对后者尚缺乏准确的统计方式，人们只能使用文化产业作为文化经济的测算。在这种测算方式下，文化经济对经济发展的作用存在低估。

出种类繁多、数量庞大的文化产品。美国文化产业对整体经济发展已具有举足轻重的影响。美国国际知识产权联盟（International Intellectual Property Alliance，简称"IIPA"）发布的系列年度报告显示，美国核心文化产业增加值占 GDP 的比重一直超过 6%，如果计算全部文化产业增加值，则会占据美国 GDP 的 11% 以上。美国文化产业规模已经远超过汽车、飞机、金融、保险，成为名副其实的第一大经济部门。不仅如此，美国文化产业的增速长期快于 GDP 增速，按最近的统计，2014~2017 年间核心文化产业增速超过 GDP 增速 3.0 个百分点。美国文化产业对经济发展已经具有了引领作用。

其他主要发达国家经济体也出现类似趋势。在英国，文化产业增加值占 GDP 的比重超过 7%，是其第二大经济部门和就业人数最多的行业。在德国，文化产业的增加值快速增长，上升为第三大产业部门，就业人数超过汽车行业，图书、报刊、电影、会展等行业在国际上享誉盛名。韩国明确提出"文化立国"战略，作为一个人口只有 5000 多万的国家，其音乐、影视、游戏等产业具有世界影响，文化产业增加值占 GDP 的比重仅次于美国，接近 10%。这些国家的文化产业发展各有侧重，但无一例外都已成为重要的支柱性产业，是其经济发展中最具潜力的增长点。

## （2）文化经济在我国经济发展中的作用日益显著

改革开放以来，伴随着原有计划经济体制下国家与社会、文化与经济的分割界限被打破，文化经济作为一种新的形态开始萌生发展。我国文化经济虽然起步较晚，但甫一出生就受到国家的高度重视。尤其是 21 世纪以来，国家出台了大量鼓励扶持文化经济的政策法规，致力营造有利于文化经济发展的环境。2012年，党的十八大报告提出"文化产品更加丰富，公共文化服务体系基本建成，文化产业成为国民经济支柱性产业"的目标。2017年10月，党的十九大报告明确提出"完善文化经济政策，培育新型文化业态"。这是第一次在党的文件里正式出现"文化经济"，标志着国家对文化经济认知的发展和成熟，文化经济成为国民经济中一个新兴和举足轻重的部门。

在相关政策的推动下，我国文化经济出现加速赶超的势头。21世纪以来，我国文化产品不断创新涌现，文化产业规模不断扩展延伸，文化创意、"互联网+"、动漫产业等新兴业态从无到有，发展迅猛，如以"互联网+"为主要形式的文化信息传输服务业营业收入2017年达到7990亿元，增速高达34.6%。文化经济已经成为国民经济的重要部门。2004~2018年间我国文化产业增加值从3440亿元增长到38737亿元（名义值），年均增长18.9%，超过同期GDP年均增速6.9个百分点。文化产业增加值占GDP的比重也持续提高，从2004年的2.15%提高到2018年的4.30%，整整提高了一倍。文化经济已经成为我国经济发展中举足轻重、最具活力的部分。

### （3）我国未来发展中文化经济的地位将更为突出

从中长期来看，在我国经济发展中文化经济将发挥更重要的作用。第一，从供给要素看，文化经济的作用将会更加突出。支撑我国中长期发展的几个要素中，劳动力增长已经趋缓甚至可能出现负增长，资本大量投入难以长期持续，未来发展将更加依赖文化与其他经济要素的融合，由此提高生产效率和实现产出增长。第二，从需求层面看，未来文化经济仍将出现快速增长。文化经济本身是人类社会发展到较高阶段的产物,当人类社会向更高阶段发展时,随着文化消费的加速提升,文化经济往往会出现加速增长。2016年我国城镇居民人均文化娱乐消费支出达到1269元,农村居民达到252元。近几年来,无论是城镇居民还是农村居民,人均文化娱乐消费支出增速都显著超过同期人均消费支出增速。如果考虑到新型城镇化不断推进、大量农村居民转为城镇居民的因素,文化消费还将出现爆发式增长。第三,从国外经验看,我国文化经济还有广阔发展空间。2017年美国文化产业增加值占GDP比重达到11.59%,其他发达国家多在6%以上,且仍在不断提高。同期我国文化产业增加值只有GDP的4.20%,显然还有广阔的发展空间,是名副其实的朝阳产业、新兴产业、黄金产业。第四,从文化资源看,我国文化经济还有很大开发潜力。我国拥有中华民族五千多年历史孕育的优秀中华文化,又有长期革命、建设、改革中创造的革命文化和社会主义先进文化,这些都成为我国文化经济发展中可以利用的宝贵资源。只要通过改革消除体制机制障碍,实现文化资源的深度发掘和有效利用,就会成为经济发展的强大助力。

## 2. 文化经济:获取文化话语权、实现文化复兴的基本途径

文化经济对实现文化自身的发展同样具有至关重要的作用。文化发展中既要遵从文化自身的规律,也必须遵从经济的规律。在现代条件下,文化经济已经成为文化发展传播的主要载体,要想实现文化繁荣发展,要想坚定文化自信,要想完成获取文化话语权、实现文化复兴的战略任务,必须依托文化经济这一基本途径。

（1）获取文化话语权、实现文化复兴提上历史日程

党的十九大报告指出："文化是一个国家、一个民族的灵魂。文化兴国运兴，文化强民族强。没有高度的文化自信，没有文化的繁荣兴盛，就没有中华民族伟大复兴。"文化虽然是无形的和"软性"的，却是一个国家、一个民族的"根"和"魂"，文化自信在推动社会变革、实现长期发展中具有更基本、更深沉、更持久的力量。文化发展具有为国家、民族提供精神支柱的作用，在实现中华民族伟大复兴的历史进程中，必须将文化发展置于突出的位置。

文化发展的战略任务是获取文化话语权、实现文化复兴。文化作为一国价值观念、社会制度和发展模式的整体表征，先天具有差异性、国际性和渗透性的特性。在历史发展相当长的时期内，中国文化在全世界处于领先的地位，一度成为周边各国膜拜和效仿的对象。然而近代以后，西方文化强势崛起，成为世界上优势性、主导性的文化，中国文化沦落于弱势、边缘、衰微的地位。改革开放以来，我国从文化上的被动输入转变为主动输入，又从主动输入转变为输入与输出并重，经过几十年的引进、消化、吸收、提高，已经形成中国特色社会主义文化并日益成熟。未来获取文化话语权、实现文化复兴，就是要使中国文化从相对弱势的文化转变为占据优势的文化，不仅在国际社会获得广泛认可，而且可以对其他国家产生吸引力、感召力和影响力，这是未来文化发展的战略任务。

获取文化话语权、实现文化复兴对文化发展提出了更高要求。在中华民族伟大复兴过程中，中国将努力获取三大话语权：科技话语权、金融话语权和文化话语权。在这三个话语权中，文化话语权的获取将

是最难的一个，也是最具标志性的一个。目前，随着我国经济社会的快速发展，已经取得了相当程度的科技话语权，金融话语权也已有了目标和途径，而文化话语权的获取仍相对滞后。在文化领域，外国公众对中国价值观缺乏充分了解，中国形象和国际声誉在西方主流舆论中没有得到根本改观，中国文化的魅力和影响亟待拓展，总体来看，中国对国际文化潮流尚未占据引领地位，所拥有的话语权与自身大国地位仍然很不相称[①]。要想完成获取文化话语权、实现文化复兴的战略任务，仍然要有很长的路要走。

### （2）文化经济成为主要载体和基本途径

在现代条件下，文化传播以文化经济作为主要载体，相应地，文化经济成为获取文化话语权的基本途径。在古代和近代社会，文化的传播和文化话语权的建立往往依托武力征服、传教士传道等方式，而在高度文明的现代社会，如果继续使用这些野蛮和过时的方式，结果只能是适得其反。在现代社会，文化传播高度依赖文化经济，无论是文化本身成为商品，还是文化寓于某些商品之中，都成为其本国文化的载体，通过平等互利的贸易往来，将自然而然地实现文化传播的效果。随着全球经济一体化进程的推进，各国经贸往来越来越频繁，规模越来越大，文化传播的速度、深度都已大大超过了此前的时期。一个国家的文化经济越发达，文化传播力就越强，从而悄然建立起文化的话语权，直至拥有文化的主导力和支配力。

目前，美国仍占据文化领域霸主地位，所依靠的就是其强大的文化经济。以好莱坞为代表的美国电影不仅牢牢控制美国本土的市场主

---

① 赵庆寺："中华传统文化与中国国际话语权的建构路径"，《探索》，2017年第6期。

导权，而且占有其他国家半数以上的电影市场份额。美国控制了全球 75% 的电视节目生产与制作，每年向别国输送电视节目总时长达 30 万个小时，许多第三世界国家电视中美国节目高达 60%～80%①。伴随着每一部好莱坞电影、每一台美国娱乐节目、每一个迪士尼乐园、每一架波音飞机、每一部 iPhone 手机甚至每一罐可口可乐，崇尚自由、挥洒个性的美国价值观念得以传播和渗透到世界每一个角落。

（3）依托文化经济获取文化话语权、实现文化复兴

尽管近年来我国文化经济已经获得超常规发展，在国际竞争中的地位也不断得到提升，但与获取文化话语权、实现文化复兴这个战略任务相比仍然不足。2017 年，我国文化产品和文化服务进出口总额达到 1265.1 亿美元，实现顺差 622.1 亿美元，但并不能表明我国业已成为文化经济强国。从出口比重来看，我国文化产品和文化服务出口占总出口的比重为 4.2%，与之形成参照的是，美国 2017 年仅部分版权行业②出口占总出口的比重就达到 12.4%，我国与之尚有不小的差距。更为重要的是，我国文化产品出口的结构层次不高，占据比重较高的是设计和手工艺部门，而视听、出版、音乐、影视等蕴含充裕文化资源和大量文化创意的部门所占比重非常低，还没有成为中国出口的主体产品。这说明我国目前的文化产品出口主要还是依赖劳动密集型产业的、"制造型"的出口，文化元素仅处于附属地位，并不起决定性作用③。

---

① 蒋宏宾："美国文化产业的印象与借鉴"，《唯实》，2010 年第 11 期。
② 包括录制音乐产品，电影、电视和视频作品，软件，报纸、书籍及期刊，共四个行业。见 https://iipa.org/reports/copyright-industries-us-economy/
③ 周宏燕："中国文化产品贸易：特征、地位与趋势"，《宏观经济研究》，2016 年第 6 期。

未来，我国要获取文化话语权、实现文化复兴，必须充分依托文化经济这个基本途径。必须意识到，在现代条件下，获取文化话语权已经不能靠灌输和说教，而只能靠文化经济的传播和辐射。应当通过文化经济的发展，使我国优秀传统文化、革命文化和社会主义先进文化与强大的国家经济紧密结合，将文化加工成为具体有形、易于传播的产品，同时给每一件商品都打上中国文化的鲜明记号。借助文化经济的兴盛繁荣，不仅可以牢牢掌握国内文化主阵地，而且可以推动中国文化向全世界传播扩散。在这一过程中，我国文化软实力将得到根本提高，文化自信得以坚定确立，文化复兴也从梦想变为现实。

## 第三节　构建时代需要的文化经济学学科

构建文化经济学学科的首要任务是对文化经济学进行科学和合理的定义。对一门新兴学科的构建来说，在某种意义上，定义决定了该学科的基本研究内容，甚至决定了基本研究方法。目前，文化经济学研究正逐渐成为热潮，但对这一学科仍未产生统一的定义。陈元刚等认为"文化经济学是一门用文化视角去研究社会经济发展及其规律的交叉性学科，直到目前这门学科的体系尚在探索之中"[①]。如果以20世纪60年代鲍莫尔和博文《表演艺术：经济学的困境》作为文化经济学的起点，人们对文化经济学的定义主要经历了两个阶段，前期基于文化产品，后期基于文化产业。文化经济学作为一个新兴学科，总是与

---

① 陈元刚等主编：《文化经济学》，重庆大学出版社2016年版，第6页。

特定的时代背景、发展趋势和现实需要紧密相连。本书认为，文化经济学应当跳出"运用经济学方法研究文化产品"这一窠臼，而是立足于经济与文化相互渗透融合的历史趋势，着眼于我国经济发展和文化复兴的历史任务，基于文化经济新形态构建新的文化经济学学科。文化经济学，就是一门以文化经济为研究对象的新学科。

## 1. 狭义定义：基于文化产品的文化经济学

在文化经济学诞生之初，它的定义主要基于文化产品。多数学者将1966年威廉·鲍莫尔和威廉·博文合著《表演艺术：经济学的困境》（Performing Arts: The Economic Dilemma）一书作为当代文化经济学诞生的标志[①]，威廉·鲍莫尔也因此被很多学者公认为当代文化经济学的奠基人。鲍莫尔的这一著作揭示了一种现象——"成本病"。他发现，由于技术进步，美国劳动生产率每29年可提升一倍，而表演艺术的生产率却不能借助技术进步而保持同样水平的增长速度。在此基础上，鲍莫尔构建了简单的两部门"非均衡增长模型"。在现状中，由于表演艺术部门生产率停滞所致的收入差部分地转嫁给艺术家，"如果劳动力单位时间生产率水平保持不变，工资水平的任何增长，哪怕是极其微弱的增长，也会导致成本的相应增加"，二者必然导致"收入差"[②]。结论是，随着整个社会人均收入的日益增长，举办表演艺术的成本日益增

---

① 参见 David Throsby: Handbook of the Economics of Art and Culture, p.4, vol 1, 2006; 沈全芳、范汉熙："文化经济学研究新进展"，《经济学动态》，2010年第6期；露丝·陶斯著，周正兵译：《文化经济学》，东北财经大学出版社2016年版，第10页；布鲁诺·弗雷著，易晔、郝青青译：《艺术与经济学》，商务印书馆2017年版，第3页。

② 周正兵："威廉·鲍莫尔文化经济学思想评述"，《北京联合大学学报》（人文社会科学版），2016年第4期。

长，受到的财政压力越来越大。因此，要想保持表演艺术部门的正常运行，就必须给予补贴支持。

在鲍莫尔和博文的开创性著作之后，文化经济学开始繁荣起来。戴维·索罗斯比和威瑟斯在1979年合写了第一本教科书《表演艺术的经济学》。此后，艾伦·皮考克、布鲁诺·弗雷、露丝·陶斯、詹姆士·海尔布伦、查理斯·格雷等人也出版著作，对文化经济学进行系统性研究。这些研究者中多数并不对文化经济学本身进行明确定义，而是针对某些文化产品和某些特性提供分析框架，从而在事实上构建起一个基于文化产品的文化经济学体系。在我国也有学者采用这一定义。如杨永忠和林明华，主要着眼于文化产品的消费、生产、产品市场、产品定价以及劳动力市场等，既按照一般、经典的经济学理论进行研究，也兼顾其鲜明的、与众不同的文化个性。基于文化产品定义的狭义文化经济学，其研究具有四个特征。

一是从文化角度来看的"业余性"。文化经济学的奠基人并非专门的文化经济学家，他们多是主流的经济学家，其建树也主要在经济学上，正如戴维·索罗斯比所说，"当我在20世纪70年代研究艺术的经济学问题时，我的很多同事还是将'文化经济学'仅仅当做业余爱好而已，认为它注定被排斥在正统经济学研究的范围之外"[1]。这些主流经济学家之所以研究文化经济学，只是因为他们对文化具有业余爱好，由此产生一个文化经济学的副业和子方向。从凯恩斯、罗宾斯，到艾伦·皮考克，威廉·鲍莫尔，他们在文化经济学的贡献虽然卓著，甚至无愧于奠基者身份，但对他们而言，文化仅仅是其业余爱好。凯恩斯被认为是艺术方面的通才，无论是视觉艺术还是表演艺术都有着非

---

[1] David Throsby: Economics and Culture, Cambridge University Press, 2004, p.xii.

凡的鉴赏力，是布鲁姆斯伯里文化圈的重要成员[①]；罗宾斯在视觉艺术方面情有独钟，撰写了不少艺术评论，而且担任英国国家艺术馆的独立董事；艾伦·皮考克钟爱表演艺术，自己作词作曲、组建乐队，并长期担任苏格兰艺术委员会主席；威廉·鲍莫尔痴迷于雕刻与绘画艺术，他不仅业余创作、售卖画作，更是在其供职的普林斯顿大学开设雕刻艺术课程长达20年。正是由于这一点才导致了文化经济学的诞生。20世纪60年代，美国20世纪基金会准备在艺术资助方面有所作为，任务之一是进行艺术领域的规范性研究，他们获知主流经济学家威廉·鲍莫尔正在讲授艺术课程，于是双方确定合作事宜，由此产生了《表演艺术：经济学的困境》一书。

二是从经济学角度来看的"专业性"。在20世纪后期，随着新古典经济学工具的日益精致化，经济学成为一门专业化、数理化、模型化的研究学科，诞生于20世纪60年代的文化经济学不可避免也是如此。威廉·鲍莫尔对表演艺术"成本病"的研究是通过两部门非均衡增长模型来实现的，也正是因为其"专业性"，才会被视为文化经济学的奠基之作。文化经济学按照微观经济学的方法论，围绕文化产品需求、供给、成本与资助、艺术品与艺术家劳动力市场，版权对文化产品市场中的作用等各领域和环节开展研究。除了微观经济学之外，其他一些经济学理论，特别是福利经济学、公共财政理论，也被采用并大量应用于文化部门分析。实证研究成为文化经济学的主流，通过结合理论和数据检验为艺术及遗产的分析提供证据[②]。如布鲁斯·希曼对表演艺术的需求开展研究，通过对观众和参与者的调查数据进行计量

---

[①] Craufurd Goodwin: Art and culture in the History of Economic Thought, Handbook of the Economics of Art and Culture, vol 1, 2006, p.61.

[②] 露丝·陶斯著，周正兵译：《文化经济学》，东北财经大学出版社2016年版，第3页。

经济学分析，获取正式教育、艺术训练、收入水平等因素对需求的定量化影响。

三是研究对象的狭义性。文化经济学的狭义定义集中体现在研究对象上，即具有完全经济属性的文化产品，如表演、艺术品、文学、版权、音乐、电影等，甚至在此范围内选择一部分作为研究对象，并由此具有各种不同的称谓，如文化经济学、艺术经济学、文化艺术经济学、表演艺术经济学、表演与艺术经济学等。如詹姆士·海尔布伦和查理斯·格雷将文化经济学定义为"艺术与文化经济学"，其研究对象只包括现场表演的艺术形式，包括剧院、戏院、交响音乐会和舞会，再加上油画、雕塑等精细艺术，以及相关的艺术博物馆、画廊等交易机构。在这个定义中，排除了电影，因为电影不是现场表演的，也排除了摇滚乐、流行音乐、爵士舞会，尽管这些属于现场表演但"艺术性"不足，甚至还排除了写作、印刷和商业传播，因为他们认为这些内容有很多不是公共的[①]。由于其研究对象仅是文化的一个很小的子系统，不仅具有完全的商品和市场属性，而且具有鲜明一致的生产和成本特性，这样的对象限定便于对其进行经济学的专业化和工具化研究。

四是研究逻辑的单向性。基于文化产品的文化经济学，其研究目的是如何使文化产品生产者获取恰当的回报，以生产出更多更好的文化产品。艺术与文化尽管从文化的角度来讲价值难以估量，但既然它们都是由个体和组织在总的经济体系中生产出来的，因此难以摆脱物质世界的制约。布鲁诺·弗雷认为，需要将经济思维运用于艺术当中，具体而言包括两个部分：一种是作为经济内容的艺术的生产，一种是

---

① James Heilbrun and Charles Gray: The Economics of Art and Culture (Second Edition), Cambridge University Press, 2004, p.3–4.

利用经济思维对艺术的分析和政策制定。在狭义定义的文化经济学中，多数是以经济学作为工具，以文化产品作为研究变量和对象，研究前者对后者的单向影响和支持政策。

总体来看，狭义定义文化经济学是一种以经济学作为方法和工具研究文化产品生产、消费、流通、分配的学科，这一研究视角的优点是有助于学科的专业化和逻辑的一致化，但同时也带来了明显的局限性。一是研究范畴过于狭窄。文化是一个极为丰富和宽泛的体系，在狭义文化经济学定义中，仅仅针对具有完全经济属性的文化产品进行研究，大量的虽然具有经济属性但并不完全的文化内容则被遗漏了。二是文化对经济的逆向影响受到忽视。基于文化产品的狭义文化经济学仅考虑经济对文化的单向影响作用，落脚点在经济上，而对其逆向方向，即文化对经济的影响和作用则被忽略掉了。三是文化角度研究受到排斥。狭义文化经济学实际是"经济学帝国"扩张的产物，研究工具的精致化和专业化使其成为经济学的"私家园囿"，与文化之间的鸿沟不断扩大，从文化角度对文化经济学的研究无形中受到排斥。随着时代的发展进步，狭义文化经济学的局限性越来越突出。

## 2. 较宽泛定义：基于文化产业的文化经济学

仅就文化产业（Culture Industry）这一名词而言，它的出现甚至比文化经济学还要早。文化产业是马克斯·霍克海默和西奥多·阿道尔诺在1947年出版的《启蒙辩证法》一书中率先使用的概念。他们认为，文化产业的大规模发展使审美的商品属性昭然若揭，并使审美生产与消费呈现出规模化的效应。然而，以标准化、工业化的资本主义生产方式生产出的文化商品并不是所谓的大众文化，而是资本在利润驱动下对文化生产的"入侵"，最终导致文化的商品化、庸俗化和对人的异化。因此，霍克海默所称的文化产业更准确来讲应当为"文化工业"，强调的是文化产品的一种生产方式，且他对这种生产方式基本持否定态度。

基于文化产业的文化经济学是在20世纪80年代以后出现的。20世纪60年代，研究界对文化经济学的研究主要基于文化产品。但在20世纪80年代后，文化产业变得突出起来，基本特征是文化产业范围扩张、加深、体量迅速膨胀，成为国民经济体系中一个独立的、举足轻重的部门。在这一历史背景下，文化产业受到各国政府的关注和扶持，与之相对应的，研究者的视野开始突破文化产品的局限，出现了着眼于文化产业发展的文化经济学。理查德·凯夫斯认为，"创意产业"中的产品与服务包含大量的艺术行为或创作行为，然而，文化经济学家仅仅关注是否应当对表演艺术进行公共补贴这一细小问题，对文化行业的关注太少，因此，他提出"创意产业经济学"的框架，对创意产业中的组织结构、交易和契约行为进行更广泛的研究。

在我国，文化经济学研究中文化产业受到更多的重视。一方面，我国文化经济研究起步较晚，另一方面，我国改革开放以来具有强烈的"发展"导向，因此，我国文化经济学界几乎一开始就将重心放到文化产业上，所提出的文化经济学定义多数都是基于文化产业展开的。胡惠林认为，"文化经济学是一门应用性较强的文化科学和应用经济学，它按照政治经济学所揭示的国民经济运行变化的一般规律性，探寻文化产业发展的特殊矛盾关系以及文化的生产、流通、分配、消费等环节的运行机制和运动规律，以求在文化的现代化和市场经济的发展中,按照文化产业运动的特殊规律性,制定科学的文化产业和文化经济的政策,促进文化事业和文化产业的发展"。陈元刚认为,"文化经济学是以文化生产活动中的微观和宏观经济行为为研究对象,从经济学的角度和视角深入分析和研究文化的生产、流通、分配、消费等环节的运行机制和运行规律"。这一定义虽然没有明确提出"文化产业",但"文化生产活动中的微观和宏观经济行为"正是文化产业的基本特征。一些学者专门提出文化产业经济学的概念,将其视为文化经济学的一个分支[①],但由于他们并未对这些分支进行过梳理,因而其所提出的文化产业经济学,实质是基于文化产业定义的文化经济学。

相对于狭义的、基于文化产品的文化经济学,基于文化产业的文化经济学这一定义明显更为宽泛。第一,范畴更为完整。基于文化产品的文化经济学范畴过于狭小,甚至在20世纪60年代其着眼点仅仅是文化产品生产效率低、必须进行公共补贴,这只是个微观现象,很难成为一门学科。基于文化产业的文化经济学,不仅包括原有的文化产品的相关内容,而且包括组织结构、行业发展等内容,范畴大大扩展。第二,具备了宏观价值。基于文化产品构建文化经济学,研究的是某一类具有特殊属性的商品,与整体经济之间缺乏必然关系。基于文化产业的文化经济学,致力探求文化产业与经济增长之间的关系,使文化产业成为推动国家发展的重要途径。第三,便于科学统计和扶持。文化经济学着眼从文化产品转为文化产业之后,便于借助宏观经济统计体系,对文化发展情况进行科学和准确的统计。国家得以对文化发展进行全面的监测、判断和把握,对其的扶持也有了广泛的、多层次、多种方式的政策手段。

---

① 焦斌龙主编:《文化产业经济学》,高等教育出版社2014年版,第8页。

然而，基于文化产业进行文化经济学学科定义也存在局限，它使文化的经济属性得到强化而文化属性相对受到弱化。顺着这一定义的延伸，文化产业成为国家经济增长的一种功利化手段，强调的是文化市场性、营利性的一面，而文化本身作为公共产品的公益性、社会性受到忽视。在政策实践中，对文化产业的过于强调容易造成对文化价值本身的忽视。在极端的情况下，马克斯·霍克海默和西奥多·阿道尔诺所担忧的文化的商品化、庸俗化和对人的异化将有可能成为一种现实。

## 3. 本书的定义：基于文化经济的文化经济学

不宜简单从文化出发对文化经济学进行定义。一方面，文化本身很难准确定义。文化本身具有无形性，人们对文化的理解和定义多种多样，缺乏统一认识。美国人类学家克鲁伯和克鲁柯亨在《文化：关于概念和定义的检讨》一书中列举的西方文化史上关于文化的概念就达164种。陈元刚等认为关于文化的定义超过250种。由于人们对文化的定义各不相同，在此之上定义文化经济学很难可靠。另一方面，定义过程中容易造成"取法乎上仅得其中"式的狭窄化。如昝胜锋认为"文化经济学是关于文化生产、流通和消费的经济现象及其发展规律的学科"，在此定义下，文化经济学的对象往往被限定在文化产品或文化产业中。这是因为，具有生产、流通、消费的往往是具有完全经济属性的文化产品，而大量不能以产品方式独立存在的文化要素则被过滤掉了，由此造成缺失和疏漏。

构建文化经济学学科，应当从多时代、多学科的文化经济思想中广泛汲取营养。文化经济思想远比文化经济学学科深远和丰富得多。人们往往将1966年威廉·鲍莫尔和威廉·博文合著《表演艺术：经济学的困境》一书作为文化经济学的诞生，而学者们对文化和经济关系的思考比这更早得多。如亚当·斯密在写《国富论》时，把经济行为人丰富的精神舍弃后，仅仅保留了经济行为人的理性趋利性。他在作了这样的理论抽象之后并没有忘记人的主观精神的多样性和差异性，反而引起内心理论直觉的严重不安。此后斯密花费巨幅笔墨撰写《道德情操论》中，深入细致地剖析了人的多方面主观精神禀赋，如同情、慈善、利他等情感及其对人的行为理性的影响[①]。马克斯·韦伯在《新教伦理与资本主义精神》一书中揭示了宗教改革后形成的新教对西方资本主义经济发展所起到的重大作用，即人类精神文化因素与社会经济发展之间具有的内在关系。戴维·索罗斯比认为，"文化既影响了大群体或小群体的经济绩效，又在支撑和调整发展中国家经济增长与变革方面产生了比较特殊的影响"。

本书认为，文化经济学应当突破"以经济学方法研究文化产品"这一思维惯式和学科窠臼，根据时代发展的趋势，基于文化经济新形态进行学科定义。在本章第一节已经提到，文化经济是同时具有文化属性和经济属性的事物及发展形态。伴随人类社会向更高阶段发展，一方面文化越来越带有经济的特征，文化成为重要的商品类别甚至成为举足轻重的国民经济部门，另一方面经济越来越带有文化的特征，文化成为经济的核心附加值和高效运转的重要保障。文化经济新形态应运而生和迅速扩张，成为不可阻挡的历史趋势。切合这一时代潮流，应当以文化经济这一新形态作为基本对象，对文化和经济的相

---

① 李永刚："文化如何成为经济学研究的对象"，《经济学家》，2012年第2期。

关理论和研究成果进行梳理归纳和统一整合，建立起独立、完整、严谨的文化经济学理论体系和分析框架，使之成为一门跨越文化与经济的新兴交叉学科。

基于文化经济进行文化经济学学科定义具有几个优势：一是使文化经济学具有了鲜明的历史任务。在我国未来发展中，文化经济将在经济、文化两个方面发挥作用并形成合力，不仅成为拉动经济发展的重要引擎，而且成为获取文化话语权、实现文化复兴的基本途径，为中华民族伟大复兴提供强大助推，这正是文化经济学学科构建的价值所在。二是使文化经济学趋于完整。文化与经济的关系是双向的而非单向的，一方面，经济以其载体作用、动力作用可以为文化传播产生重要影响，另一方面，文化以其深沉的内核作用，也对产品价值、经济运行发挥着重要作用。如果基于文化产品或文化产业定义文化经济学，涵盖的主要是前者，而后者也就是文化对经济的重要作用往往受到忽视。基于文化经济进行文化经济学定义则将两者都涵盖进来，有助于学科范畴的完整性。三是使文化经济学更具包容性。文化经济学是横跨经济学与文化学的交叉学科，它既有经济学的属性又有文化学的属性，既是经济学的一部分也是文化学的一部分。但在狭义的文化经济学定义中，由于过于强调精致化经济学分析方法和工具的运用，使其成为经济学的私属领地而将文化学实质上排斥在外。基于文化经济这种新形态来定义文化经济学，可以有效消除研究中经济学与文化学的割裂现象，实现学科的包容性。

基于文化经济进行定义，使文化经济学具有了广阔的视角和多元的方法论。基于文化经济定义的文化经济学，相比于基于文化产品和文化产业更为宽泛，显著扩大了学科的外延。人们对文化经济学的研究，可以从各自的着眼点出发，选取不同的领域和切入点。与此同时，随着文化经济学外延的扩大，研究对象的性质也更为多样，研究逻辑出现多元化特征，由此对应于多元化的方法论。如对文化产品的研究可能涉及微观经济学、市场营销学和特定的文化学，而对经济文化的研究则可能涉及文化学、政治经济学、制度经济学等。这也正是文化经济学作为一门新兴交叉学科所具有的实用性、多样性、开放性的重要体现。

## 参考文献

[1] Bruce A. Seaman: Empirical Studies of Demand for the Performing Arts[J]. Handbook of the Economics of Art and Culture，vol 1，2006

[2] Craufurd Goodwin. Art and culture in the History of Economic Thought，Handbook of the Economics of Art and Culture[J]，vol 1，2006

[3] David Throsby. Economics and Culture[M]. Cambridge University Press，2004

[4] David Throsby. Handbook of the Economics of Art and Culture[J]，vol 1，2006

[5] IIPA: Copyright Industries in the U.S. Economy: The 2016 Report，https://iipa.org/files/uploads/2018/01/2016CpyrtRptFull-1.pdf

[6] IIPA: Copyright Industries in the U.S. Economy: The 2018 Report，https://iipa.org/files/uploads/2018/12/2018CpyrtRptFull.pdf

[7] James Heilbrun，Charles Gray. The Economics of Art and Culture (Second Edition) [M]. Cambridge University Press，2004.

[8] Ruth Towse. Creativity，Incentive and Reward —— An Economic Analysis of Copyright and Culture in the Information Age[M]. Edward Elgar Publishing Limited.

[9] 布鲁诺·弗雷著，易晔，郝青青译.艺术与经济学[M].北京：商务印书馆，2017

[10] 陈元刚，孙平，刘燕.文化经济学：理论前沿与中国实践[M].重庆：重庆大学出版社，2017

[11] 戴维·索罗斯比著，王志标，张峥嵘译.经济学与文化[M].北京：中国人民大学出版社，2015

[12] 董仲舒. 哈雷：永不沉寂的摩托品牌 [J]. 上海经济，2015（4）

[13] 段海燕. 从"瓦肆、勾栏"看宋代商业音乐文化 [J]. 兰台世界，2014（12）上

[14] 弗兰西斯·福山，郭华. 信任：社会美德与创造经济繁荣 [M]. 桂林：广西师范大学出版社，2016

[15] 国家统计局. 2017年全国旅游及相关产业增加值占国内生产总值的比重为4.53% http://www.stats.gov.cn/tjsj/zxfb/201901/t20190118_1645545.html

[16] 国家统计局. 文化事业繁荣兴盛 文化产业快速发展——新中国成立70周年经济社会发展成就系列报告之八 http://www.stats.gov.cn/tjsj/zxfb/201907/t20190724_1681393.html

[17] 胡惠林. 文化经济学 [M]. 北京：清华大学出版社，2014

[18] 胡惠林，李康化. 文化经济学 [M]. 太原：山西出版传媒集团·书海出版社，2006

[19] 胡惠林. 文化政策学 [M]. 太原：山西出版传媒集团·书海出版社，2006

[20] 蒋宏宾. 美国文化产业的印象与借鉴 [J]. 唯实，2010（11）

[21] 焦斌龙. 文化产业经济学 [M]. 北京：高等教育出版社，2014

[22] 厉以宁. 文化经济学 [M]. 北京：商务印书馆，2018

[23] 李成秋. 白居易的音乐实践 [J]. 艺术科技，2017，（10）

[24] 李春华. "文化生产力"：一个经济与文化互动发展的当代范畴 [J]. 生产力研究，2005，（4）

[25] 李永刚. 文化如何成为经济学研究的对象 [J]. 经济学家，2012，（2）

[26] 李玉洁. 先秦编钟组合的礼制研究 [J]. 考古与文物，2016（1）

[27] 理查德·凯夫斯，康蓉等. 创意产业经济学——艺术的商品性 [M]. 北京：商务印书馆，2017

[28] 陆地，姚怡云. 媒体"资本主义"的特征及其影响 [J]. 新闻爱好者，2017（1）

[29] 露丝·陶斯著，周正兵译. 文化经济学 [M]. 大连：东北财经大学出版社，2016

[30] 马克斯·霍克海默，西奥多·阿道尔诺著，渠敬东，曹卫东译. 启蒙辩证法：哲学断片 [M]. 上海：世纪出版集团，上海人民出版社，2006

[31] 任平. 文化的资本逻辑与资本的文化逻辑：资本创新场景的辩证批判 [J]. 江海学刊，2013（1）

[32] 芮益芳. 熊本熊 一个国民IP的卖萌经济学 [J]. 商学院，2017（4）

[33] 沈全芳，范汉熙. 文化经济学研究新进展 [J]. 经济学动态，2010（6）

[34] 王海文. 文化产业经济学——原理·行业·政策 [M]. 北京：高等教育出版社，2013

[35] 魏来. 关于文化经济的几个基本理论问题的探讨 [J]. 理论与现代化，2012（2）

[36] 文化和旅游部. 2018年旅游市场基本情况 https://www.mct.gov.cn/whzx/whyw/201902/t20190212_837270.htm

[37] 文化和旅游部. 2018年文化和旅游发展统计公报 http://zwgk.mct.gov.cn/auto255/201905/t20190530_844003.html?keywords=

[38] 杨永忠，林明华. 文化经济学：理论前沿与中国实践 [M]. 北京：经济管理出版社，2015

[39] 昝胜锋. 文化经济学 [M]. 北京：中国人民大学出版社，2016

[40] 赵庆寺. 中华传统文化与中国国际话语权的建构路径 [J]. 探索，2017（6）

[41] 周宏燕. 中国文化产品贸易特征、地位与趋势 [J]. 宏观经济研究，2016（6）

[42] 周正兵. 威廉·鲍莫尔文化经济学思想评述 [J]. 北京联合大学学报（人文社会科学版），2016（2）

# 第二章 文化经济学的研究框架

文化经济是同时具有文化属性和经济属性的事物及发展形态,文化经济学是以文化经济作为研究对象的一门学科。相较基于文化产品或文化产业的学科定义,本书的定义让文化经济学拥有更加宽广的研究视野,也要求多元的方法论作为支撑。文化经济学既要坚持政治经济学分析方法,深入探讨文化经济发展对于社会关系演变的影响;也要结合西方经济学分析工具,如产业组织理论、契约理论,研究文化经济自身的运行规律;还要结合社会学、文艺理论,探索文化和经济的交互影响。这就迫切要求建立统一的研究框架。为此,我们基于"分工—交换"视角,深入分析物质生产和文化生产的交互作用、相互融合和共生演化,并从七个核心要素出发构建文化经济学的概念体系。

## 第一节 文化经济研究的三种逻辑:一个简要回顾

由于文化经济范畴涵盖范围较广,我们从三种研究逻辑出发对既有理论做一个简要回顾,分别是探讨文化经济背后社会关系的批判逻辑①，分析文化经济自身运行规律的实用逻辑，以及探索文化和经济相互影响的交互逻辑。

## 1. 批判逻辑：探讨文化经济背后的社会关系

新理论的产生往往源于对新现象的发现、分析和概括。19世纪至20世纪初，伴随电影、流行音乐、广告和新闻业的迅速发展，文化和经济相互融合的新现象在西方国家大规模涌现。文化生产方式的巨大变革及其在意识形态领域的冲击成为这一新现象最鲜明的特征。对文化经济的理论探索，最初就是源于法兰克福学派对资本介入文化生产的深刻批判。

"文化工业"概念的提出，正是这一批判逻辑的集中体现。在概念的提出者——霍克海默和阿多诺看来，以标准化、工业化的资本主义生产方式来生产文化商品的"文化工业"并不是所谓的大众文化，而是资本在利润的驱动下，对文化生产的"入侵"，最终会造成文化的商品化、庸俗化和对人的异化②。阿多诺批判这种"文化工业"造成文化独立性和自主性的丧失，让人们在商品化的文化所带来的虚假幸福中无法自拔，最终导致人的依赖性和奴性。③ 马尔库塞进一步在哲学层面指出，"文化工业"导致文化失去批判的向度，消磨大众的反叛精神，

---

① 在哲学意义上，"'批判'是一种'厘定界限'的哲学活动"，并不完全是否定意义上的，也包含着超越的内涵。参见贺来：《何谓哲学意义的'批判'》，《探索与争鸣》，2016年第1期。
② 霍克海默、阿道尔诺：《启蒙辩证法》，上海人民出版社2003年版。
③ "人类的依赖性与奴性，亦即文化工业的终极点，没有比美国的某个受访者描述得更确切了。其观点是，只要民众跟着大人物们走，当今的一切问题就会得到解决。当文化工业在人们心中唤起一种幸福而满足的感觉，让他们觉得这个世界正好符合文化工业所传达的那种秩序，那么文化工业为人所制造出来的这种替代满足恰恰会从他们那里掳去它虚假地投射出来的那种幸福感。文化工业的总体效果是反启蒙。"阿多诺：《文化工业述要》，《贵州社会科学》，2011年第6期。

使人们在幻象中得到满足,最终成为"单向度的人"①。

法兰克福学派深刻洞见了文化和经济融合背后的社会关系及其演变,批判了资本主义生产条件下,文化经济现象背后的资本逻辑。但事物都具有辩证性,该学派的本雅明也曾指出,"文化工业"中的复制性技术存在双重性,既有对人"异化"的一面;也有缩短民众和艺术距离,让更多民众能够平等感知文化的一面②。同属西方马克思主义阵营的伯明翰学派则更加强调民众的"积极性",其研究视角从精英转向平民,从"文化工业"的压制性和强迫性转向更加注重消费者的主动性和反抗性,从艺术被经济扭曲转向文化和经济良性互动的可能,并影响到英国、澳大利亚等国家文化创意产业政策的制定③。

## 2. 实用逻辑:分析文化经济自身的运行规律

与批判逻辑深入探讨文化经济现象背后的社会关系不同,实用逻辑更多关注文化经济现象本身。鲍莫尔和博文1966年合著的《表演艺术:经济学的困境》可以看作这一研究逻辑的起点④。由此出发,基于这一逻辑的研究可大体划分为两个阶段。第一阶段注重对表演艺术、博物馆等文化产品的经济现象开展研究,指向公共资助问题;第二阶段

---

① 马尔库塞:《单向度的人——发达工业社会意识形态研究》,上海译文出版社2018年版。
② 瓦尔特·本雅明:《机械复制时代的艺术作品》,中国城市出版社2002年版。
③ 欧阳谦:"大众文化与政治实践:法兰克福学派与伯明翰学派之比较",《马克思主义与现实》(双月刊),2010年第4期。朱珊:"创意经济与英国伯明翰文化学派——写在伯明翰学派解散十周年之际",《江苏社会科学》,2013年第3期。
④ 很多学者将《表演艺术:经济学的困境》作为文化经济学的诞生标志(参见第一章),其实质是基于文化经济研究的实用逻辑。如果基于另外两种研究逻辑,则文化经济研究的起点要早得多。

注重对文化产业或创意产业开展研究，指向产业发展问题①。总体而言，基于实用逻辑的研究抓住文化经济与其他经济现象不同的特征，探索如何更好提供文化产品或促进文化产业发展。简单概括如下。

文化经济在生产上存在"成本病"的现象。鲍莫尔和博文发现，表演艺术部门的生产率无法与全社会生产率同步提升。由于其他部门工资水平会随生产率提升而增长，如果表演艺术部门工资随之增加，哪怕幅度很小，也会导致该部门成本压力增大，从而需要政府资助②。

文化经济同时具有文化和经济两种属性。戴维·思罗斯比认为，文化商品同时具有经济价值和文化价值（后者可以分解为审美价值、社会价值等若干要素），并提出文化资本的概念——能够同时带来经济价值和文化价值的资产，进而以价值理论为工具分析文化遗产、创意产业、文化产业等范畴，指出文化政策也应同时考虑两种价值属性③。

文化经济具有外部性和公共性。露丝·陶斯指出，很多文化产品存在消费的外部性（比如戏剧欣赏的社会效应）和生产的外部性（比如剧院对周边商业的正面影响），导致市场供应不足；还有很多文化产

---

① 这与第一章"基于文化产品"的文化经济学与"基于文化产业"的文化经济学划分相对应。需要指出的是，我们的划分是粗略的，一些文化经济学著作既包含文化产品研究，也包含文化产业研究，但两类研究在框架和指向上存在明显差异。事实上，研究重点的转向，与经济社会发展所提出的现实问题紧密相关。

② 周正兵："威廉·鲍莫尔文化经济学思想评述"，《北京联合大学学报》（人文社会科学版），2016年第4期。

③ 戴维·思罗斯比：《经济学与文化》，中国人民大学出版社2015年版。需要指出的是，思罗斯比在该书中并未给文化价值提供一个坚实的理论基础，只是称其可以分解为审美价值、精神价值等若干要素，缺乏涵盖价值生产、价值实现、价值分配的完整框架。在本书中，我们将从马克思主义政治经济学出发分析文化经济的双重属性。在我们看来，思罗斯比所称的"文化价值"是文化商品的使用价值属性，其特殊性在于存在外部性和公共性。因而所谓"文化价值"与"经济价值"，实质是商品使用价值和价值的双重属性在文化场域的表现。此外，思罗斯比对文化资本的定义是建立在费雪的资本概念上的——可以带来收入流量的财富存量，而不是马克思意义上作为一种生产关系的资本，与本书文化资本的含义不同（可参见孟捷对人力资本概念的批评，孟捷：《价值和积累理论》，社会科学文献出版社2018年版，第171页）。

品存在非竞争性和非排他性,导致市场缺乏供给机制①。上述文化经济的两种特征导致市场失灵,从而构成政府资助的理论基础。

文化经济的产业形态面临特殊的条件制约。不少学者指出,文化或创意产业在需求方面存在很大不确定性,在供给方面存在高初始成本和低边际成本,在劳动力市场方面存在创意工作者和普通劳动者的区分,且创意劳动受创作规律制约②。因而通常在文化或创意产业中,少数拥有规模效应的企业巨头和大量个性化生产的小企业共存发展。

## 3. 交互逻辑:探索文化和经济的相互影响

对文化与经济相互影响的探索由来已久。早在《国富论》中,亚当·斯密就隐含地指出文化影响经济的两条路径。第一条路径是文化以交换为中介对分工的影响。在斯密看来,分工是提升劳动生产力最主要的原因③,而"分工起因于交换能力"④。那交换能力又缘于什么呢?他归结为人类"互通有无,物物交换,互相交易"的特有倾向⑤。他认为,基于这样一种文化特质,人类通过激发他人的利己心实现互通有无,为分工创造前提⑥。第二条路径是文化以资本积累为中介对经济的

---

① 露丝·陶斯:《文化经济学》,东北财经大学出版社2016年版,第19~24页。
② 露丝·陶斯:《文化经济学》,东北财经大学出版社2016年版。理查德·凯夫斯:《创意产业经济学:艺术的商业之道》,商务印书馆2017年版。
③ "劳动生产力上最大的增进,以及运用劳动时所表现的更大的熟练、技巧和判断力,似乎都是分工的结果。"亚当·斯密:《国民财富的性质和原因的研究》(上册),商务印书馆1972年版,第5页。
④ 亚当·斯密:《国民财富的性质和原因的研究》(上册),商务印书馆1972年版,第16页。
⑤ 亚当·斯密:《国民财富的性质和原因的研究》(上册),商务印书馆1972年版,第13页。
⑥ "不论是谁,如果他要与旁人作买卖,他首先就要这样提议。请给我以我所要的东西吧,同时,你也可以获得你所要的东西:这句话是交易的通义。……由于我们所需要的相互帮忙,大部分是通过契约、交换和买卖取得的,所以当初产生分工的也正是人类要求互相交换这个倾向。"参见亚当·斯密:《国民财富的性质和原因的研究》(上册),商务印书馆1972年版,第14页。

影响。斯密指出，资本积累可以增加一国生产性劳动者数量并促进分工，从而增加其国民财富[①]。那积累的资本从何处而来呢？他归结为勤劳和节俭，并尤其强调节俭的重要性[②]。他认为，正是由于无数人的节俭实现资本积累，才使得英国日趋富裕[③]。斯密的论述为我们理解文化对经济的影响指明了方向，但还有很多问题需要解答。斯密之后的经济学家沿着这两条路径，进一步深入探讨其作用机理。

沿着第一条路径我们遇到的问题是，由于交易费用的存在，仅假定人们具有交易偏好和自利心，并不能保证交换必然实现。比如，自利的个人可以通过抢劫、偷盗或者违约来获取自身利益，并非一定要通过交换。是什么降低交易费用，从而让人们能够享受交换和分工的潜在收益呢？诺斯认为，是制度的外在约束[④]。在他的理论模型中，文化和制度紧密相关。一方面，制度包含了正式约束和非正式约束[⑤]，而文化本身就是非正式约束的源泉[⑥]。并且，非正式约束无论在传统经济还是现

---

[①] "增加一国土地和劳动的年产物的价值，只有两个方法，一为增加生产性劳动者的数目，一为增进受雇佣劳动者的生产力。……但无论怎样，都有增加资本的必要。……把工作分成许多部分，使每个工人一直专做一种工作，比由一个人兼任各种工作，定须增加不少资本。"参见亚当·斯密：《国民财富的性质和原因的研究》（上册），商务印书馆1972年版，第316~317页。

[②] "资本增加，由于节俭；资本减少，由于奢侈与妄为。……诚然，未有节俭以前，须先有勤劳，节俭所积蓄的物，都是由勤劳得来。但是若只有勤劳，无节俭，所得而无所贮，资本决不能加大。"亚当·斯密：《国民财富的性质和原因的研究》（上册），商务印书馆1972年版，第311页。

[③] "有无数个人在那里普遍地不断地努力改进自己的情况，节省哪，慎重哪，他们不动声色地、一步一步地把资本积累起来。正是这种努力，受着法律保障，能在最有利情况下自由发展，使英格兰几乎在过去一切时代，都能日趋富裕，日趋改良。"亚当·斯密：《国民财富的性质和原因的研究》（上册），商务印书馆1972年版，第319页。

[④] "制度为交换提供结构，它（与所有技术一起）决定了交易费用和转型成本。"道格拉斯·诺斯：《制度、制度变迁与经济绩效》，格致、三联、上海人民出版社2008年版，第46页。

[⑤] 道格拉斯·诺斯：《制度、制度变迁与经济绩效》，格致、三联、上海人民出版社2008年版，第4页。

[⑥] "非正式约束从何而来？它们来自于社会传递的信息，并且是我们所谓的文化传承的一部分。"道格拉斯·诺斯：《制度、制度变迁与经济绩效》，格致、三联、上海人民出版社2008年版，第51页。

代经济中都是约束人类选择的主体①。另一方面，文化在制度变迁中也起到重要作用②，并可藉此影响经济绩效。诺斯在概括苏联兴衰时就提出"可感知的现实→信念→制度→政策→改变了的可感知的现实"的模型③，并且将信念结构演化作为解释西方世界兴起的重要组成部分④。

沿着第二条路径我们遇到的问题是，节俭促进资本积累——增大的利润在节俭中又积累为更多资本，这样的动态过程与个人追求自身利益的行为存在偏差，因为积累不再是手段而是目的。正如韦伯所言，"赚钱，赚更多的钱，并严格回避一切天生自然的享乐……因而单就个人自己的'幸福'和'利益'而言，这不啻是完完全全的超越，而且简直极为不合理。"⑤在韦伯看来，这种将资本积累作为义务的思想正是资本主义精神的深层内涵⑥。他认为，宗教改革所形成的新教伦理，既打破了束缚财富追求的思想枷锁，又要求生活上的节俭，客观上导致资本不断积累，为资本主义持续发展提供动力⑦。熊

---

① "然而正式规则，即便是在那些最发达的经济中，也只是型塑选择的约束的很小一部分（尽管非常重要）。"道格拉斯·诺斯：《制度、制度变迁与经济绩效》，格致、三联、上海人民出版社 2008 年版第 50 页。

② "文化不仅决定某一时期的社会绩效，而且通过它的支持性框架约束参与者，从而影响长期的变迁过程。"道格拉斯·诺斯：《理解经济变迁过程》，中国人民大学出版社 2008 年版，前言，第 3 页。

③ 道格拉斯·诺斯：《理解经济变迁过程》，中国人民大学出版社 2008 年版，第 4 页。

④ 道格拉斯·诺斯：《理解经济变迁过程》，中国人民大学出版社 2008 年版，第 128~129 页。

⑤ 马克斯·韦伯：《新教伦理与资本主义精神》，上海三联书店 2019 年版，第 28 页。

⑥ "这种职业义务的独特思想，……正是资本主义文化的'社会伦理'独树一格的特征，而且就某种意义而言，正是其本质所在。""我们在此还是暂且要用'（近代）资本主义精神'一词，来指涉那种……将工作奉为天职有系统且理性地追求合法利得的心态"。马克斯·韦伯：《新教伦理与资本主义精神》，上海三联书店 2019 年版，第 29 页、第 39 页。

⑦ "基督新教的入世禁欲举其全力抵制财产的自由享乐，勒紧消费，特别是奢侈消费。相反，在心理效果上，则将财货的取得从传统主义的伦理屏障中解放出来，解开利得追求的枷锁，不只使之合法化，而且（在上述意味下）直接视为神的旨意。""若我们把上述那种消费的抑制与营利枷锁的解除合而观之，那么其外在的结果是相当了然的；亦即，通过禁欲的强制节约而导致资本形成阻止收入的消费使用，必然促使收入可作生产利用，亦即用来投资。"马克斯·韦伯：《新教伦理与资本主义精神》，上海三联书店 2019 年版，第 165 页、第 167~168 页。

彼特则将创新作为企业家精神的内核,强调其对经济动态发展的重要作用①。

事实上,经济层面的变化也会影响文化。亚当·斯密就曾论述商业对习俗的影响。他指出,"一旦商业在一个国家里兴盛起来,它便带来了重诺言守时间的习惯。"② 而在马克思看来,正是资本主义生产关系的建立,使资本家成为资本的人格化,从而无止尽地追求剩余价值③;资本家是节俭还是奢侈并非缘于"节欲",而是取决于对劳动力的剥削程度④;在一定发展阶段,为了获取信贷,奢侈甚至成为一种必要⑤;追求剩余价值的欲望和外在的竞争压力促使资本家追求创新,通过引入新技术获取超额剩余价值,并导致新技术的扩散⑥。

---

① "我们已经知道,企业家的功能是:通过利用一种新发明,或者更一般地利用一种未经试验的技术可能性,来生产新商品或者用新方法生产老商品;通过开辟原料供应新来源或产品的新销路;和通过改组工业结构等手段来改良或彻底改革生产模式。"约瑟夫·熊彼特:《资本主义、社会主义与民主》,商务印书馆1999年版,第210页。

② 坎南:《亚当·斯密关于法律、警察、岁入及军备的演讲》,商务印书馆1962年版,第260页。

③ "只有在越来越多地占有抽象财富成为他的活动的惟一动机时,他才作为资本家或作为人格化的、有意志和意识的资本执行职能。因此,决不能把使用价值看作资本家的直接目的。他的目的也不是取得一次利润,而只是谋取利润的无休止的运动。"马克思:《资本论》(第1卷),人民出版社2004年版,第178~179页。

④ "资本家财富的增长,不是像货币贮藏者那样同自己的个人劳动和个人消费的节约成比例,而是同他榨取别人的劳动力的程度和强使工人放弃一切生活享受的程度成比例的。"马克思:《资本论》(第1卷),人民出版社2004年版,第685页。

⑤ "在一定的发展阶段上,已经习以为常的挥霍,作为炫耀富有从而取得信贷的手段,甚至成了'不幸的'资本家营业上的一种必要。奢侈被列入资本的交际费用。"马克思:《资本论》(第1卷),人民出版社2004年版,第685页。

⑥ "价值由劳动时间决定这同一规律,既会使采用新方法的资本家感觉到,他必须低于商品的社会价值来出售自己的商品,又会作为竞争的强制规律,迫使他的竞争者也采用新的生产方式(引者注:原文为生产式,疑错)。"马克思:《资本论》(第1卷),人民出版社2004年版,第370~371页。

## 第二节 从"分工—交换"视角认识文化经济

本部分力图从"分工—交换"视角出发,构建一个包含前述三种研究逻辑的统一分析框架,为构建文化经济学的概念体系奠定基础。

### 1. 物质生产和文化生产交互作用

物质生产和文化生产都源于劳动。在马克思主义看来,劳动是人类的本质特征。在《劳动在从猿到人的转变中的作用》中,恩格斯指出:"劳动是整个人类生活的第一个基本条件,而且达到这样的程度,以致我们在某种意义上不得不说:劳动创造了人本身"。①而劳动又可以划分为物质劳动与精神劳动。一方面,人类通过物质劳动与自然界实现物质变换,并在这一过程中形成人与人之间的社会关系;另一方面,人与人在社会关系中的交往又产生建立一套包含语言、伦理、宗教等在内的符号价值系统的需要,这就要求通过精神劳动产生文化。

物质生产和文化生产经历了从统一到分离的过程。在人类社会早期,共同体的每一个成员既从事简单的物质生产,也从事简单的文化生产。但随着经济社会发展,物质生产和文化生产逐渐分裂成为社会

---

① 《马克思恩格斯文集》(第9卷),人民出版社2009年版,第550页。

分工的两大领域，其复杂程度与生产效率也不断提高。在马克思看来，"分工只是从物质劳动和精神劳动分离的时候起才真正成为分工"①。人类社会逐渐"形成了一个脱离直接生产劳动的阶级，它掌管社会的共同事务：劳动管理、国家事务、司法、科学、艺术等等"②。

物质生产和文化生产互为支撑、相互促进。一方面，物质生产不仅为文化生产提供必要的生活资料，也提供必要的生产资料。在人类社会早期，祭祀、占卜是文化生产的重要表现，而祭祀者和占卜者的衣食住行及其工具都离不开物质生产。另一方面，文化生产也有力地调节物质生产。祭祀和占卜为人类社会提供了精神依托、增强了社会凝聚力，保障了物质生产的稳定。但在两者中，物质生产起着更为基础的作用。正如马克思所揭示的，"人们首先必须吃、喝、住、穿，然后才能从事政治、科学、艺术、宗教等等"③，"物质生活的生产方式制约着整个社会生活、政治生活和精神生活的过程。"④

在很长一段时期，物质产品与文化产品的交换是偶然的、局部的。文化的直接生产者与消费者只是社会中的一小部分人，占全社会绝大多数的从事物质生产的劳动者则被排除在文化生产与消费之外。故事的起点似乎在物质生产领域，随着这一领域"分工—交换"的交互拓展，现代经济得以兴起；物质生产方式的巨大变革也推动了文化生产方式重大转变，经济和文化不断融合，文化经济由此产生并不断发展。

---

① 《马克思恩格斯文集》（第1卷），人民出版社2009年版，第534页。
② 《马克思恩格斯文集》（第9卷），人民出版社2009年版，第298页。
③ 《马克思恩格斯文集》（第3卷），人民出版社2009年版，第601页。
④ 《马克思恩格斯文集》（第2卷），人民出版社2009年版，第591页。

## 2. "分工—交换"交互拓展是人类发展的原动力

在《国富论》开篇,亚当·斯密就指出,劳动生产力的提升主要来自于分工①,而分工演进程度"受交换能力大小的限制,换言之,要受市场广狭的限制"②。阿林·杨格则将交换能力理解为商品间交互需求,"一种商品供给的增加是对其他商品需求的增加"③。由此,市场规模本身又取决于生产能力或者说分工。分工拓展市场,市场又深化分工,在这一过程中生产方式也不断演进,构成了人类社会发展的原动力。基于这一视角,我们就能理解物质生产与文化生产的交融。

人类社会是一个庞大而复杂的分工体系。如果说物质生产和文化生产的分离是人类分工的起点,两者内部也分别衍生出大量层级的分工;不同细分领域的生产部门和不同层级的生产环节,都通过交换结合在一起。"分工—交换"交互拓展的主动力来自物质生产领域,在推动社会生产力提升的同时,也通过物质产品和文化产品的交换,影响和制约文化生产。例如,物质生产领域的三次社会大分工,极大丰富了人类的物质产品,并通过物质产品的再分配为文化生产的发展提供支持,文化生产内部的分工体系也得以深化,创造出灿烂的早期文明。

"分工—交换"的交互拓展构成人类社会发展的原动力,而交易费用则是这一演进机制的"摩擦力"④。历史上,人类一直非自觉地降低交易费用,以实现分工与交换交互促进带来的收益。在诺思看来,"重复

---

① 亚当·斯密:《国民财富的性质和原因的研究》(上册),商务印书馆1972年版,第5页。
② 亚当·斯密:《国民财富的性质和原因的研究》(上册),商务印书馆1972年版,第16页。
③ 阿林·杨格:"报酬递增与经济进步",《经济社会体制比较》,1996年第2期。
④ 交易费用是人们在交换过程中所需要支付的体力与脑力总和。它会随市场的扩大而不断增加。如果不加以制约,就会使得分工与交换的交互促进停留在某一层次上。

交易、文化同质（即有共同的价值观），以及缺少第三方实施（事实上也不太需要），是这种交换的典型条件"①。与之对应的分工体系通常是地方性和自给自足的，难以进一步扩展与深化。直到近代，西欧国家对产权和契约的保障促进市场时空范围的急剧扩大，引爆工业革命，物质生产方式出现巨大变革②。

## 3. 物质生产方式变革对文化生产方式的影响

由于物质生产与文化生产互为支撑、相互促进，物质生产方式的变革也会对文化生产方式产生重要影响。正是在物质生产领域工业革命的冲击下，从19世纪至20世纪初，文化生产方式也发生重大转变，出现"文化工业"。文化和经济的交融大为加强，文化经济迅速发展。

从需求侧看，物质生产方式变革极大丰富了物质产品，也增加了人们的闲暇时间，对文化产品的有效需求因而大为增加。在工业革命之前，人类社会长期处于"马尔萨斯陷阱"之中，经济增长总会被人口增加所抵消，导致人均收入始终维持在基本生存水平。在这种条件下，文化生产和文化消费只可能是少数人的"专利"，广大普通劳动者被排除在外。直到近代，物质生产方式变革极大丰富了物质产品，人类突破"马尔萨斯陷阱"制约，人均收入水平迅速提升。与此同时，

---

① 道格拉斯·诺思：《制度、制度变迁与经济绩效》，格致出版社、上海三联书店、上海人民出版社2008年版，第47页。

② 新制度经济学认为，由于降低交易费用方式不同，人类历史上存在两类交换。诺斯称前者"人际关系化交换"，后者"有第三方实施的非人际关系化交换"（参见道格拉斯·诺思：《制度、制度变迁与经济绩效》，格致、三联、上海人民出版社2008年版，第47~48页）；奥尔森则分别命名为"自我实施型市场"与"社会规划型市场"（参见曼瑟·奥尔森：《权力与繁荣》，上海人民出版社2014年版，第135页）。国家对产权和契约的保障，实现第一种类型交换向第二种类型交换转变，极大促进分工体系的深化，产生现代经济。

随着生产力提升和劳动者权利意识觉醒，人们的劳动时间也逐步下降[1]。占人口绝大多数的普通劳动者对文化产品的有效需求迅速扩大。

从供给侧看，物质生产领域积累的技术进步进入到文化生产领域，文化产品的生产效率大幅增加。在很长一段时期，文化生产领域的劳动生产率较低。以歌剧、音乐会、戏曲为代表的现场演出，很难实现规模经济。但留声机、电影、电视的出现，却能通过唱片、影片、现场直播的方式，极大降低文化产品生产的边际成本。随着信息技术变革，"互联网+文化产业"等新业态、新模式迅速发展，一些平台文化企业巨头出现，进一步提升了文化生产的规模经济和范围经济，大幅降低消费者所需支付的成本，也将文化产品市场拓展到更多人群。

从动力机制看，为交换而生产的现代经济生产方式从物质生产领域延伸至文化生产领域，资本成为文化生产的动力源泉。资本进入文化场域，产生了正反两方面的后果。一方面，资本对利润的追求极大激发了文化生产的动力。为最大限度地追求剩余价值，新的文化产业不断被开辟出来，当前以"互联网+"为代表的文化与科技的结合正迅速深化。物质资本与文化资本的相互转化，也在更深层次打通了物质生产与文化生产。但另一方面，资本对利润的追求也带来艺术与商业的矛盾，过于追求文化商品的交换价值可能会忽视其使用价值所存在的外部性，资本对剩余价值的压榨也不可避免与艺术创作产生冲突。

物质生产方式变革通过需求侧、供给侧和动力机制引发文化生产方式转变，文化产品交换范围迅速扩大，进而引发文化生产领域分工

---

[1] 物质生产领域生产方式变革对生产力的提高，是劳动时间得以缩小的根本原因。而工人阶级的形成及其不懈斗争则是劳动时间得以缩小的直接原因。例如近代英国工人关于缩短工作时间的斗争。

体系的深化演进。文化生产与物质生产、文化消费与物质消费的传统界限被打破,文化与经济开始深度融合。这种融合包含多个维度。一是产品层面的融合。这也是最为明显的表征。越来越多的文化产品衍生出物质载体,越来越多的物质产品也具有文化特征。二是交换体系的融合。一方面是产品市场融合,文化产品不再只是少数人享有,其消费群体迅速大众化;另一方面是要素市场融合,劳动力、资本、技术、创意等生产要素可以在文化生产和物质生产领域自由流动。三是生产方式的统一。无论是物质生产领域还是文化生产领域,都被为交换而生产的现代经济统治。四是分工体系的融合。文化生产和物质生产的产业链逐渐交织,从而得以相互促进。文化产业的发展可以带动其他相关产业。例如,因电影而"走红"的文化IP,可以促进周边服装、玩具的销售,甚至可以转化为"文化地标"促进城市化进程。

## 4. 物质生产和经济文化共生演化

物质生产方式的变革对文化生产方式产生重要影响,但不能忽视的是,文化生产同样对物质生产起到调节作用,发挥中介作用的就是经济文化。经济文化是对物质生产具有直接调节作用的文化形态,其与物质生产是共生演化的。一方面,经济文化的转变为物质生产方式变革创造了前提条件。在欧洲,中世纪的天主教会对经济恢复与知识积累起到促进作用,但制约了资本主义发展。韦伯认为,正是宗教改革形成的新教伦理——将尽可能赚钱作为人生目标而又保持生活节俭的天职观，为欧洲物质生产方式变革创造了条件[①]。而在中国，通常认为，儒家文化对小农经济的再生产起到很好的保障作用，但重农抑商的思想与对科学知识的忽视，阻碍了现代化物质生产方式在中国的形成发展。另一方面，物质生产方式变革也会对经济文化的演进创造出新的需要。例如，市场经济的发展就需要契约精神、法律意识、责任意识、创新精神和风险意识，进而推动经济文化衍生出新的内涵。

## 第三节　文化经济学的概念体系

文化产品和文化商品是文化经济的载体，也是文化经济研究的逻辑起点；文化企业和文化公共机构分别是文化商品和文化产品的生产主体；文化商品的生产、交换、分配和消费由文化市场调节；宏观层面，文化产业是文化商品生产的行业集合；微观层面，文化资本作为生产资料参与社会再生产并能获得价值增殖；文化经济的健康发展需要文化政策调节和支持；经济文化则会对物质生产领域产生反作用。由此，文化产品和文化商品、文化企业和文化公共机构、文化市场、文化产业、文化资本、文化政策、经济文化，构成文化经济学的概念体系。

---

[①] 马克斯·韦伯：《新教伦理与资本主义精神》，上海三联书店 2019 年版。

## 1. 文化产品和文化商品

文化产品和文化商品是文化经济的载体。这里的"商品"不是一般意义上的，而是马克思主义政治经济学的抽象概念①。作为社会意义的载体，文化产品在传统社会并非以商品的形式存在。文化商品的出现正是文化和经济相互交融的产物。由此，文化产品可以区分为广义和狭义两层含义。广义文化产品包含了文化商品；而狭义文化产品则与文化商品相对立，是指在广义文化产品中未被商品化的部分。

文化商品具有商品的一般特征，拥有使用价值和价值两种属性。但另一方面，文化商品又有其特殊性。一是其使用价值属性存在特殊性。文化商品使用价值的根本特征是满足人们的精神需要，因而具有外部性，也就是意识形态属性。二是其价值属性存在特殊性。文化商品价值由凝聚其中的抽象劳动创造，可以与普通商品价值相互通约；但其凝聚的是创意劳动，具有高度复杂性。

文化商品蕴涵了文化经济的基本矛盾。文化经济是一种特殊的商品经济，因而也包含了商品经济的基本矛盾——私人劳动和社会劳动的矛盾；但文化商品的特殊性使得文化经济存在另外两种特殊的矛盾。一是商品属性和意识形态属性的矛盾。文化商品的使用价值服务于人的精神意识，具有外部性。文化商品的生产者是为追求交换价值而生产，一方面更有动力深化文化生产领域的分工体系，另一方面也可能因过度追求交换价值，而导致对其使用价值外部性的忽视。二是创意劳动和资本的矛盾。创造文化商品价值的是具有高度复杂性的创意劳

---

① "商品是为交换而生产的劳动产品"，参见宋涛：《政治经济学教程》（第12版），中国人民大学出版社2018年第12版，第30页。马克思正是将商品作为起点，对资本主义生产关系展开深入分析。

动。最大限度发挥创意劳动,需要给予劳动者(艺术家)宽松的环境,但资本又必须驾驭创意劳动以生产剩余价值,其实质是劳资矛盾在文化商品生产中的特殊表现。

## 2. 文化企业与文化公共机构

文化企业是生产文化商品的组织形态。由于市场特征和生产特征的差异,文化企业的组织管理有其自身特点。一是在组织形式上,文化企业更多呈现出"中心－外围"结构。创意环节处于中心地位,多赋予创作选题和劳动时间的自主性;生产和流通环节属于外围部门,管理更加严格。二是在薪酬结构上,文化企业存在较大的薪酬分布差异。一方面,处于中心位置的创意工作者和属于外围部门的普通劳动者之间,收入水平存在较大差距;另一方面,即使在创意工作者内部,收入差距同样很大。三是在投融资模式上,大型文化企业为了应对市场不确定性,获取更大的文化市场价值,更倾向采取纵向一体化战略。而由于文化商品的使用价值具有意识形态属性,以利润最大化为主要目标的文化企业与物质商品生产企业相比,受到更多政策和道德的束缚。

文化公共机构是提供文化公共品的组织形态。非竞争性和非排他性是文化公共品的主要特征,也导致其在市场机制下很难实现有效供给。因此文化公共品的生产主要依靠由国家财政支撑的文化公共机构承担,其价格也不是由市场决定。文化公共机构的发展对于保障人民群众基本文化权利,促进国民素质和社会文明程度提升,保护历史文化资源,具有十分重要的作用。如何利用好有限的财政资源,实现文化公共品供给的社会效益最大化,是文化公共机构面临的主要矛盾。

## 3. 文化市场

　　文化商品的生产、交换、分配和消费由文化市场调节①。文化市场包括文化商品市场和文化要素市场。在文化商品市场中，供给端是文化企业，需求端是消费者，可以根据商品种类对其进一步细化，如电影市场、图书市场、音乐市场等。在文化要素市场中，供给端是资本所有者、劳动力（艺术家），需求端是文化企业，可以根据生产要素种类对其进一步细化，如文化资本市场、文化劳动力市场等。在文化市场的调节下，文化企业将文化要素结合起来生产出文化商品，消费者选择购买文化商品的种类和数量，生产要素所有者选择资本和劳动（创意）的投入，在有效率的文化市场中最终能实现资源优化配置。

　　作为市场经济的子系统，文化市场具有和"市场经济一般"相同的特征。一是统一性。不同类型文化市场、文化市场与其他市场之间是相互交融的。一方面，不同文化商品、文化商品与其他商品之间可以等价交换。其根源是，同其他商品一样，文化商品的价格也是由凝聚其中的人类社会必要劳动时间决定。另一方面，资本、劳动力（艺术家）等生产要素也可以在不同类型文化市场、文化市场与其他市场之间互相流转。二是开放性。在文化市场中，消费者可以自由选择，生产要素可以自由流动，企业可以自由进出。三是竞争性。不仅同一类文化市场中的不同企业相互竞争，不同类型文化市场、文化市场和其他市场之间的企业也会在平均利润率的引导下相互竞争。比如，当某类文化市场能够获得超额回报时，就会吸引其他市场中的企业"跨

---

　　① 与之对应，文化产品（狭义）的生产、分配、交换和消费通常由政府调节，可以粗略归纳为文化财政的范畴。这一调节方式将在文化政策中讨论。

界"进入。四是有序性。不同类型文化市场、文化市场与其他市场具有一致的规则，包括保障企业平等竞争、保护消费者权益、保障产权（如版权）等。

## 4. 文化产业

文化商品生产的行业集合构成文化产业，这也是文化经济在宏观层面的重要表现形态①。相对于国民经济其他部门，文化产业相对"年轻"，不过一百多年的历史，但发展速度很快，已经成为国民经济的重要引擎。一方面，文化产业本身就是国民经济的重要组成部分。其发展不仅能提供更多数量、更多种类的文化商品从而丰富人们的精神文化生活，也能带动大量就业。另一方面，随着分工体系相互交融，文化产业发展也会拉动产业链上下游，从而促进其他生产部门发展。

文化产业研究首先需要确定其构成范围。作为文化和经济相互融合的新形态，文化经济既表现为文化的经济化，也表现为经济的文化化。但如果把所有蕴含文化属性的产业都归入文化产业，其涵盖范围过于宽泛，不利于总结共性特征。例如，服饰、建筑甚至手机等产品所蕴含的文化因素越来越多，但其相关行业就不宜纳入文化产业。由于文化产业界定的主观性较强，学者们基于各自视角和逻辑体系，提出了不同的思路。戴维·思罗斯比以文化商品中所蕴含的创意为依据，构建了文化产业的同心圆模型——"艺术产业居于中心，其他产业位

---

① 与之对应，文化产品（狭义）生产的行业集合构成文化事业。这一文化经济的宏观表现将在文化政策中讨论。

于环绕中心的一些层或圆上，随着创意思想的传播，同心圆不断向外扩展，涵盖了更加广泛的生产领域"①。大卫·赫斯蒙德夫则将文化产业界定为"与社会意义的生产最直接相关的机构"，并以此界定核心文化产业②。中国国家统计局对文化及相关产业的界定是"为社会公众提供文化产品和文化相关产品的生产活动的集合"③，并就其涵盖范围和分类做了具体规定④。

近年来，文化产业发展呈现出新的特点。如，互联网对文化产业形态产生重要影响，网络文学、网络游戏、网络音乐、网络视频等新业态快速兴起。又如，文化对其他产业的渗透程度不断增加，"文化+"不断扩展和深化，和旅游、体育、房地产等其他产业出现融合趋势。

## 5. 文化资本

文化资本是文化资源的资本化形态，为文化经济的规模扩大和结构跃迁提供了驱动力。把握文化资本，首先必须理解"资本一般"。

在马克思看来，"资本是能带来剩余价值的价值"⑤。这一理解包含了三个层次。第一个层次，资本在物质形态上表现为一种生产资

---

① 戴维·思罗斯比：《经济学与文化》中国人民大学出版社 2015 年，第 123 页。
② 大卫·赫斯蒙德夫：《文化产业》（第三版），中国人民大学出版社 2016 年，第 12~13 页。
③ 中国国家统计局："文化及相关产业分类（2018）"，http://www.stats.gov.cn/tjgz/tzgb/201804/t20180423_1595390.html。
④ "①以文化为核心内容，为直接满足人们的精神需要而进行的创作、制造、传播、展示等文化产品（包括货物和服务）的生产活动。具体包括新闻信息服务、内容创作生产、创意设计服务、文化传播渠道、文化投资运营和文化娱乐休闲服务等活动。②为实现文化产品的生产活动所需的文化辅助生产和中介服务、文化装备生产和文化消费终端生产（包括制造和销售）等活动。"参见中国国家统计局："文化及相关产业分类（2018）"，http://www.stats.gov.cn/tjgz/tzgb/201804/t20180423_1595390.html。
⑤ 《马克思恩格斯全集》（第四十二卷），人民出版社 2016 年版，前言，第 8 页。

料，在社会再生产中与土地、劳动力相结合。西方经济学对资本的理解就止步于此。第二个层次，资本是一种能够获取并累积剩余价值的社会关系。正如马克思所言，"黑人就是黑人。只有在一定的关系下，他才成为奴隶。纺纱机是纺棉花的机器。只有在一定的关系下，它才成为资本。"① 第三个层次，对剩余价值的无限追求使资本"只能理解为运动，而不能理解为静止物"②。这种运动表现在两个方面，一方面是资本形态在货币资本、生产资本、商品资本之间不断转化；另一方面是在平均利润率调节下，资本在不同行业中流转并开辟新的行业。

文化资本同样应从上述三个层次加以把握。一是在物质形态上，文化资本表现为以文化形式参与社会再生产的一种生产资料，既包括有形的文化建筑、文化设备，也包括无形的版权、品牌商标等③。二是在价值形态上，文化资本同样是一种获得并积累剩余价值的社会关系，文化资本自身所蕴含的价值会转移到最终产品中，其所有者还可以获得一部分剩余价值，从而实现价值增殖。三是在运动形态上，一方面，文化资本能够在货币资本形态（如文化投资）、生产资本形态（如版权）、商品资本形态（如电影）间转换，从而以货币资本形态为中介同物质资本相联结；另一方面，正是由于文化资本和物质资本能够通过货币资本形态相互转化，文化资本也可以在不同文化产业之间、文化产业和其他产业之间自由流转。

---

① 《马克思恩格斯文集》（第1卷），人民出版社2009年版，第723页。
② 马克思：《资本论》（第2卷），人民出版社2004年版，第121～122页。
③ 这里需要强调两点。一是文化资本既参与文化商品再生产，也参与物质商品再生产。随着经济的文化化，越来越多的物质商品包含有文化属性，其再生产也相应需要文化要素的投入。二是文化商品再生产，也需要文化资本同物质资本、土地、劳动力等其他生产资料相结合。文化资本与介入文化生产的资本不可等同。

## 6. 文化政策

文化经济的健康发展需要文化政策的调节和支持。由于"文化"的涵盖范围非常宽泛，本书聚焦的是以文化经济为对象的政策体系。

文化政策的目标具有二元性。文化经济既是现代条件下文化生产、传播的主要载体，也是一国经济发展的重要引擎，因而文化政策的目标存在两个维度。一方面，在文化维度上，要通过促进文化经济发展，增加文化供给的数量、种类和质量，满足人民群众日益增长的精神需要。另一方面，在经济维度上，要通过促进文化经济发展，发挥其对整体经济的带动作用。但是，文化经济所蕴含的基本矛盾，尤其是商品属性和意识形态属性之间的矛盾，使得上述二元目标常常出现对立冲突。文化政策面临的核心问题是，如何在推动文化经济发展的过程中实现其社会效应和经济效应的统一。

按照对文化经济的介入方式，文化政策可以划分为两种类型。第一类是间接性文化政策，政府通过健全现代文化市场体系引导文化经济发展。具体而言包含三个方面。一是为现代文化市场提供制度基础，尤其是对版权、知识产权加强保护。二是克服市场失灵，为文化企业成长提供政策支持。例如，文化企业的资本多是版权、知识产权等无形资产，缺少有形资产抵押导致其很难获得融资[①]。这就要求政府提供相应的金融支持。三是加强监管。避免文化企业因追求利润最大化而忽视文化商品的使用价值。间接性文化政策对应的文化经济范畴包括文化商品、文化企业、文化产业、文化资本、文化市场等。第二类是

---

① 这也是文化资本循环以及文化资本和物质资本相互转化的难点所在。

直接性文化政策,政府通过建立现代公共文化供给体系,直接向社会提供文化产品。具体而言,包含两个方面。一是增加文化公共品供给的数量和质量。文化公共品因其非竞争性和非排他性,难以单纯通过市场机制提供,必须得到政府支持。二是促进文化资源获取的公平性。由于民众支付能力不同,单纯依靠市场调节存在文化资源获取的不平等。例如,互联网虽然提高了文化资源获取的便捷性,但网络接入不平等问题仍十分突出,很多贫困地区和低收入群体缺乏上网的基本条件。这就要求政府加强文化公共基础设施建设,不断提高文化公共资源的覆盖面和均等化程度。直接性文化政策对应的文化经济范畴包括文化产品、文化公共机构、文化事业、文化资源、文化财政等。

## 7. 经济文化

经济文化是对物质生产具有直接调节作用的文化形态,是人类文化的重要组成部分。

经济文化与物质生产是共生演化的。一方面,经济文化的转变为物质生产方式变革创造前提。比如,韦伯认为,宗教改革形成的新教伦理为资本主义在欧洲的兴起创造了条件[①]。而通常认为,儒家文化对小农经济再生产起到很好的保障作用,却抑制了资本主义在中国的发展。另一方面,物质生产领域的现代化推进方式不同,也需要相应的经济文化与之相匹配。比如,新中国前30年,我们的经济文化更加强调个人的奉献与服从,这与当时政府通过计划集中资源突破贫困陷阱

---

① 马克斯·韦伯:《新教伦理与资本主义精神》,上海三联书店2019年版。

的现代化推进方式匹配，但也存在抑制个人能动性、忽视个人利益等问题。改革开放后，我们逐步转向通过市场优化配置资源的现代化推进方式，经济文化也需要相应转变。我们认为，与市场经济相匹配的经济文化主要包括以下方面：①契约精神。市场是交换的平台，而交换的顺利实现要求双方对契约的尊重。②法律意识。交换的深度和广度受交易费用的制约，健全法律、遵守法律是降低交易费用的重要方式。③责任意识。产权明晰是交换的前提，这既意味着要明晰获取收益的权利，也意味着要明晰承担成本的责任。④创新精神。创新是企业获取利润的根本途径，也是经济发展的根本动力。⑤风险意识。市场存在不确定性，企业家既要勇于承担风险，也要合理降低风险。

## 参考文献

[1] 马克思恩格斯文集 [M]. 北京：人民出版社，2009

[2] 马克思恩格斯全集（第四十二卷）[M]. 北京：人民出版社，2016

[3] 马克思. 资本论 [M]. 北京：人民出版社. 2004

[4] 阿多诺. 文化工业述要. 贵州社会科学 [J]，2011（6）

[5] 霍克海默. 阿道尔诺. 启蒙辩证法 [M]. 上海：上海人民出版社，2003

[6] 瓦尔特·本雅明. 机械复制时代的艺术作品 [M]. 北京：中国城市出版社，2002

[7] 马尔库塞. 单向度的人——发达工业社会意识形态研究 [M]，上海：上海译文出版社，2018

[8] 戴维·思罗斯比. 经济学与文化 [M]，北京：中国人民大学出版社，2015

[9] 露丝·陶斯. 文化经济学 [M]. 大连：东北财经大学出版社，2016

[10] 理查德·凯夫斯. 创意产业经济学：艺术的商业之道 [M]. 北京：商务印书馆，2017

[11] 大卫·赫斯蒙德夫. 文化产业（第三版）[M]. 北京：中国人民大学出版社，2016

[12] 亚当·斯密. 国民财富的性质和原因的研究（上册）[M]. 北京：商务印书馆，1972

[13] 亚当·斯密. 国民财富的性质和原因的研究（下册）[M]. 北京：商务印书馆 1974

[14] 坎南. 亚当·斯密关于法律、警察、岁入及军备的演讲 [M]. 北京：商务印书馆，1962

[15] 约瑟夫·熊彼特. 资本主义、社会主义与民主[M]. 北京：商务印书馆，1999

[16] 马克思·韦伯. 新教伦理与资本主义精神[M]. 上海：上海三联书店，2019

[17] 阿林·杨格. 报酬递增与经济进步[J]. 经济社会体制比较，1996（2）

[18] 道格拉斯·诺思. 理解经济变迁过程[M]. 北京：中国人民大学出版社，2008

[19] 道格拉斯·诺思. 制度、制度变迁与经济绩效[M]. 上海：格致出版社、上海三联书店、上海人民出版社，2008

[20] 曼瑟·奥尔森. 权力与繁荣[M]. 上海：上海人民出版社，2014

[21] 贺来. 何谓哲学意义的"批判"[J]. 探索与争鸣，2016（6）

[22] 江飞，王恒. 法兰克福学派文化工业理论分歧的再审视[J]. 南京社会科学，2016（4）

[23] 刘清平. 市场经济的道德价值何以可能？——斯密悖论新解[J]. 上海财经大学学报，2019，21（02）

[24] 刘亚男. "机械复制艺术"与"文化工业"——对比本雅明与阿多诺的大众文化观[J]. 理论观察，2015（11）

[25] 孟捷. 价值和积累理论[M]. 北京：社会科学文献出版社，2018

[26] 牛涛. 资本逻辑与文化商品再生产的历史生成及其逻辑悖论[J]. 社会主义研究，2017（02）

[27] 欧阳谦，大众文化与政治实践：法兰克福学派与伯明翰学派之比较[J] 马克思主义与现实（双月刊），2010（4）

[28] 任平. 文化的资本逻辑与资本的文化逻辑：资本创新场景的辩证批判[J]. 江海学刊，2013（1）

[29] 宋涛. 政治经济学教程（第12版）[M]. 北京：中国人民大学出版社，2018

[30] 章建刚. 思罗斯比如何讨论文化产品的特殊性[J]. 中国文化产业评论，2019（1）

[31] 周正兵. 威廉·鲍莫尔文化经济学思想评述[J]. 北京联合大学学报（人文社会科学版），2016（4）

[32] 朱珊. 创意经济与英国伯明翰文化学派——写在伯明翰学派解散十周年之际[J]. 江苏社会科学，2013（3）

# 第三章 文化产品和文化商品

文化产品和文化商品是文化经济的载体，也是文化经济理论研究的逻辑起点。在文化和经济的相互交融中，越来越多的文化产品转化成为文化商品。

# 第一节　从文化产品到文化商品

## 1. 文化产品的概念和分类

文化产品是能够满足人们精神需要的劳动产品。这个定义包含两个基本要素：第一，文化产品是一种劳动产品。因而排除了山川、湖泊等纯粹的自然景观，虽然它们也给人们带来精神享受。第二，文化产品能够满足人们的精神需要。因而排除了纯粹满足人们吃、穿、用、住等物质需要的产品，虽然它们也由劳动创造。

对文化产品还可以进一步分类。以是否存在物质载体为标准，文化产品可以划分为有形的文化产品和无形的文化产品。有形的文化产品包括：书籍、绘画、唱片等；无形的文化产品包括：戏曲、歌剧、电影等。进一步看，满足人们精神需要是文化产品的有用性特征，但随着经济社会发展，越来越多的物质产品出现"文化化"现象，在满足人们物质需要的同时，也能够带给人们精神享受。例如，哈雷摩托、限量版球鞋不只具有交通、运动等功能，也成为一种文化载体，满足人们的审美需要。因此，以有用性为标准，文化产品又可以划分为纯文化产品和混合型文化产品。纯文化产品是只能够满足人们精神需要的劳动产品；混合型文化产品是既能满足人们物质需要，又能满足人们精神需要的劳动产品。

## 2. 文化产品的商品化

商品是为交换而生产的劳动产品[①]。这里的"商品"不是一般意义上的，而是一个马克思主义政治经济学的抽象概念。《资本论》正文的开篇就指出，"资本主义生产方式占统治地位的社会的财富，表现为'庞大的商品堆积'，单个的商品表现为这种财富的元素形式。"[②] 马克思正是将商品作为起点，对资本主义生产关系展开深入分析的。

从马克思主义的商品概念延伸，我们可以对文化商品做如下定义：文化商品是为交换而生产的文化产品。这一概念又包含了两个基本要素。一方面，文化商品是一种商品。这意味着它具有商品的一般属性，也就包含了马克思所解析的商品内部基本矛盾。另一方面，文化商品又是文化产品，其有用性是满足人们的精神需要。这意味着它具有意

---

① 宋涛：《政治经济学教程》（第12版），中国人民大学出版社2018年第12版，第30页。
② 马克思：《资本论》（第一卷），人民出版社2004年版，第47页。

识形态属性。文化商品兼具商品属性和意识形态属性[①],是一种特殊的商品,蕴涵了文化经济的特殊矛盾,构成文化经济学研究的逻辑起点。

文化产品转化为文化商品是一个历史过程。作为社会意义载体的文化产品,在传统社会中并不是以商品的形式存在。在中国古代,文化生产主要表现为礼乐教化;在西方古代,文化生产主要表现为宗教活动。即便中国在宋代出现以"瓦肆勾栏"为代表的文化商业形式,但也是零星的。文化商品的真正出现是在近代西欧,缘于文化和经济的相互交融,其背后是文化和物质生产领域中"分工—交换"体系的交织、深化与演进。一方面,在物质生产领域率先建立起来的商品经济关系进入到文化领域。无论是有形的文化产品(书籍、绘画、唱片)还是无形的文化产品(戏曲、歌剧、电影)都转变成"为交换而生产"的商品。另一方面,原有物质生产领域的商品也越来越具有文化内涵,服饰、餐饮、住房、汽车,这些衣食住行中的物质消费品愈加体现出文化要素,并因此产生溢价,形成混合型文化商品。随着技术进步和产权(版权/著作权)体系的完善,文化产品的商品化仍在不断发展。

---

**专栏3-1　　　　西方印刷文本商品化的三个阶段**

实物(图书)的商品化——发生于15世纪。

版权法中实物"作品"所含信息的商品化——发生于18世纪。

电子数据库等文本信息打印方式的商品化——发生于20世纪晚期。

引自 Frow, John(1997)Time and Commodity Culture. Oxford: Oxford University Press, 139. 转引自大卫·赫斯蒙德夫,《文化产业》(第三版),中国人民大学出版社2016年版,第52~53页。

---

① 牛涛(2017)从资本逻辑介入文化生产出发,对文化商品兼具商品属性和意识形态属性,以及如何实现两者平衡进行了解析。参见牛涛:"资本逻辑与文化商品再生产的历史生成及其逻辑悖论",《社会主义研究》,2017年第2期。

作为从计划经济向市场经济转型的国家，中国改革开放40年来经历了文化产品的商品化过程。以电影行业为例，在新中国的前三十年，电影主要起宣传教育作用，但供给不足，尤其在文革时期受到很大冲击。1977年，全国故事片厂7家，年产故事片仅21部①。改革开放后，我国电影行业逐渐走向市场化，商业电影快速发展。2019年，全国电影总票房达642.66亿元，城市院线观影人次17.27亿②。近年来，《战狼2》《红海行动》《我和我的祖国》等主旋律电影与市场有机结合，实现高票房的经济效益和传播正能量的社会效益统一。

最后，我们有必要对文化产品的概念做进一步明晰。文化商品是在文化和经济相互交融中，由文化产品转化而来的。因此，有必要将文化产品区分为广义和狭义两层含义。广义的文化产品包含了文化商品；而狭义的文化产品则是指在广义文化产品中未被商品化的部分。

## 3. 文化商品的基本特征

### （1）商品的两种属性

商品存在两种用途。第一种用途是直接满足人们的需要，表现为商品的使用价值。马克思指出，"商品首先是一个外界的对象，一个靠自己的属性来满足人的某种需要的物"③。这既包含作为消费品直接满足

---

① 石川：《中国电影：回归、探索与创新》，中国社会科学网，http://cssn.cn/yingshi/yingshi_cgfb/201812/t20181213_4793036.html。

② "2019年642亿票房，优质内容是刚需"，人民网，http://ent.people.com.cn/n1/2020/0109/c1012-31540948.html。

③ 马克思：《资本论》（第一卷），人民出版社2004年版，第47页。

人们需要，也包含作为生产资料间接满足人们需要。第二种用途是与其他商品交换，表现为商品的交换价值，由两种商品的交换比例或者说两种使用价值的交换比例衡量①。

商品是为交换而生产的劳动产品②，这一定义天然包含了分工和交换的概念。生产者所生产的商品需要同市场上很多其他商品相交换以满足自己多样的需求。那么，商品的交换价值，也就是两种使用价值的交换比例由什么决定呢？马克思指出，是由该商品的价值，也就是生产该商品的社会必要劳动时间所决定③。由此，使用价值和价值构成了商品的两种属性。其中，使用价值体现的是商品的自然属性，反映的是人与自然的关系；价值体现的是商品的社会属性，反映的是在劳动生产与交换过程中的人与人之间的关系④。

商品的两种属性缘于劳动的二重性。生产商品的劳动，一方面作为具体劳动，生产商品的使用价值，因而不同质的劳动生产出不同使用价值的商品；另一方面，作为无差异的抽象劳动，也就是人体力和脑力的耗费，创造商品的价值，决定了不同使用价值的交换关系⑤。这

---

① 马克思指出，"交换价值首先表现为一种使用价值同另一种使用价值相交换的量的关系或比例"。参见马克思:《资本论》（第一卷），人民出版社2004版，第49页。
② 宋涛:《政治经济学教程》（第12版），中国人民大学出版社2018年第12版，第30页。
③ "社会必要劳动时间是在现有的社会正常的生产条件下，在社会平均的劳动熟练程度和劳动强度下制造某种使用价值所需要的劳动时间……只是社会必要劳动量，或生产使用价值的社会必要劳动时间，决定该使用价值的价值量。"参见马克思:《资本论》（第一卷），人民出版社2004版，第52页。
④ 对商品使用价值和价值的详细分析，参见宋涛:《政治经济学教程》（第12版），中国人民大学出版社2018年第12版，第30~32页。
⑤ "一切劳动，一方面是人类劳动力在生理学意义上的耗费；就相同的或抽象的人类劳动这个属性来说，它形成商品价值。一切劳动，另一方面是人类劳动力在特殊的有一定目的的形式上的耗费；就具体的有用的劳动这个属性来说，它生产使用价值。"参见马克思:《资本论》（第一卷），人民出版社2004年版，第60页。

里，抽象劳动的计算是以普通人的简单劳动耗费为标准的，少量的复杂劳动可以通约成多倍的简单劳动[①]。

（2）文化商品的两种属性

文化商品也具有使用价值和价值两种属性。文化商品使用价值的根本特征是对人们精神需要的满足。对于纯文化商品而言，其使用价值单纯就是满足人们的精神需要；对于混合型文化商品而言，其使用价值既包含对精神需要的满足，也包含对其他物质需要的满足。例如，故宫口红既具有审美价值（承载了传统文化的印记），也满足人们化妆的需要。文化商品的价值同样是由凝聚其中的抽象劳动所创造，与普通商品的价值可以相互通约。这也是文化商品能够与普通商品相交换的根本原因，其背后是文化生产与物质生产领域间的劳动交换。

文化商品存在特殊性，在其两种属性上都有体现。一方面，文化商品的使用价值存在特殊性，对人们精神需要的满足意味着其具有外部性，也就是意识形态属性。另一方面，文化商品的价值也存在特殊性，虽然也由凝聚其中的抽象劳动所创造，但凝聚的是创意劳动，具有高度复杂性。而对于混合型文化商品而言，其使用价值既包括精神层面，也包括物质层面；其价值创造则既源于创意劳动，也源于普通劳动。对于这类文化商品，艺术性越强，使用价值在精神层面的体现越大，创意劳动在价值创造中的比重也越大。

---

[①] "它是每个没有任何专长的普通人的有机体平均具有的简单劳动力的耗费。……比较复杂的劳动只是自乘的或不如说多倍的简单劳动"。参见马克思：《资本论》（第一卷），人民出版社2004年版，第58页。

## （3）文化经济的内在矛盾

文化经济是一种特殊的商品经济，因而也包含了商品经济的基本矛盾——私人劳动和社会劳动的矛盾。在商品经济条件下，一方面，生产商品的劳动由于生产资料的私人占有表现为私人劳动，也就是说，自己决定生产什么、生产多少、生产成果如何分配；另一方面，生产商品的劳动在社会分工体系中又表现为社会劳动，也就是说，其生产出的商品能否与其他商品相交换，取决于这些商品的使用价值是否满足社会需要。私人劳动和社会劳动的矛盾，是抽象劳动和具体劳动、价值和使用价值矛盾的基础，贯穿于文化经济之中[①]。

文化商品的特殊性使得文化经济存在另外两种特殊的矛盾，概括地说，也就是所谓的艺术和商业的矛盾。一是商品属性和意识形态属性的矛盾。作为社会意义生产的载体，文化商品的使用价值服务于人的精神意识，具有外部性。因此，文化商品既具有商品属性，也具有意识形态属性。文化商品的生产者是为追求交换价值而生产，一方面更有动力深化文化生产领域的分工体系，增加文化产品的数量和种类；另一方面也可能因过度追求交换价值，而导致对其使用价值外部性的忽视。二是创意劳动和资本的矛盾。创造文化商品价值的是具有高度复杂性的创意劳动。最大限度发挥创意劳动需要给予劳动者（艺术家）宽松的环境，但资本又必须驾驭创意劳动以生产剩余价值，其实质是劳资矛盾在文化商品生产中的特殊表现。

---

① 关于私人劳动和社会劳动的分析，详见宋涛：《政治经济学教程》（第12版），中国人民大学出版社2018年版，第35页；《马克思主义政治经济学概论》，人民出版社、高等教育出版社2017年版，第38～39页。

## 专栏3-2　　　　　　　　故宫文创产品

近年来，故宫文创产品快速走红。打开故宫淘宝官网，可以查询到口红、陶瓷、饰品、服装、摆件等一系列文创产品，已形成相当丰富的产品体系①。

故宫文创产品是为交换而生产的劳动产品，且能够满足人们的精神需要，因而是文化商品。在故宫的文创产品中，既有混合型文化商品（如口红、服装），也有纯文化商品（如饰品、摆件）；既有有形的文化商品（上述列举皆是），也有无形的文化商品（如纪录片《我在故宫修文物》以及其他影视产品）。

故宫文创产品既具有商品属性，也具有意识形态属性。其根源在于使用价值具有外部性。一方面，故宫文创产品能够满足个人的精神需要和物质需要（对于混合型文化商品而言）。另一方面，故宫文创产品承载着中华民族重要的文化传承，可以让消费者更加了解中华文化，因而具有意识形态属性。因此，故宫文创产品开发需要防止过度商业化倾向，应当始终将社会效益放在第一位。

---

① "故宫淘宝"，淘宝网，https://gugong1925.taobao.com/?spm=a1z10.1.w17869136159.1.00KjSq&ali_refid=a3_430409_1006:1102684303:N:%E6%95%85%E5%AE%AB:5857e1bbc880b1c276f4f186fa8a26c2&ali_trackid=1_5857e1bbc880b1c276f4f186fa8a26c2&spm=a230r.7195193.0.0.FZFQwi。

# 第二节 文化商品的市场逻辑

## 1. 文化商品的需求分析

### （1）文化商品的需求特征

文化商品作为一种满足人们精神需要的特殊商品，其需求特征也区别于其他一般商品。具体来说，包括以下几点。

第一，文化商品需求相对于其他一般商品具有更大的不确定性。文化商品一般满足的不是人们的刚需，不是简单的衣食住行层面的物质需求，而是在衣食住行层面之上更高的精神需求，因而具有更大的不确定性。一方面，这种精神需求会随着人们客观条件的变化而发生较大改变。比如，人们在不同收入水平下，对满足精神需求的迫切程度会存在很大区别。随着收入水平的提升，人们对文化商品的支付意愿将显著提升。另一方面，精神需求受主观因素影响较大，不同群体对于文化商品的评价存在很大差别，因而其市场需求的整体大小很难预测。受到人们教育水平、生活经历、个性偏好等因素影响，人们的精神需要在类别、层次、品位等方面存在很大不同，因而很难对某个文化商品的整体需求进行评估。比如，很多电影对市场需求进行了严密评估，尽可能集合各种卖座要点，投入也十分巨大，但最终市场反应非常平淡。这就反映了文化商品需求的不确定性和对其把握的难度。

第二，文化商品需求的价格弹性表现出分化特征。大多数文化商品需求的价格弹性高于其他一般商品,但也有小部分文化商品表现出需求刚性特征。文化商品可能具有物质实体,也可能不具有物质实体,但其内含的文化因素都是要满足人们的精神需要。而精神需要的层次高于物质需要,也就是说,人们首先要满足衣食住行等物质需要,才会进一步追求对精神需要的满足。因此,大部分文化商品的需求对价格变动十分敏感。当价格上升时,人们会在更大程度上选择放弃对这类文化商品的需求。但是,也有小部分文化商品表现出需求刚性的特征。比如,在一些小众领域存在"铁粉"现象。又如,在宗教领域,一些文化商品也可能具有较强的刚性,甚至比物质需求的刚性更大。

第三,文化商品需求具有头部效应和长尾效应。文化商品消费受到社会舆论和潮流的影响较大。在一段时间内对某一类文化商品的需求可能会集中在某一个或某几个产品上,因而很容易产生头部效应。比如,在电影行业,每隔一段时期就会出现一个"爆款",该部电影会在那段时间占有较大比例的票房。而这种"爆款"具有自我实现机制,人们对其评价越高,就越会吸引其他消费者观看这部电影。文化商品需求的长尾效应则源于消费者需求的差异性。由于不同社会群体对于文化商品的偏好差别很大,那些没有成为头部的文化商品也具备一定生存空间,从而让文化商品"百花齐放",表现出长尾特征。

(2)影响文化商品需求的因素

影响文化商品需求的因素,既有与其他普通商品一致的地方,也存在特殊性。总的来看,包括以下几点。

第一,收入水平。根据马斯洛的理论,人们的需求层次由低到高可以划分为生理需求、安全需求、情感需求、尊重需求和自我实现需求①。当收入水平较低时，人们的支出更多用于满足较低层次需求的商品；而随着收入水平的提高，前一类商品的消费量并不会线性增加，人们增加的支出更多用于满足较高层次需求的商品。例如，一个家庭购买食物的支出比例，通常会随着收入水平的提升而下降。文化商品满足的是人们的精神需要，属于较高层次的需求，可以将其归类到情感需求、尊重需求甚至是自我实现需求，因而需求大小受收入水平影响大。

第二，舆论和潮流。文化商品的需求更多取决于人们的主观判断，而人们的主观判断又受舆论和潮流的影响较大。这种影响包含两种机制。一是通过解决信息不对称问题，让更多潜在消费者充分认识文化商品，起到广告宣传的作用。比如，作为一种体验式文化商品，电影只有在观看（消费）以后才能充分了解其信息，而他人观看后的评价（如豆瓣评分），可以在很大程度上成为潜在消费者的参考。二是通过改变价值判断和使用习惯来影响消费者的选择。比如，近年来，通过大量舆论宣传，人们普遍将牛油果、戴森吹风机等商品与中产阶层生活挂钩，营造出一种消费文化，进而影响到相似收入群体的消费选择。

第三，技术因素。与手工艺品等传统文化商品不同，现代文化商品已经越来越多地融入技术手段。无论是电影、电视，还是博物馆、文艺演出，技术的运用都能在很大程度上改善消费体验，从而影响支付意愿。以3D技术在文化商品中的应用为例，无论是电影《阿凡达》，还是3D版《清明上河图》，新技术都给消费者带来全新的体验，并激发出更大的市场需求。随着现代数字科技快速发展，尤其是与传统文化相结合，将促进传统文化的活化和再生，为其开辟新的市场空间。

---

① A.H.Maslow. A Theory of Human Motivation，Psycological Review，July 1，1943. 372–382

## 2. 文化商品的供给分析

（1）文化商品的供给特征

文化商品由文化企业生产并向市场供应，其供给特征也区别于其他一般商品。具体来说，包括以下几点。

第一，文化商品的供给具有高固定成本、低边际成本的特点。文化商品的高固定成本源自高创作成本，低边际成本源自低复制成本。一般来说，文化商品中所蕴含的创意有两个来源。一个是文化企业自身的创造所得，这就需要文化企业自身投入大量人力物力财力，从而付出较高的创作成本。另一个是文化企业通过购买相应的文化知识产权所得。一般来说，受到市场青睐的知识产权都价格不菲，从而也需要付出较高的成本。但是文化商品的后续工业化生产一般过程比较简单，边际成本比较低。比如，生产一部电影，其构思、拍摄、制作等都需要耗费巨大的人力物力财力，但是后续电影放映所需要的边际成本相对较低。还有故宫口红等产品，其他企业从故宫购买相应的知识产权是需要付出较大成本的，但是后续每多生产一支口红的成本却要低很多。文化商品的这种高固定成本、低边际成本的特征决定了其生产越多，平均成本就越低，所以具有更强烈的开拓市场的动机。

第二，文化商品生产是高复杂劳动和普通劳动的有机结合。粗略地看，文化商品生产可以划分为，创意、生产、流通三个环节。文化商品中所蕴含的艺术性或者说文化性来自于创意环节，而创意劳动是一种高复杂劳动，赋予了文化商品较高的附加值。而文化商品的生产与流通环节大多只需要普通劳动。因此，文化商品的价值是由高复杂劳动和普通劳动加总决定的。文化商品供给所具有的这种高复杂劳动和普通劳动相结合的特征，决定了文化企业应该采取混合式管理模式。对于创意劳动，需要比较宽松的管理环境，以一种相对自由的方式激发创意生产者的思维和活力；而对于普通劳动，则可以采取相对严格的管理，严密分工的科层体系和流水线式的生产流程更能提高效率。

第三，文化商品差异性与竞争性共存的特征决定其市场结构更偏向垄断竞争市场。按照市场集中程度由小到大排序，市场结构通常可以划分为完全竞争、垄断竞争、寡头竞争和完全垄断四种类型。文化商品的市场结构更偏向垄断竞争市场。一方面，文化商品具有差异性。比如，没有两本著作是相同的，也没有两部电影是相同的，其根源在于创意的千差万别。这种差异性使得文化商品的供给存在垄断的可能。比如，一本"爆款"书籍或者一部"爆款"电影，可以在一段时期内占有绝大多数市场份额，从而获得巨大的超额收益。但另一方面，文化商品又具有竞争性。这种竞争不仅在同类商品之间，也存在跨界可能。比如，不同短视频之间、电视剧之间以及电影之间存在激烈竞争，而短视频、电视与电影三个大类间同样存在激烈竞争。由于人们的休闲时间和注意力有限，不同类型的文化商品需要争夺时间和注意力。

（2）影响文化商品供给的因素

文化企业是文化商品的供给方，影响文化商品供给数量和质量的主要有两个方面因素。

第一，技术因素。技术是影响文化商品生产成本及生产方式的最重要因素。受到技术条件制约，早期文化商品生产效率较低。例如，以歌剧、音乐会、戏曲为代表的现场演出，每一场次所能容纳的观众数量有限，难以实现规模经济。这也是文化商品生产长期被质疑存在"成本病"的原因。正是技术进步大幅降低文化商品生产的边际成本。唱片、影片、现场直播的出现，让新增一名观众所需支付的成本大为减少，文化商品生产从而具备规模经济。当前数字技术发展进一步催生出"互联网＋文化"的新业态，并产生平台文化巨头。如微信、抖音连接大批消费者，极大提升了文化商品生产的规模经济和范围经济。

第二，制度因素。例如，知识产权保护对文化商品供给影响很大。文化商品的独特性源自其创意，而创意劳动是一种高复杂劳动，需要企业支付较高的初始成本。如果缺乏知识产权保护，创意就容易被山寨和抄袭，将严重影响文化商品生产者的收益，进而降低其创新动机。例如，盗版对于音乐市场、图书市场和电影市场冲击都十分巨大，知识产权保护体系的建立和完善对激励文化商品生产具有重要意义。

## 第三节 我国文化消费的发展

### 1. 文化消费发展的总体情况

文化消费是人们购买文化商品满足自身精神需要的消费行为。随着我国经济社会不断发展，人们对文化商品的需求持续增加，无论在城市还是农村，文化消费总体都处于稳步提升的状态（图3-1）。2013～2018年，全国人均文化娱乐消费支出从576.7元增加到827元，增长了43.4%；城镇人均文化娱乐消费支出从945.7元增加到

1271元，增长了34.4%；农村人均文化娱乐消费支出从174.8元增加到280元，增长了60.2%。与此同时，城乡文化消费也更加平衡（图3-2）。2013～2018年，城乡人均文化娱乐消费支出之比从5.4倍下降到4.5倍，下降了16.7%。需要指出的是，2018年全国与城镇人均文化娱乐消费支出较上一年略有下降。我们认为，一个可能的原因是文化消费方式改变所带来的影响，一些新的文化消费尚未被纳入统计之中①。

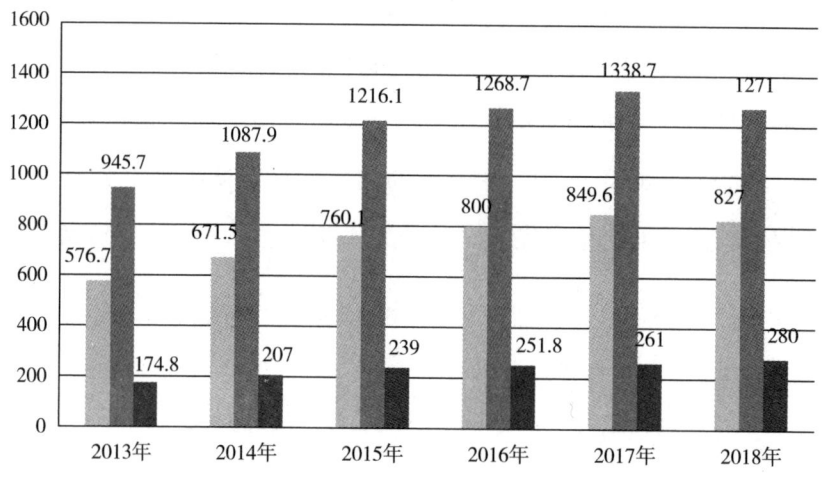

图3-1 我国人均文化娱乐消费支出（单位：元）

数据来源：2013～2017年数据来自《文化及相关产业统计年鉴2018》，2018年数据来自《文化事业繁荣兴盛，文化产业快速发展——新中国成立70周年经济社会发展成就系列报告之八》。国家统计局，http://www.stats.gov.cn/tjsj/zxfb/201907/t20190724_1681393.html。

---

① 例如，近年来，越来越多的民众习惯在手机上阅读自媒体，而不是纸质媒体。这种文化消费方式的改变，能更充分利用现代都市生活碎片化的时间（如地铁通勤），增加而非减少人们的阅读；但由于纸媒需要购买，大量自媒体无需付费，在统计上就可能表现为文化消费支出的下降。需要强调的是，"免费的自媒体"并非真正免费，获得粉丝群体后，广告、培训、电商都会成为其盈利渠道，但这些并不反映在文化消费支出中。

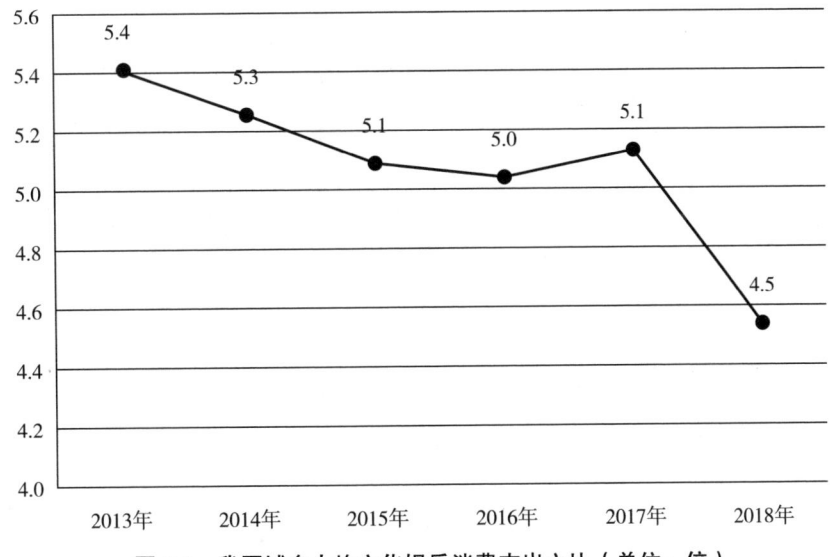

图 3-2 我国城乡人均文化娱乐消费支出之比（单位：倍）

数据来源：2013～2017 年数据系作者根据《文化及相关产业统计年鉴 2018》计算而得；2018 年数据来自《文化事业繁荣兴盛，文化产业快速发展——新中国成立 70 周年经济社会发展成就系列报告之八》。国家统计局，http://www.stats.gov.cn/tjsj/zxfb/201907/t20190724_1681393.html。

除了人民群众的文化娱乐消费支出，文化产品进出口也能反映文化消费情况。近年来，我国文化产品进出口同样总体处于稳步提升状态（图 3-3）。2005～2018 年，我国文化产品进出口总额从 187.2 亿美元增加到 1023.8 亿美元，增长了 450%，2014 年最高时达到 1273.7 亿美元。此外，我国文化产品处于顺差，且顺差规模总体呈增长态势（图 3-4）。2005～2017 年，我国文化产品出口顺差从 164.7 亿美元增加到 792.5 亿美元，增长了 380%，2014 年最高时达到 962.9 亿美元。

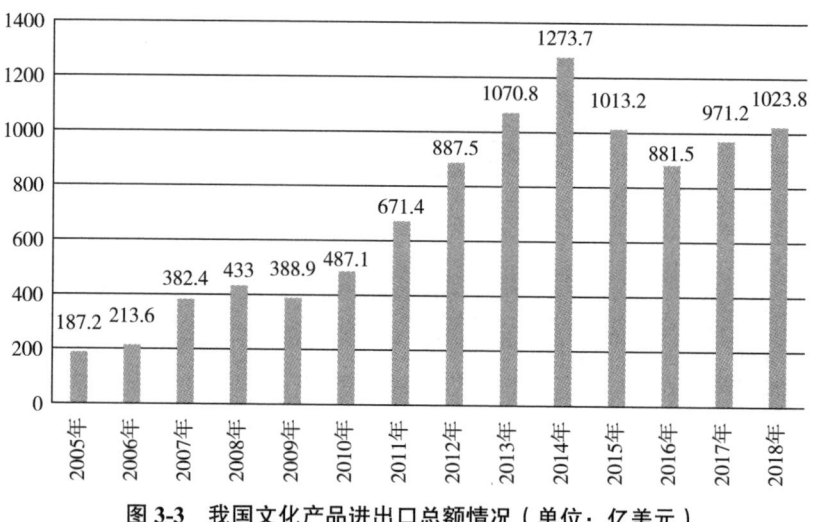

图 3-3　我国文化产品进出口总额情况（单位：亿美元）

数据来源：2005～2017 年数据来自《文化及相关产业统计年鉴 2018》，2018 年数据来自《文化事业繁荣兴盛，文化产业快速发展——新中国成立 70 周年经济社会发展成就系列报告之八》。国家统计局，http://www.stats.gov.cn/tjsj/zxfb/201907/t20190724_1681393.html。

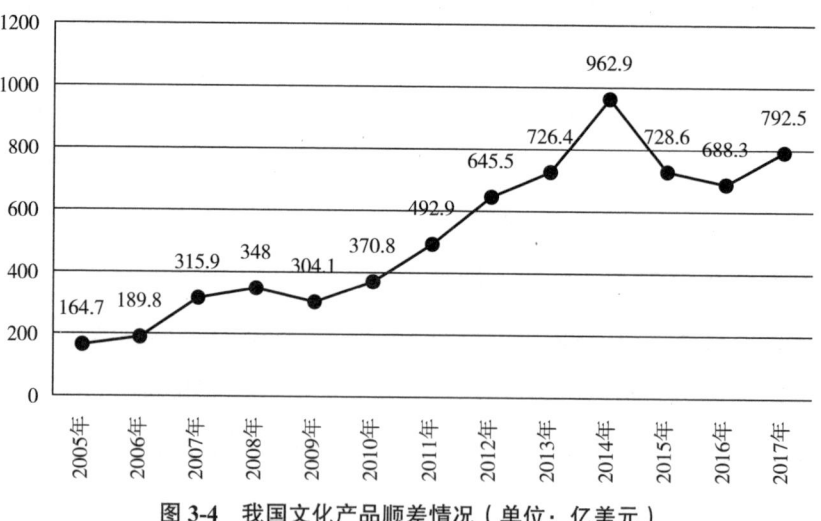

图 3-4　我国文化产品顺差情况（单位：亿美元）

数据来源：《文化及相关产业统计年鉴 2018》。

## 2. 文化消费发展的重要意义

第一，文化消费作为社会消费的重要组成部分，其发展对经济增长的贡献将越来越大。从经济增长的动力结构上看，随着我国发展阶段的演进，同时也受到中美贸易摩擦以及金融去杠杆的影响，出口和投资对经济增长的贡献出现下降，消费的重要性在凸显。2018年，最终消费支出对经济增长的贡献达到76.2%，较上年增加18.6个百分点，较2012年增加21.3个百分点[①]。未来，需要进一步激发我国庞大的国内市场需求。而从消费结构上看，随着我国收入水平不断提高，人们未来将更加注重对精神需要的满足，文化消费的空间会进一步扩大，其对社会消费的带动作用从而对经济增长的贡献也将增强。

第二，文化消费是满足精神需求的主要方式，其发展对于满足人民日益增长的美好生活需要具有重要意义。中共十九大报告指出，我国社会主要矛盾已经转化为"人民日益增长的美好生活需要和不平衡不充分的发展之间的矛盾"[②]。这说明当前社会生产在总体上已经得到很大提升，但结构性问题依旧存在。人民的美好生活需要既包括物质需要，也包括精神需要。改革开放40余年来，人们的物质消费已经得到很大丰富，但相对而言，文化消费发展仍然存在滞后。进一步推动文化消费发展，对于实现物质文明和精神文明协调发展，满足人民日益增长的美好生活需要，进而促进人的全面发展具有重要意义。

第三，文化消费会传达价值取向，其健康发展有助于塑造积极正

---

① 国家统计局：《中国统计年鉴2019》，中国统计出版社2019年版。
② 习近平在中国共产党第十九次全国代表大会上的报告[R/OL]. 中国政府网．（2017-10-18）[2017-10-27]. http://www.gov.cn/zhuanti/2017-10/27/content_5234876.htm。

面的社会价值观。文化商品满足的是人们的精神需要，其消费选择与社会价值观是相互影响的。一方面，文化商品的需求受人们主观判断的影响较大，因而其消费选择会受到社会价值观的制约。另一方面，个人对文化消费的选择本身会传达一种价值取向，进而对他人的选择产生影响，这一外部效应又会影响到社会价值观。比如，改革开放之初的歌曲《乡恋》、电影《庐山恋》，因对人们真情实感的自然表达，深受广大群众的喜爱，对于当时的思想解放也起到了推动作用。

## 3. 文化消费发展的未来潜力

从国际比较看，我国文化娱乐支出占居民消费比重偏低，文化消费仍有很大发展空间。《国际统计年鉴2018》对世界部分国家的居民消费结构进行了统计，其中一项是休闲与文化支出占居民消费比重，可以与我国文化娱乐支出占居民消费比重这一指标进行对比（图3-5）。我国2018年文化娱乐支出占居民消费比重是4.2%，不仅远低于美国（9.18%）、英国（9.83%）、日本（7.83%）、法国（7.99%）、德国（9.11%）等发达国家的休闲与文化支出占居民消费比重，也低于墨西哥（5.71%）、波兰（7.92%）等发展中国家。进一步看，我国2018年居民消费占GDP比重是39.4%，同样低于上述国家——美国（68.8%）、英国（65.7%）、日本（55.7%）、法国（54.1%）、德国（53.1%）、韩国（48.1%）、墨西哥（65.5%）、波兰（58.5%）。可见，如果基于占GDP的比重来衡量，我国文化消费所占比例更低，也更加说明文化消费发展空间广阔。

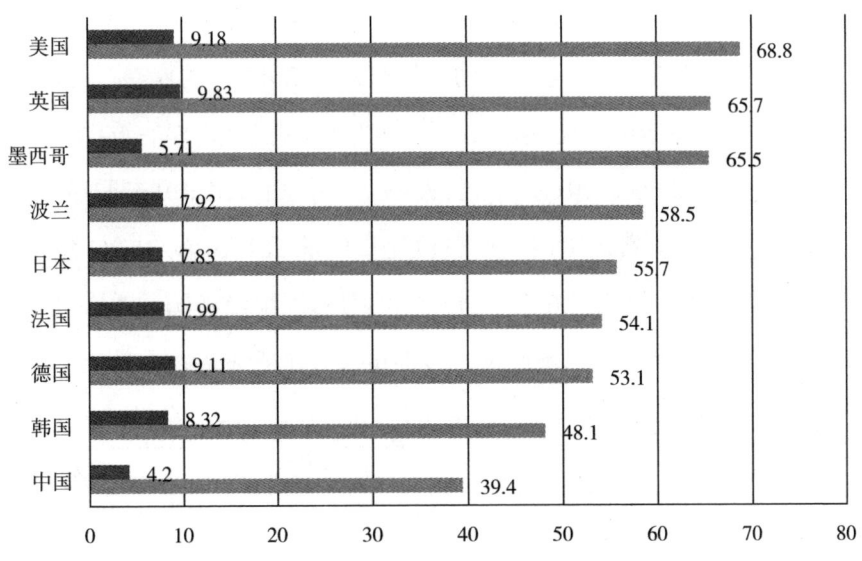

**图 3-5 文化消费占居民消费比重和居民消费占 GDP 比重的国际比较（%）**

数据来源：①中国文化消费占居民消费比重，是以文化娱乐支出占居民消费比重衡量，系 2018 年数据，源自《文化事业繁荣兴盛，文化产业快速发展——新中国成立 70 周年经济社会发展成就系列报告之八》。[1] 中国居民消费占 GDP 比重，系 2018 年数据，由作者根据国家统计局数据库数据计算而得。[2] ②其他国家数据源自《国际统计年鉴 2018》。其他国家文化消费占居民消费比重，是以休闲与文化支出占居民消费比重衡量，英国、法国、韩国是 2017 年数据，美国、墨西哥、波兰、日本、德国是 2016 年数据；居民消费占 GDP 比重，英国、墨西哥、波兰、法国、德国、韩国是 2017 年数据，美国、日本是 2016 年数据。

从趋势上看，近年来我国文化娱乐支出占消费比重并未随经济社会发展明显增加，促进文化消费发展正当其时（表 3-1）。2013～2018 年，全国居民文化娱乐支出占消费比重在 4.5% 左右波动，最高达到

---

[1] 国家统计局，http://www.stats.gov.cn/tjsj/zxfb/201907/t20190724_1681393.html。
[2] 《国际统计年鉴 2018》也有给出中国 2017 年居民消费占 GDP 比重，为 38.4%，其数据来源是世界银行 WDI 数据库。而根据国家统计局数据库，中国 2017 年居民消费占 GDP 比重是 39%。两者统计口径存在一定差异，但不影响对我国居民消费率偏低的判断。

2015 年的 4.8%,2018 年降至 4.2%①。2013~2017 年城镇居民文化娱乐支出占消费比重在 5.5% 左右波动,最高达到 2015 年的 5.7%,2017 年降至 5.5%;农村居民文化娱乐支出占消费比重在 2.5% 左右波动,最高达到 2015 年的 2.6%,2017 年降至 2.4%。文化消费比重并未明显提升。与之相比,居民消费占国内生产总值比重则从 2013 年的 36.8% 增加到 2018 年的 39.4%,提升 2.6 个百分点。消费对国民经济的重要性已开始显现,当前有必要、也有条件进一步促进文化消费发展。

表 3-1　居民文化娱乐支出占消费比重与居民消费占 GDP 比重 ( % )

| 时间 | 居民文化娱乐支出占消费比重 | | | 居民消费占 GDP 比重 |
| --- | --- | --- | --- | --- |
| | 全国 | 城镇 | 农村 | |
| 2013 年 | 4.4 | 5.1 | 2.3 | 36.8 |
| 2014 年 | 4.6 | 5.4 | 2.5 | 37.5 |
| 2015 年 | 4.8 | 5.7 | 2.6 | 38.0 |
| 2016 年 | 4.7 | 5.5 | 2.5 | 39.4 |
| 2017 年 | 4.6 | 5.5 | 2.4 | 39.0 |
| 2018 年 | 4.2 | — | — | 39.4 |

数据来源:居民文化娱乐支出占消费比重,2013~2017 年数据来自《文化及相关产业统计年鉴 2018》,2018 年数据来自《文化事业繁荣兴盛,文化产业快速发展——新中国成立 70 周年经济社会发展成就系列报告之八》②。居民消费占 GDP 比重由作者根据国家统计局数据库数据计算而得。

从结构上看,文化消费的城乡差别、区域差别仍然较大,应进一步促进农村地区和中西部地区文化消费发展。分城乡看,近年来城乡居民文化娱乐支出绝对值之比虽有下降(图 3-2),但两者占消费比重之比始终在 2.15~2.3 倍;两者绝对值之差也仍处高位,2018 年为 991

---

① 出现下降的重要原因是全国居民文化娱乐消费支出的下降,后者原因在前文中已做分析。
② 国家统计局,http://www.stats.gov.cn/tjsj/zxfb/201907/t20190724_1681393.html。

元，较 2013 年增长 28.6%（图 3-6）。这说明我国农村居民文化消费仍有很大发展空间。分区域看（表 3-2），东部地区人均文化娱乐消费支出不仅绝对值（1132.2 元）要高于中部（684.6 元）、西部（627.8 元）和东北（774.7 元），文化娱乐支出占消费比重（4.9%）也高于中部（4.5%）、西部（4.2%）和东北（4.4%）。分省看（表 3-2），以 2017 年人均文化娱乐消费支出对各省（自治区、直辖市）排名，上海位居第一，达 3008 元，其文化娱乐消费占比为 7.56%；文化娱乐消费支出与占比分别是位居最后的西藏的 19.2 倍和 5 倍。这不仅说明广大中西部地区文化消费发展空间仍然广阔，也说明随着经济发展和收入水平提升，文化消费的数量和比重都会增加。

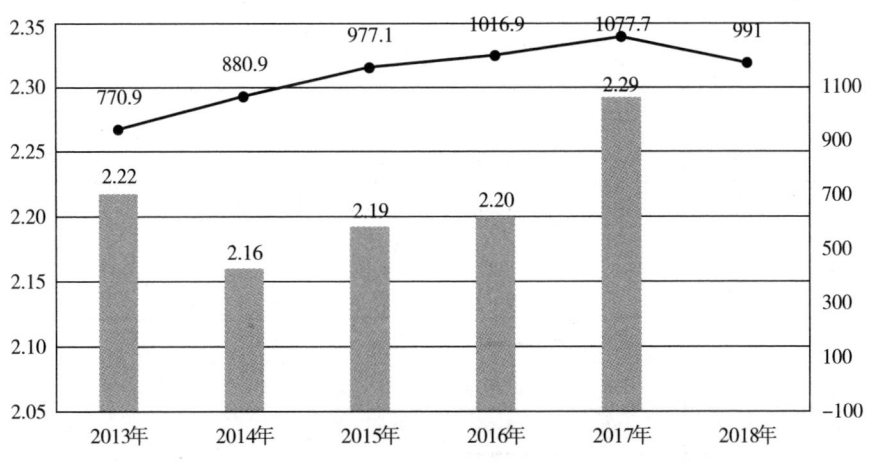

图 3-6 文化娱乐消费的城乡差异（单位：倍，元）

数据来源：由作者根据《文化及相关产业统计年鉴 2018》和《文化事业繁荣兴盛，文化产业快速发展——新中国成立 70 周年经济社会发展成就系列报告之八》① 计算而得。城乡居民文化娱乐消费比重之比没有 2018 年数据。

---

① 国家统计局，http://www.stats.gov.cn/tjsj/zxfb/201907/t20190724_1681393.html。

表 3-2  2017 年文化娱乐消费的区域差异

| 地区 | 人均文化娱乐消费支出（元） | 文化娱乐消费占比（%） | 地区 | 人均文化娱乐消费支出（元） | 文化娱乐消费占比（%） |
|---|---|---|---|---|---|
| 东部 | 1132.2 | 4.9 | 西部 | 627.8 | 4.2 |
| 中部 | 684.6 | 4.5 | 东北 | 774.7 | 4.4 |

| 排名 | 省份 | 人均文化娱乐消费支出（元） | 文化娱乐消费占比（%） | 排名 | 省份 | 人均文化娱乐消费支出（元） | 文化娱乐消费占比（%） |
|---|---|---|---|---|---|---|---|
| 1 | 上海 | 3008 | 7.56 | 17 | 山东 | 656 | 3.80 |
| 2 | 北京 | 2395 | 6.40 | 18 | 宁夏 | 644 | 4.20 |
| 3 | 江苏 | 1399 | 5.96 | 19 | 山西 | 635 | 4.65 |
| 4 | 天津 | 1337 | 4.80 | 20 | 河北 | 606 | 3.93 |
| 5 | 广东 | 1207 | 4.86 | 21 | 云南 | 585 | 4.62 |
| 6 | 浙江 | 1190 | 4.39 | 22 | 黑龙江 | 584 | 3.75 |
| 7 | 湖南 | 1111 | 6.47 | 23 | 江西 | 571 | 3.95 |
| 8 | 辽宁 | 1014 | 4.96 | 24 | 贵州 | 554 | 4.27 |
| 9 | 内蒙古 | 925 | 4.88 | 25 | 安徽 | 544 | 3.45 |
| 10 | 重庆 | 768 | 4.29 | 26 | 河南 | 542 | 3.95 |
| 11 | 福建 | 735 | 3.46 | 27 | 甘肃 | 520 | 3.96 |
| 12 | 四川 | 716 | 4.43 | 28 | 新疆 | 487 | 3.23 |
| 13 | 湖北 | 689 | 4.07 | 29 | 海南 | 456 | 2.96 |
| 14 | 青海 | 675 | 4.35 | 30 | 广西 | 452 | 3.37 |
| 15 | 陕西 | 670 | 4.50 | 31 | 西藏 | 157 | 1.52 |
| 16 | 吉林 | 656 | 4.20 | — | — | — | — |

数据来源：①各省（自治区、直辖市，后文简称省）人均文化娱乐消费支出源自《文化及相关产业统计年鉴2018》；各省文化娱乐消费占比由该省人均文化娱乐消费支出与该省人均消费支出之比计算而得，其中各省人均消费支出源自国家统计局数据库；各省排名依据各省人均文化娱乐消费支出由大到小排序。②东、中、西、东北人均文化娱乐消费支出，由相应省份人均文化娱乐消费支出与该省常住人口加权平均而得，其中各省常住人口数源自国家统计局数据库；东、中、西、东北文化娱乐消费占比，由该地区人均文化娱乐消费支出与该地区人均消费支出之比计算而得，其中各地区人均消费支出由相应各省人均消费支出与该省常住人口加权平均而得。

## 参考文献

[1] 马克思. 资本论[M]. 北京：人民出版社. 2004

[2] 宋涛. 政治经济学教程（第12版）[M], 北京：中国人民大学出版社. 2018

[3] 马克思主义政治经济学概论[M]. 北京：人民出版社、高等教育出版社，2017

[4] 牛涛. 资本逻辑与文化商品再生产的历史生成及其逻辑悖论[J]. 社会主义研究，2017（2）

[5] 大卫·赫斯蒙德夫. 文化产业（第三版）[M]. 北京：中国人民大学出版社，2016

[6] 国家统计局. 国际统计年鉴2018[M]. 北京：中国统计出版社，2019

[7] 国家统计局. 中国文化及相关产业统计年鉴2018[M]. 北京：中国统计出版社，2018

[8] 国家统计局. 文化事业繁荣兴盛 文化产业快速发展 ——新中国成立70周年经济社会发展成就系列报告之八，https://news.china.com/zw/news/13000776/20190726/36694219_4.html。

[9] 石川. 中国电影：回归、探索与创新. 中国社会科学网，http://cssn.cn/yingshi/yingshi_cgfb/201812/t20181213_4793036.html。

[10] 习近平在中国共产党第十九次全国代表大会上的报告[R/OL]. 中国政府网.（2017-10-18）[2017-10-27]. http://www.gov.cn/zhuanti/2017-10/27/content_5234876.htm。

[11] 2019年642亿票房，优质内容是刚需. 人民网，http://ent.people.com.cn/n1/2020/0109/c1012-1540948.html。

[12] 故宫文创15亿收益背后：跨界+IP+网红，http://www.sohu.com/a/ 322617423_ 814389

[13] A.H.Maslow. A Theory of Human Motivation，Psycological Review，July 1, 1943

# 第四章 文化企业和文化公共机构

文化企业和文化公共机构是文化生产的主体，也是文化经济的细胞。其中，文化企业是生产文化商品的组织形态，文化公共机构是生产文化产品[①]的组织形态。

# 第一节 文化企业分析

## 1. 文化企业概述

企业的本质是什么？在新古典经济学看来，企业是一个追求利润最大化的生产组织，它从要素市场获取资本、劳动力、土地等生产要素，生产出的商品在产品市场出售。但企业的内部结构却是一个"黑箱"，不属于其研究范围。而在新制度经济学看来，企业是一种复杂的契约组织，能够节约价格机制配置资源时存在的交易费用。这样，不同的企业组织结构就会对资源配置的微观效率产生重要影响[②]。

---

① 第三章指出，文化产品包含广义和狭义两层含义。广义的文化产品包含了文化商品；狭义的文化产品则是与文化商品相对立，指在广义文化产品中未被商品化的部分。本章是从狭义层次上讨论文化产品。

② 对新古典经济学与新制度经济学企业理论的详细分析，可参见卢现祥、朱巧玲：《新制度经济学》（第二版），北京大学出版社2012年版，第183～191页。

文化企业是生产文化商品的组织形态。一方面，文化企业将资本（包括物质资本和文化资本）、劳动力（包括创意劳动者和普通劳动者）、土地等生产要素结合在一起（对文化地产而言，土地资源同样重要）。另一方面，文化企业通过一定的组织形式，将结合在一起的文化生产要素转化成文化商品，并在市场上出售以实现价值。

随着分工体系演进，文化商品生产包含了不同的产业和环节，文化企业因而可以划分为不同类型。如果按照所属文化产业分类，借鉴国家统计局《文化及相关产业分类2018》[1]，文化企业可以划分为核心文化企业（直接从事文化内容生产）和周边文化企业（从事文化周边产品生产）。前者又可以细分为从事新闻信息服务、内容创作生产、创意设计服务、文化传播渠道、文化投资运营、文化娱乐休闲服务等行业的文化企业。后者也可以细分为从事文化辅助生产和中介服务、文化装备生产和文化消费终端生产等行业的文化企业。如果按照生产、流通、服务的产业链各环节来分类，文化企业则可以划分为文化制造企业、文化批发和零售企业以及文化服务企业三种类型[2]。

文化企业以利润最大化为主要目标，追求的是文化商品的交换价值。但正如第三章所指出的，文化商品的使用价值具外部性，也就是意识形态属性。因而文化企业与其他物质商品生产企业相比，要受到

---

[1] 国家统计局在《文化及相关产业分类2018》中将文化及相关产业划分为两大类，并做了进一步细分："1. 以文化为核心内容，为直接满足人们的精神需要而进行的创作、制造、传播、展示等文化产品（包括货物和服务）的生产活动。具体包括新闻信息服务、内容创作生产、创意设计服务、文化传播渠道、文化投资运营和文化娱乐休闲服务等活动。2. 为实现文化产品的生产活动所需的文化辅助生产和中介服务、文化装备生产和文化消费终端生产（包括制造和销售）等活动。"参见国家统计局："文化及相关产业分类（2018）"，http://www.stats.gov.cn/tjgz/tzgb/201804/t20180423_1595390.html。

[2] 具体划分标准参见国家统计局：《文化及相关产业分类（2018）》修订说明，http://www.stats.gov.cn/tjgz/tzgb/201804/t20180423_1595390.html。

更多政策和道德的束缚。

## 2. 文化企业的特征

### （1）文化企业的市场特征

根据上文分析，文化企业可以划分为核心文化企业和周边文化企业。由于文化企业的特殊性主要体现在核心文化企业中，下文论述也主要聚焦这类企业。文化企业是文化商品的供给方，其对应于文化商品的需求方。因此，文化企业的市场特征也就是文化商品的需求特征，主要表现为以下三个方面：第一，文化企业的市场需求相对于其他物质生产企业具有更大的不确定性。这是由于对文化商品的需求会随着人们收入条件的变化而改变，并受主观因素影响较大。第二，文化企业的市场需求表现出分化特征。这是由于大多数文化商品需求的价格弹性要高于其他一般商品，但是有一小部分文化商品表现出需求刚性特征。第三，文化企业的市场需求具有头部效应和长尾效应。这是由于，一方面，文化商品需求受社会舆论和潮流影响较大；另一方面，消费者对文化商品的需求又存在差异性。

### （2）文化企业的生产特征

文化企业的生产特征也就是文化商品的供给特征，主要表现为以下三个方面：第一，文化企业生产具有高固定成本、低边际成本的特点。第二，文化企业生产是高复杂劳动和普通劳动的有机结合，高复杂劳动主要表现在文化创意环节，普通劳动主要表现在文化商品的生产和流通环节。第三，文化企业的市场结构更偏向于垄断竞争。对差异性内容的垄断，可以使"爆款"文化商品的生产企业获得超额利润。

（3）文化企业的管理特征

文化企业特殊的市场特征和生产特征，决定了文化企业的管理特征相较于一般物质商品生产企业存在较大差异。

一是在组织形式上，文化企业更多呈现出一种"中心—外围"结构。物质商品生产企业通常采用科层式管理和流水线生产的方式提高劳动效率。这种组织方式适用于简单重复劳动，但与艺术创作规律不相符。文化企业的组织形式则更多呈现出双重结构。一方面，在创意环节，对于艺术家等创意生产者的管理更加宽松，赋予创作选题和劳动时间的自主性，他们处于中心地位；另一方面，在生产和流通环节，例如装配生产、营销传播等部门，管理更加严格，他们属于外围部门。

二是在薪酬结构上，文化企业存在较大的薪酬分布差异。文化企业在组织形式上的"中心—外围"结构也体现在薪酬分布上。一方面，由于文化商品中溢价最高的部分主要源于高复杂的创意劳动，处于中心地位的创意生产者和属于外围部门的普通劳动者之间，收入水平存在较大差距。另一方面，即使在创意生产者内部，收入差距同样很大，也呈现出"中心—外围"结构。例如，知名演员、编剧的收入很高；其他演员、编剧的收入则相对低很多，一些知名演员在成名前甚至有较长时期的"北漂"经历。

三是在投融资模式上，大型文化企业为了应对市场的不确定性，获取更大的文化市场价值，更倾向于采取纵向一体化战略。比如，建立从创意内容生产到发行平台再到衍生品的产业链闭环。

> **专栏4-1　　　　　腾讯的文化产业链布局**
>
> 腾讯既是一家互联网企业，也是一家文化企业①。如果不考虑QQ、微信等社交产品的文化属性，腾讯最早进入的文化产业领域是游戏和音乐（2003年推出QQ游戏、2005年推出QQ音乐）。2012年，腾讯提出大文娱战略，之后开始加快在文化产业领域的布局——2012年进入动漫领域，2013年3月推出腾讯视频，2015年3月成立阅文集团，2015年9月成立腾讯影业和企鹅影业，2016年7月成立腾讯音乐娱乐集团②。2018年，腾讯进一步提出以IP构建为核心的新文创战略。目前，腾讯的文化产业链布局已涵盖游戏、音乐、动漫、文学、影视、电竞、衍生与授权等多个维度③，囊括从创意内容生产、发行平台到衍生品在内的产业链各环节。例如，小说《庆余年》以阅文集团为平台创作，通过腾讯影业、新丽电视等联合改编成电视剧，在腾讯视频和爱奇艺平台首播，未来将孵化出网络游戏，电视剧的热播又进一步推高原著阅读人数和收入④。

## 3. 文化企业的发展演变

文化企业是生产文化商品的契约组织，其形成和发展是一个历史

---

① 马化腾曾在第四届世界互联网大会上表示，腾讯"希望成为一家以互联网为基础的科技与文化公司"，人民网，http://media.people.com.cn/n1/2017/1203/c14677-29682623.html。

② 参见"腾讯发展历程"，腾讯官网，https://www.tencent.com/zh-cn/about.html#about-con-3；"腾讯为什么是国漫第一平台，全部底牌终于集体亮相了"，https://new.qq.com/omn/ 20190525/20190525A04D2M.html。

③ 参见"两小时2万字分享，程武首次详解腾讯'新文创'战略"，凤凰网，https://tech.ifeng.com/c/7rIiUbT0X95。

④ 参见"《庆余年》'破圈'，网文IP开发'破局'"，《中国文化报》，2019年12月20日；"《庆余年》书影联动：IP内容影响力历久弥新"，中国作家网，http://www.chinawriter.com.cn/n1/2020/0115/c404023-31550075.html。

过程。商品经济关系进入文化生产领域是文化企业诞生的前提。但根据相关研究，从中世纪到19世纪，文化商品生产多是以商人对艺术家"资助"或手工艺人的形式出现；19世纪以后才出现文化专业市场；企业或者说专业公司则是20世纪以后的产物（参见专栏4-2）。这种演变同文化商品生产与销售的复杂程度密切相关，企业形态的诞生正是为了降低市场动态扩张中的交易费用。

### 专栏4-2　　欧洲文化生产形态演变的三个时期[①]

□ 资助（patronage）和手工艺（artisanal）。"资助"这一术语涉及自中世纪起到19世纪末流行于西方的多种体系。例如诗人、画家、音乐家等，会受到贵族的资助、保护和支持。这种体系直到19世纪早期还是主流，在今天也还有一丝存留。手工艺人是指有技术的工人或者工匠，他们很大程度上按照自己的意志工作。这些手工艺人采用向购买者直接售卖的传统形式。他们在当今时代也存在。

□ 专业市场（market professional）。从19世纪初以来，"艺术作品"逐渐开始出售了，一些作品因为有人想要拥有而被买走。换句话说，符号创作行为逐渐被作为市场组织起来。在这个系统下，越来越多的作品不是直接销售给公众，而是间接地通过中介得以出售：或者通过发行人，如书商；或者通过"生产中介"，如出版商。这导致了文化生产中比以前更为复杂的劳动分工，甚至很多符号创作者像手工艺人那样按照自己的意志工作。到19世纪末和20世纪初，随着工业国家民众休闲时间和可支配收入的大幅增加，发行中介和生产中介高度

---

[①] 本案例引自大卫·赫斯蒙德夫：《文化产业》（第三版），中国人民大学出版社2016年版，第50页。引时有删改。大卫·赫斯蒙德夫主要依据Williams, Raymond（1981）Culture. London:Fonana.p38–56的观点。

资本化。成功的符号创作者获得了"独立的职业地位",获得的缴税收入也在不断增加。

❑ 专业公司(corporate professional)。"专业公司"从20世纪初开始出现,到20世纪50年代以后才急剧扩充。作品的委托生产变得专业化和更具组织性。通过酬金和合约,越来越多的人成为文化公司的直接雇员。除了书籍写作、音乐演出和戏剧表演等传统形式之外,新的媒介技术也出现了,最显著的就是广播、电影和电视,有时候科技也会涵盖和改变传统形式,有时候又生产出全新的形式(如连续剧和情景喜剧)。除了直接销售,广告也成为创意作品谋取利润的全新且十分重要的方式,而广告本身逐渐成为一种重要的文化形态。

近年来,文化企业的发展演变也出现新趋势。文化内容的生产与传播最早是"一对一"形态,例如现场听音乐、看球赛,一场演出所能容纳的观众有限。随着技术进步,文化内容的生产与传播发展到"一对多"形态,例如通过唱片和电视转播,音乐和球赛的受众范围能迅速扩大。而互联网技术的发展,让文化内容的生产与传播出现"多对多"的新形态,例如在微博、微信和抖音,每个人既是文化消费者也是文化生产者,文化企业不再生产内容而转变为传播平台。在技术乐观主义者看来,文化企业的平台化让文化内容的生产和传播更平等。但在技术悲观主义者看来,深刻的不平等仍然存在。一是较大的贫富差距使不同社会群体存在"数字鸿沟"。二是平台中的文化传播仍有层级之分,"大V"和"网红"影响力巨大,普通人只是"小透明"。三是文化消费者和文化生产者的统一,也可能意味着受众只是在为平台企业提供"免费"劳动，成为资本攫取剩余价值的新方式①。文化企业发展演变的新趋势应当成为文化政策制定者关注的重要内容。

## 第二节 文化公共机构分析

### 1. 文化公共机构概述

文化产品具有外部性，而其中一部分产品更类似"公共物品"：其供给者无法阻止更大范围的使用者享受该产品，从而不具有排他性；同时，更多使用者对其消费也不会导致这类产品数量和质量的降低，从而也不具有竞争性②。对于这类产品，我们称之为文化公共品③。

文化公共机构是提供文化公共品的组织形态。文化公共品的非排他性与非竞争性导致在市场机制下难以实现有效供给。因此，文化公共品的生产主要依靠由国家财政支持的文化公共机构承担，其价格也不是由市场决定。例如，公共博物馆主要依靠国家财政资金支持运营，

---

① 对技术悲观主义者三种批判路径的详细分析，可参阅大卫·赫斯蒙德夫，《文化产业》（第三版），中国人民大学出版社2016年版，第247~260页。

② "排他性：一种物品具有可以阻止一个人使用该物品的特性。消费中的竞争性：一个人使用一种物品将减少其他人对该物品的使用的特性。"曼昆：《经济学原理》（第七版）（微观经济学分册），北京大学出版社2015年版，第234页。

③ 需要指出的是，一些文化产品可能只具备非排他性或非竞争性中的某一项特征，我们称之为准文化公共品。简便起见，对这类文化产品，我们也纳入文化公共品的分析中，不做特别区分。事实上，文化公共品和准文化公共品的区分在很多时候并不特别清晰。例如，博物馆的展品不会因参观而受到损害，因而是非竞争的；但如果同一时间参观人数过多，就会影响他人的体验，从这个角度看又可以理解为是竞争的。

参观者通常不必为公共品的提供者单独付费或仅支付少量费用就能参观体验。

文化公共机构对一国经济社会发展具有重要意义，概括地说，至少担负三个方面功能：一是保障人民群众的基本文化权利。每一个老百姓都有基本的精神需求，这些需求的满足不应受收入高低的制约。因此，除了在文化市场上购买文化商品，广大百姓也应能普惠享受到基本文化公共品。例如，城市社区和乡村都宜设立文化站，其举办的各类文化活动，能显著增强人民群众幸福感。二是促进国民素质和社会文明程度的提升。文化公共品的外部性强，如公共图书馆和博物馆的设立能促进民众的知识获取。三是保护历史文化资源。文化公共机构的设立有利于继承和发展民族文化，如文物保护单位和烈士纪念馆能引导人们的价值取向。

## 2. 文化公共机构的特征和分类

由国家财政支持是文化公共机构的显著特征。根据文化公共机构获得的财政支持力度和方式的不同，可以将我国主要文化公共机构划分为以下三个大类[①]。

第一类文化公共机构的经费几乎全部依靠国家财政支持，向公众无偿提供公共文化产品。如公共图书馆、博物馆、美术馆、文物保护单位、烈士纪念场馆等。

第二类文化公共机构的经费由国家财政按照一定规则和比例拨付，

---

① 王能宪："关于我国文化事业的性质、功能、分类及其发展战略的思考"《文艺理论与批评》，2007年第3期。

也被允许在政策范围内设立一些非营利性收费项目,且这些收入可自行支配,如公办教育机构和科研培训机构等。

第三类文化公共机构可以在一定范围内从事文化经营活动,但经营不以盈利为目的;也能够获得一定财政支持,但支持力度比较小,如国有媒体、演艺团体、剧场等。

## 3. 我国文化公共机构转型发展的趋势

目前,我国文化公共机构的运营发展在很大程度上依赖国家财政投入,尤其是地方政府的财政支持。在人民群众精神文化需求不断增加而地方政府债务压力增大的背景下,如何利用好有限的财政资源,实现文化公共品供给的社会效益最大化,是文化公共机构未来能否持续健康发展的关键所在。近年来,各类文化公共机构为适应广大人民群众对文化公共品日益扩大和多元化的需求,也为促进文化公共品供给质量的提升,不断转型发展,体现出以下趋势。

第一,对文化公共品供给的财税支持力度得到加强。首先,对基本文化公共品供给的财税支持力度得到加强。2015年,中共中央办公厅、国务院办公厅印发《关于加快构建现代公共文化服务体系的意见》,围绕更好保障人民群众基本文化权益、稳步提高基本公共文化服务均等化水平等主要目标,就加大财税支持力度提出了明确要求,包括合理划分各级政府支出责任,完善转移支付体制,创新投入方式等[1]。在此背景下,各地就提升基本文化公共品供给水平提出了多种支

---

[1] 中共中央办公厅、国务院办公厅印发《关于加快构建现代公共文化服务体系的意见》,中国政府网,http://www.gov.cn/xinwen/2015-01/14/content_2804250.htm。

持方案。例如，2019年，内蒙古自治区颁布《内蒙古自治区乌兰牧骑条例》①，有力支持了草原上的基层文化公共机构——乌兰牧骑的发展（详见第八章，专栏8-3）。

其次，对文化资源保护的财税支持力度得到加强。以非物质文化遗产为例，进入21世纪以来，我国文化遗产传承保护工作迅速开展，国家出台了多项政策，加大对非物质文化遗产的保护力度（详见表4-1）。例如，2012年，财政部、文化部印发了《国家非物质文化遗产保护专项资金管理办法》，对文化遗产保护类财政专项资金的分类和开支范围，专项资金的申报、审批和拨付，专项资金的管理、使用和监督进行了详细的规定②。

表4-1 2004年以来我国非物质文化遗产保护政策法规出台情况（不完全统计）

| 出台时间 | 政策法规 |
| --- | --- |
| 2004年 | 全国人大常委会关于批准《保护非物质文化遗产公约》的决定 |
| 2005年 | 国务院办公厅关于加强我国非物质文化遗产保护工作的意见 |
| 2006年 | 国家级非物质文化遗产保护与管理暂行办法 |
| 2008年 | 国家级非物质文化遗产项目代表性传承人认定与管理暂行办法 |
| 2010年 | 文化部关于加强国家级文化生态保护区建设的指导意见 |
| 2011年 | 中华人民共和国非物质文化遗产法 |
| 2012年 | 文化部关于加强非物质文化遗产生产性保护的指导意见 |
| 2012年 | 国家非物质文化遗产保护专项资金管理办法 |
| 2017年 | 中共中央办公厅、国务院办公厅印发《关于实施中华优秀传统文化传承发展工程的意见》 |
| 2018年 | 国家级文化生态保护区管理办法 |
| 2019年 | 国家级非物质文化遗产代表性传承人认定与管理办法 |

资料来源：中国非物质文化遗产网，http://www.ihchina.cn/zhengce

---

① "内蒙古自治区乌兰牧骑条例"．内蒙古新闻网，http://inews.nmgnews.com.cn/system/2019/10/15/012789661.shtml．

② 国家非物质文化遗产保护专项资金管理办法（财教[2012]45号），中国非物质文化遗产网，http://www.ihchina.cn/zhengce_details/11579．

第二，建立多元化收入体系，减轻地方政府对文化公共机构的财政投入压力。在广大人民群众精神文化需求不断增加而地方政府债务压力增大的背景下，不少文化公共机构在政策允许的范围内自主开展非营利性生产经营活动。除了减轻地方政府的财政投入压力，这一方式也产生了其他有益效果：有助于促进文化公共机构改革，推动其进一步明确自身职能定位，解决与政府职能的重叠、交错、缺位等问题；有助于推动文化公共机构加强自身成本控制，提升文化资源的利用效率；有助于培育文创、文旅等新兴产业，促进地方经济发展。

目前，文化公共机构建立多元化收入体系的方式主要有两种：一是通过提供更加丰富的文化公共品内容，增加门票等传统经营收入；二是通过开发自身文创资源，设计新的文化商品，发展文创产业。近年来，故宫博物院通过开发文创资源，为其打造更多、更高质量的文化公共品提供有力支撑，成为国内文化公共机构转型发展的重要标杆。

**专栏4-3　　文创资源开发有力支持故宫发展**

文创资源开发为故宫扩大经费来源提供有力支持。故宫博物院原院长单霁翔曾介绍，故宫是差额拨款单位，**54%的经费由国家提供，另外46%靠自己挣**①。一方面，文创产品的经营性收入可以反哺故宫。2017年，其文创产品种类突破一万种，销售收入达15亿元②。另一方面，通过开发文创资源打造故宫IP，也吸引了更多参观者，从而增加门票收入。单霁翔曾介绍，2018年故宫参观人数创新高，达1700万人

---

①② "故宫文创15亿营收背后：跨界+IP+网红"，参见新华网，http://www.xinhuanet.com/2019-02/20/c_1124137168.htm。引用时有重新整理。

次;而据故宫公布数据,游客中30岁以下占40%,30~40岁占24%,40~50岁占17.5%,年轻群体已经成为参观主力①。

文创资源开发也有利于更广泛地传播故宫所承载的优秀中华文化,从而为故宫承担的宣传教育功能提供有力支持。故宫博物院是中国最重要的文化公共机构之一。讲好故宫所承载的中华民族优秀历史文化,是其重要职能。如果只通过游客的现场参观进行宣传教育,与故宫的重要性相比,覆盖范围不够广,体验程度也不够深。而通过文创资源开发,将彩妆、服饰等日常用品与故宫相结合,让故宫不再"高冷",可以让更多人接触故宫文化,增加故宫文化的吸引力。而通过《我在故宫修文物》《上新了·故宫》等纪录片和电视节目,也可以让更多人更加深入地了解故宫。

当然,故宫文创资源的开发也要避免过度商业化倾向,应秉持提供更多、更高质量文化公共品的初心,不能因为追求商业利润而损害故宫的文化价值。

第三,文化公共机构的企业化转型。20世纪90年代起,为解决机构林立、人浮于事等突出问题,很多文化公共机构就开始探索人员流动机制改革。进入21世纪,一些大型文化公共机构开始探索企业化转型。中国出版集团公司、中国教育出版传媒集团公司和中国科技出版传媒集团公司等大型文化企业先后组建②。文化公共机构企业化转型后,激发了增长活力,也为新兴文化产业的培育和发展创造了良好的条件。

---

① "故宫文创15亿营收背后:跨界+IP+网红",参见新华网,http://www.xinhuanet.com/2019-02/20/c_1124137168.htm。引用时有重新整理。

② "激发文化发展活力,谱写文化繁荣乐章——我国国有经营性文化事业单位转企改制成效综述",《光明日报》,2012年09月25日。

2014年和2018年，国务院办公厅两次印发《文化体制改革中经营性文化事业单位转制为企业的规定》和《进一步支持文化企业发展的规定》，深化推进文化公共机构的转企改制[①]。2019年，财政部、税务总局、中宣部等联合印发《关于继续实施文化体制改革中经营性文化事业单位转制为企业若干税收政策的通知》，进一步明确经营性文化事业单位转制为企业可以享受的税收优惠[②]。

## 第三节　我国文化企业和文化公共机构的发展

### 1. 我国文化企业的发展情况

近年来，我国文化企业快速发展，文化及相关产业法人单位的数量和规模都在不断扩大（参见表4-2）。2017年，文化及相关产业法人单位数达到139.8万个，是2004年的4.4倍；文化及相关产业法人单位增加值约为3.5万亿元，是2004年的11.2倍。分产业类别看，文化制造业法人单位数2017年达到18万个，是2004年的2.6倍；增

---

[①] 《国务院办公厅关于印发文化体制改革中经营性文化事业单位转制为企业和进一步支持文化企业发展两个规定的通知》（国办发[2014]15号），中国政府网，http://www.gov.cn/zhengce/content/2014-04/16/content_8764.htm；国务院办公厅关于印发文化体制改革中经营性文化事业单位转制为企业和进一步支持文化企业发展两个规定的通知（国办发〔2018〕124号），中国政府网，ttp://www.gov.cn/zhengce/content/2018-12/25/content_5352010.htm。

[②] 《财政部、税务总局、中央宣传部关于继续实施文化体制改革中经营性文化事业单位转制为企业若干税收政策的通知》（财税[2019]16号），国家税务总局，http://www.chinatax.gov.cn/n810341/n810755/c4090312/content.html。

加值约为 1.2 万亿元,是 2004 年的 8.2 倍。文化批发和零售业法人单位数 2017 年达到 17.5 万个,是 2004 年的 3.4 倍;增加值约为 0.3 万亿元,是 2004 年的 10.1 倍。文化服务业法人单位数 2017 年达到 104.4 万个,是 2004 年的 5.3 倍;增加值约为 1.9 万亿元,是 2004 年的 14.9 倍。

表 4-2　　　　　文化及相关产业法人单位数及增加值

| 年份 | 法人单位数（万个） | | | | 法人单位增加值（亿元） | | | |
| --- | --- | --- | --- | --- | --- | --- | --- | --- |
| | 总体 | 文化制造业 | 文化批发和零售业 | 文化服务业 | 总体 | 文化制造业 | 文化批发和零售业 | 文化服务业 |
| 2004 | 31.8 | 6.9 | 5.1 | 19.8 | 3102 | 1481 | 328 | 1293 |
| 2008 | 46.1 | 8.9 | 5.5 | 31.7 | 7166 | 2945 | 527 | 3695 |
| 2012 | 66.3 | 13.3 | 11.3 | 41.7 | 18071 | 7253 | 1187 | 9631 |
| 2013 | 91.9 | 16.3 | 14.0 | 61.6 | 21870 | 9418 | 2146 | 10307 |
| 2014 | 99.6 | 17.3 | 15.3 | 67.1 | 24538 | 10201 | 2386 | 11952 |
| 2015 | 114.0 | 19.2 | 17.7 | 77.1 | 27235 | 11053 | 2542 | 13640 |
| 2016 | 130.0 | 18.3 | 16.8 | 94.9 | 30785 | 11889 | 2872 | 16024 |
| 2017 | 139.8 | 18.0 | 17.5 | 104.4 | 34722 | 12094 | 3328 | 19300 |

注：由于各部分四舍五入保留一位小数，各部分之和与总体数略有出入。
数据来源：《中国文化及相关产业统计年鉴 2018》。

从结构上看，2004～2017 年，文化服务业法人单位占比提升，其单位数量占比由 62.3% 增加到 74.7%，增加值占比由 41.7% 增加到 55.6%，均超过一半。文化制造业以及文化批发和零售业法人单位占比下降，单位数量占比方面，分别由 21.7% 和 16.0% 减少到 12.8% 和 12.5%；增加值占比方面，分别由 47.7% 和 10.6% 减少到 34.8% 和 9.6%。

表 4-3　文化及相关产业法人单位数量构成及增加值构成（%）

| 年份 | 法人单位数量构成 | | | 法人单位增加值构成 | | |
|---|---|---|---|---|---|---|
| | 文化制造业 | 文化批发和零售业 | 文化服务业 | 文化制造业 | 文化批发和零售业 | 文化服务业 |
| 2004 | 21.7 | 16.1 | 62.3 | 47.7 | 10.6 | 41.7 |
| 2008 | 19.3 | 12.0 | 68.7 | 41.1 | 7.4 | 51.5 |
| 2012 | 20.1 | 17.1 | 62.8 | 40.1 | 6.6 | 53.3 |
| 2013 | 17.7 | 15.2 | 67.1 | 43.1 | 9.8 | 47.1 |
| 2014 | 17.3 | 15.3 | 67.3 | 41.6 | 9.7 | 48.7 |
| 2015 | 16.8 | 15.6 | 67.7 | 40.6 | 9.3 | 50.1 |
| 2016 | 14.1 | 12.9 | 73.0 | 38.6 | 9.3 | 52.1 |
| 2017 | 12.8 | 12.5 | 74.7 | 34.8 | 9.6 | 55.6 |

注：由于各部分四舍五入保留一位小数，各部分之和与100略有出入。
数据来源：《中国文化及相关产业统计年鉴2018》。

在细分行业中，根据2017年统计数据，规模以上文化及相关产业企业，企业单位数量排名前三的依次是内容创作生产、文化辅助生产和中介服务、创意设计服务三类；年末从业人员排名前三的依次是内容创作生产、文化消费终端生产、文化辅助生产和中介服务三类；资产总计排名前三的依次是内容创作生产、文化辅助生产和中介服务、新闻信息服务三类。而无论是单位数量、从业人员还是资产规模，内容创作生产类企业排名都是最高，占比均在20%左右。

表 4-4　2017年按类别分规模以上文化及相关产业企业基本情况

| 类别 | 企业单位数（个） | 年末从业人员（人） | 资产总计（亿元） | 企业单位数占比 | 年末从业人员占比 | 资产占比 |
|---|---|---|---|---|---|---|
| 新闻信息服务 | 2195 | 525158 | 17958.3 | 3.6% | 6.0% | 15.1% |
| 内容创作生产 | 12069 | 1942156 | 21803.3 | 20.0% | 22.0% | 18.3% |
| 创意设计服务 | 10523 | 955560 | 12375.4 | 17.5% | 10.8% | 10.4% |
| 文化传播渠道 | 7414 | 670058 | 11830.8 | 12.3% | 7.6% | 10.0% |
| 文化投资运营 | 356 | 36478 | 7820.3 | 0.6% | 0.4% | 6.6% |

续表

| 类别 | 企业单位数（个） | 年末从业人员（人） | 资产总计（亿元） | 企业单位数占比 | 年末从业人员占比 | 资产占比 |
|---|---|---|---|---|---|---|
| 文化娱乐休闲服务 | 5388 | 526457 | 9939.8 | 8.9% | 6.0% | 8.4% |
| 文化辅助生产和中介服务 | 10559 | 1654025 | 18616.5 | 17.5% | 18.8% | 15.7% |
| 文化装备生产 | 3007 | 812107 | 6069.8 | 5.0% | 9.2% | 5.1% |
| 文化消费终端生产 | 8740 | 1692392 | 12474.0 | 14.5% | 19.2% | 10.5% |

数据来源：《中国文化及相关产业统计年鉴2018》。

从控股主体看，根据2017年统计数据，对于规模以上文化及相关产业企业，国有和集体控股企业之和资产总计占比最高，达38.9%；私人控股企业以35.1%的资产，获得38.4%的利润，缴纳50.2%的税收，雇佣53.8%的从业人员，占据73.2%的单位数。

表4-5　2017年按企业控股情况分规模以上文化及相关产业企业占比

| 分组 | 企业单位数 | 年末从业人员 | 资产总计 | 利润总额 | 应交增值税 |
|---|---|---|---|---|---|
| 国有控股 | 12.3% | 16.9% | 32.3% | 16.6% | 18.5% |
| 集体控股 | 1.6% | 2.0% | 6.6% | 1.8% | 2.0% |
| 私人控股 | 73.2% | 53.8% | 35.1% | 38.4% | 50.2% |
| 港澳台商控股 | 4.1% | 13.3% | 12.8% | 29.8% | 14.4% |
| 外商控股 | 3.0% | 7.9% | 7.0% | 8.0% | 8.4% |
| 其他 | 5.8% | 6.2% | 6.2% | 5.4% | 6.4% |

数据来源：《中国文化及相关产业统计年鉴2018》。

从投资情况看，文化及相关产业固定资产投资近年大幅度增加，其实际到位资金（不含农户）从2005年的2892.3亿元，增加到2017年的34869.9亿元；占城镇固定资产投资的比重由2005年的3.9%，增加到2017年的5.5%（参见表4-6）。在资金来源中，其实际到位资金以自筹资金为主，2017年占81.7%，其他来源如国家预算资金、国内贷款、利用外资和其他资金占比都相对较少，说明投资主体的社会化。

表4-6　　　　　文化及相关产业固定资产投资　　　（单位：亿元）

| 年份 | 文化及相关产业固定资产投资实际到位资金（不含农户） | 城镇固定资产投资 | 文化固定资产投资占比 |
|---|---|---|---|
| 2005 | 2892.3 | 75095 | 3.9% |
| 2006 | 3404.5 | 93369 | 3.6% |
| 2007 | 4301.1 | 117464 | 3.7% |
| 2008 | 5725.7 | 148738 | 3.8% |
| 2009 | 7803.8 | 193920 | 4.0% |
| 2010 | 9583.7 | 241431 | 4.0% |
| 2011 | 11003.6 | 302396 | 3.6% |
| 2012 | 16256.6 | 364854 | 4.5% |
| 2013 | 19862.3 | 435747 | 4.6% |
| 2014 | 24356 | 501265 | 4.9% |
| 2015 | 28503.4 | 551590 | 5.2% |
| 2016 | 31983.1 | 596501 | 5.4% |
| 2017 | 34869.9 | 631684 | 5.5% |

数据来源：《中国文化及相关产业统计年鉴2018》，国家统计局数据库。

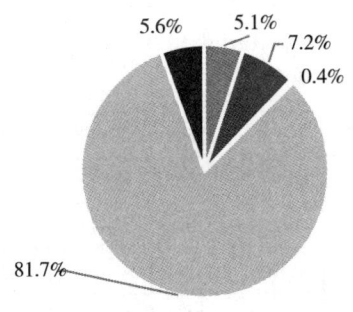

图4-1　2017年文化及相关产业固定资产投资来源

数据来源：《中国文化及相关产业统计年鉴2018》。

## 2. 我国文化公共机构的发展情况

随着经济社会发展,我国各类文化公共机构的数量、带动的就业量、所提供公共品的辐射范围也在不断增长(参见表4-7)。2005～2017年,全国博物馆数量从1581个增加到4721个,增长近200%;从业人员从38603万人增加到105079万人,增长172%;参观人次从11819万人次增加到97172万人次,增长722%。同一时期,群众文化机构数量虽然增长不多,从41588个增加到44521个,增长7%;但从业人员从122500人增加到180911人,增长48%;组织文艺活动次数更是从391439次增加到1114261次,增长185%。与此同时,公共图书馆数量从2762个增加到3166个,增长15%;从业人员从50423人增加到57567人,增长14%;总流通人次从23332万人次增加到74450万人次,增长219%。与1949年全国仅有21个博物馆、896个文化馆站、55个公共图书馆相比[①],文化公共机构的发展可谓翻天覆地。

表4-7 2005～2017年博物馆、群众文化机构、公共图书馆发展情况

| 年份 | 博物馆 | | | 群众文化机构 | | | 公共图书馆 | | |
|---|---|---|---|---|---|---|---|---|---|
| | 机构数(个) | 从业人员(人) | 参观人次(万人次) | 机构数(个) | 从业人员(人) | 组织文艺活动次数(次) | 机构数(个) | 从业人员(人) | 总流通人次(万人次) |
| 2005 | 1581 | 38603 | 11819 | 41588 | 122500 | 391439 | 2762 | 50423 | 23332 |
| 2006 | 1617 | 40818 | 12032 | 40088 | 123465 | 497779 | 2778 | 51311 | 25218 |
| 2007 | 1722 | 42636 | 25625 | 40601 | 128096 | 546477 | 2799 | 54650 | 26103 |
| 2008 | 1893 | 51587 | 28328 | 41156 | 131142 | 473613 | 2820 | 52021 | 28141 |
| 2009 | 2252 | 59919 | 32716 | 41959 | 137484 | 555052 | 2850 | 52688 | 32167 |
| 2010 | 2435 | 57431 | 40679 | 43382 | 141002 | 576799 | 2884 | 53564 | 32823 |

---

① "文化事业繁荣兴盛,文化产业快速发展——新中国成立70周年经济社会发展成就系列报告之八",国家统计局,http://www.stats.gov.cn/tjsj/zxfb/201907/t20190724_1681393.html。

续表

| 年份 | 博物馆 | | | 群众文化机构 | | | 公共图书馆 | | |
|---|---|---|---|---|---|---|---|---|---|
| | 机构数（个） | 从业人员（人） | 参观人次（万人次） | 机构数（个） | 从业人员（人） | 组织文艺活动次数（次） | 机构数（个） | 从业人员（人） | 总流通人次（万人次） |
| 2011 | 2650 | 62181 | 47051 | 43675 | 147732 | 620586 | 2952 | 54475 | 37423 |
| 2012 | 3069 | 71748 | 56401 | 43876 | 156228 | 688482 | 3076 | 54997 | 43437 |
| 2013 | 3473 | 79075 | 63777 | 44260 | 164355 | 740611 | 3112 | 56320 | 49232 |
| 2014 | 3658 | 83970 | 71774 | 44423 | 170299 | 845421 | 3117 | 56071 | 53036 |
| 2015 | 3852 | 89133 | 78112 | 44291 | 173499 | 959901 | 3139 | 56422 | 58892 |
| 2016 | 4109 | 93431 | 85061 | 44497 | 182030 | 1065287 | 3153 | 57208 | 66037 |
| 2017 | 4721 | 105079 | 97172 | 44521 | 180911 | 1114261 | 3166 | 57567 | 74450 |

数据来源：《中国文化及相关产业统计年鉴2018》。

财政资金对文化公共机构的支持力度也在加大。近年来，全国一般公共预算文化体育和传媒支出不断增加（如图4-2所示），2017年达到3391.93亿元，是2007年898.64亿元的近4倍。从结构上看，无论文化、文物、体育、广播影视新闻出版的一般公共预算支出都在增加，这表明财政对文化公共机构的支持呈现多元化特征。

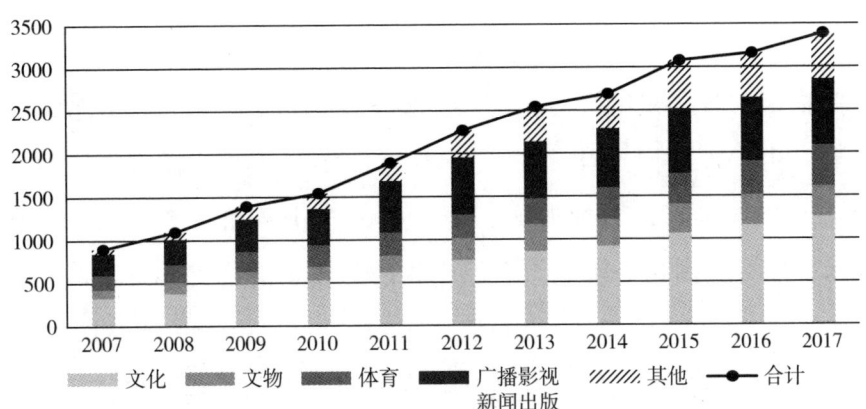

图4-2　2007～2017年全国一般公共预算文化体育与传媒支出（亿元）

数据来源：《中国文化及相关产业统计年鉴2018》。

进一步分析财政支出结构，可以发现，一般公共预算文化体育与传媒支出以地方财政为主，并呈上升态势（如图4-3所示）。2017年，这一支出的地方财政占比达到92%，比2008年增加了近5个百分点。

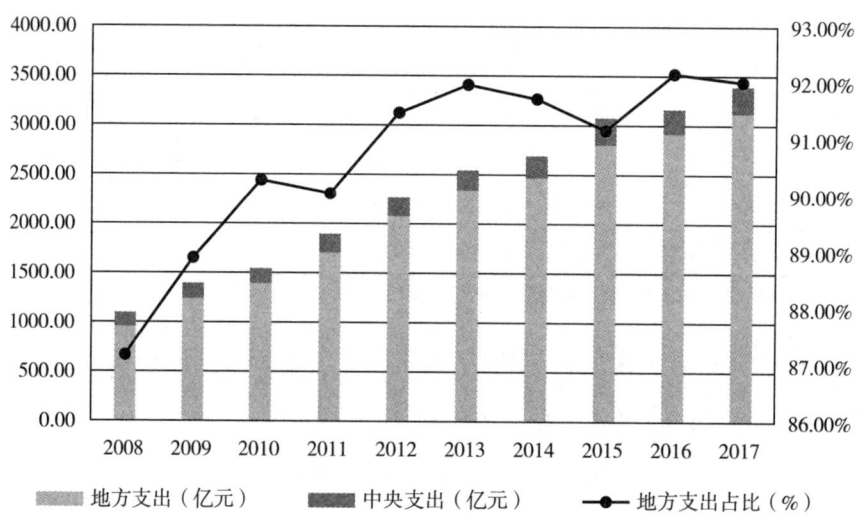

图4-3 2008～2017年中央与地方一般公共预算文化体育与传媒支出情况

数据来源：《中国文化及相关产业统计年鉴2018》。

财政支持对于文化公共机构的发展具有重要意义。我们测算了博物馆、群众文化机构和公共图书馆中财政补贴收入占总收入的比重。由于《中国文化及相关产业统计年鉴2017》提供了上述文化公共机构的财政补贴收入，而《中国文化及相关产业统计年鉴2018》没有提供相关数据，我们测算的最新年份是2016年。我们发现：2005～2016年，博物馆收入从344539万元增长到2348521万元，而财政补贴收入所占比重则从48.4%增加到81.0%；群众文化机构收入从365887万元增长到2272289万元，而财政补贴收入所占比重则从76.3%增加到91.8%；公共图书馆收入从325880万元增长到1494998万元，而财政补贴收入所占比重则从85.3%增加到94.7%。《中国文化及相关产业统计年鉴2018》提供了艺术表演团体2017年的演出收入，测算发现，即便是文化公共机构中经营性项目收入较高的艺术表演团体，其演出收入虽然增加，但占比也未超过总收入的一半。

表4-8　2005~2016年博物馆、群众文化机构、公共图书馆收入情况

| 年份 | 博物馆 | | | 群众文化机构 | | | 公共图书馆 | | |
| --- | --- | --- | --- | --- | --- | --- | --- | --- | --- |
| | 收入合计（万元） | 其中财政补贴收入（万元） | 占比（%） | 收入合计（万元） | 其中财政补贴收入（万元） | 占比（%） | 收入合计（万元） | 其中财政补贴收入（万元） | 占比（%） |
| 2005 | 344539 | 166731 | 48.4 | 365887 | 279033 | 76.3 | 325880 | 277848 | 85.3 |
| 2006 | 409927 | 203740 | 49.7 | 428962 | 322773 | 75.2 | 366089 | 319479 | 87.3 |
| 2007 | 506375 | 264585 | 52.3 | 548301 | 432311 | 78.8 | 450512 | 395441 | 87.8 |
| 2008 | 609161 | 427451 | 70.2 | 660111 | 528838 | 80.1 | 531926 | 477616 | 89.8 |
| 2009 | 765924 | 569299 | 74.3 | 807244 | 681147 | 84.4 | 613175 | 550808 | 89.8 |
| 2010 | 961176 | 728877 | 75.8 | 944397 | 803918 | 85.1 | 646085 | 583685 | 90.3 |
| 2011 | 1205789 | 991036 | 82.2 | 1285601 | 1122872 | 87.3 | 813232 | 756357 | 93.0 |
| 2012 | 1492024 | 1203789 | 80.7 | 1453601 | 1300692 | 89.5 | 1002068 | 934890 | 93.3 |
| 2013 | 1755739 | 1402781 | 79.9 | 1667594 | 1478439 | 88.7 | 1151163 | 1070575 | 93.0 |
| 2014 | 1955512 | 1584668 | 81.0 | 1901726 | 1623756 | 85.4 | 1212979 | 1137210 | 93.8 |
| 2015 | 2169987 | 1728459 | 79.7 | 2077606 | 1856374 | 89.4 | 1358370 | 1270354 | 93.5 |
| 2016 | 2348521 | 1902042 | 81.0 | 2272289 | 2086646 | 91.8 | 1494998 | 1415668 | 94.7 |

数据来源：《中国文化及相关产业统计年鉴2017》。

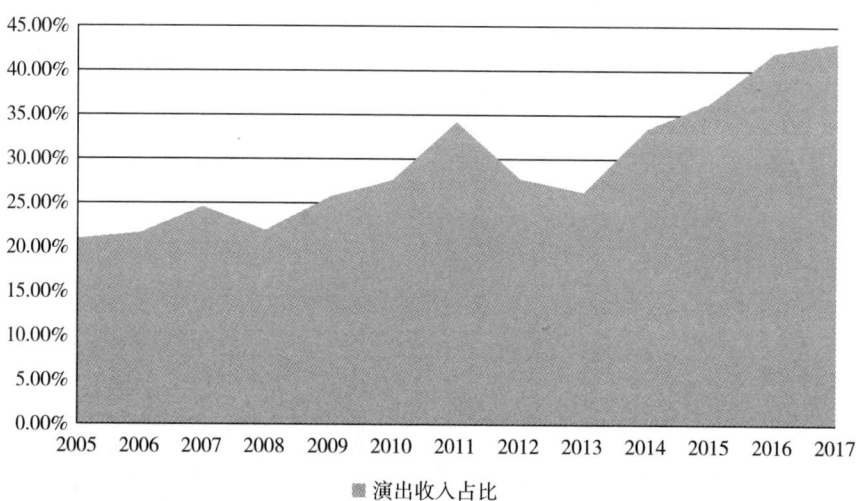

图 4-4  2005～2017 年艺术表演团体演出收入占总收入比例

数据来源:《中国文化及相关产业统计年鉴 2018》。

## 参考文献

[1] 卢现祥,朱巧玲. 新制度经济学(第二版)[M]. 北京:北京大学出版社,2012

[2] 大卫·赫斯蒙德夫. 文化产业(第三版)[M]. 北京:中国人民大学出版社,2016

[3] 曼昆. 经济学原理(第七版):微观经济学分册[M]. 北京:北京大学出版社,2015

[4] 王能宪. 关于我国文化事业的性质、功能、分类及其发展战略的思考[J]. 文艺理论与批评,2007(3)

[5] 国家统计局. 中国文化及相关产业统计年鉴 2018[M]. 北京:中国统计出版社,2018

[6] 国家统计局. 中国文化及相关产业统计年鉴 2017. 北京:中国统计出版社,2017

[7] 文化事业繁荣兴盛,文化产业快速发展——新中国成立 70 周年经济社会发展成就系列报告之八. 国家统计局, http://www.stats.gov.cn/tjsj/zxfb/201907/t20190724_1681393.html

[8] 国家统计局. 文化及相关产业分类(2018), http://www.stats.gov.cn/tjgz/tzgb/201804/t20180423_1595390.html

[9] 国家统计局.《文化及相关产业分类(2018)》修订说明, http://www.stats.gov.cn/tjgz/tzgb/201804/

t20180423_1595390.html

[10] "UP2019 腾讯新文创生态大会在京召开". 中国经济网, https://baijiahao.baidu.com/s?id=1628941128539327009&wfr=spider&for=pc.

[11] "两小时 2 万字分享, 程武首次详解腾讯'新文创'战略". 凤凰网, https://tech.ifeng.com/c/7rIiUbT0X95

[12] 《庆余年》"破圈", 网文 IP 开发"破局", 中国文化报, 2019-12-20

[13] 《庆余年》书影联动: IP 内容影响力历久弥新, 中国作家网, http://www.chinawriter.com.cn/n1/2020/0115/c404023-31550075.html

[14] 中共中央办公厅、国务院办公厅印发《关于加快构建现代公共文化服务体系的意见》, 中国政府网, http://www.gov.cn/xinwen/2015-01/14/content_2804250.htm

[15] 激发文化发展活力, 谱写文化繁荣乐章——我国国有经营性文化事业单位转企改制成效综述. 光明日报, 2012-09-25

[16] 黄永锐. 乌兰牧骑: 永不褪色的红色文艺轻骑兵. 中国民族报, 2017-12-8

[17] "内蒙古自治区乌兰牧骑条例". 内蒙古新闻, http://inews.nmgnews.com.cn/system/2019/10/15/012789661.shtml

[18] 故宫文创 15 亿营收背后: 跨界 +IP+ 网红, 参见新华网, http://www.xinhuanet.com/2019-02/20/c_1124137168.htm

# 第五章 文化市场

文化市场是文化经济的运行载体,是文化经济的重要组成部分:一是文化商品只有通过文化市场才能进入消费,二是文化企业的经营活动及文化资本的投资活动要以文化市场为导向,三是文化产品的发展要以文化市场为基础,四是文化政策的制定要以文化市场为依据。因此,探讨文化经济,就必然涉及文化市场。

# 第一节 文化市场的内涵和外延

## 1. 文化市场的定义

市场是经济活动的基本概念之一。从人类学和社会学的视角分析,广义下的市场本质是交换结构。社会学家卡尔·波兰尼对人类群体中存在的三种交往方式:互惠、再分配和交换进行了深入分析,并指出交换是人们开发利用资源、生产和消费中的重要联接,进而将不同的交换结构作为"社会系统的重要支柱"[①]。

---

[①] 卡尔·波兰尼:"巨变:当代政治与经济的起源",《国家人文历史》,2017年第4期。

从更加狭义的角度，市场通常被定义为交易的场所。交换参与主体、被交换的物品集中在某个物理空间中。从制度经济学派的市场交易理论中可以很好地理解这一定义。以科斯定理为代表的市场交易理论，将交易费用引入了市场交换中，明确指出交易费用是影响交换范围、内容和频率的决定性因素。从交易费用的角度，可以非常清晰地理解市场的狭义定义，由于参与交换的主体，被交换的产品都集中在一个固定的物理空间中，相互之间沟通成本更低、信息更加透明、达成一致形成合约的成本也就越低，进一步促进了交换的发生。

结合以上对广义市场和狭义市场的理解，进一步定义文化市场：是指文化产品和服务生产（提供）、消费的各个参与主体、规则、空间（或媒介）形成的特定交换结构。进行文化产品和服务交换的载体——无论是固定的、被称为"市场"的建筑空间，还是随着数字化发展，形成于网络空间的在线文化交易平台，都是文化市场的具体表现。

总结起来，文化市场是市场经济重要的组成部分，与其他市场一样，文化市场是文化产品和服务供需关系、竞争关系的总和[1]。承担着起到文化资源有效配置的功能，能够通过价格机制和竞争机制优化资源配置，更好地满足人们精神需求[2]。

## 2. 文化市场的主体与功能

按照价值规律形成的价格机制，文化市场中的四类参与者开展

---

[1] 王亚楠，顾江："文化市场供求失衡的原因及对策建议——基于产业政策有效性的视角"，现代经济探讨 2017 年第 3 期。

[2] 祁述裕，孙博，孙凤毅："论文化市场"，《福建论坛（人文社会科学版）》，2015 年第 2 期。

文化产品和服务的交易①。首先是文化产品和服务的生产者,他们通常是直接创作文化产品或者提供文化服务的主体。其次是文化产品和服务的消费者,依据自己的偏好选择产品和服务,满足精神需求,实现效用最大化。再次是文化市场的经营者,通过对文化产品和服务进行评价和选择,通过协助生产者对接需求方或者直接购买再转售,获得额外收益。最后是文化市场的监管者,通过制度约束以上参与交易各方的行为,降低文化交易成本,促进文化产品与服务交易的持续发展。

文化市场主要具备以下功能：一是提供文化产品和服务用于交易和消费。二是能够形成文化产品和服务交易的价格机制,促进交易活动的主体进行收益分配或再分配,实现供给者的商业盈利。三是能够通过交换实现价值,一方面实现消费者精神需求的满足,另一方面实现供给者的利润要求。四是具有一定的服务功能,能够为参与交易的各方传递供求信息,促进各方按照一定规则完成交易,优化交易环境,促进交易持续进行。五是具备知识转化和教育功能。文化产品和服务中包含着丰富的知识。文化产品的交易和消费本质也是知识传播、学习的过程,能够引导人们形成正确的价值取向。

## 3. 文化市场的分类

根据文化市场交易内容的不同属性,文化市场可分为文化产品市

---

① 张曾芳,张龙平：“论文化产业及其运作规律”,《中国社会科学》,2020年第2期。

场和文化要素市场两个大类①。文化商品市场最为常见，传统的文化市场大部分都聚焦于文化艺术品、图书等有形文化商品的交易。但随着文化产业的繁荣，文化服务和更多无形的文化商品成为文化市场交易的主要对象。文化要素市场是指为文化商品和服务的生产与经营活动提供所需的各种基本要素的市场。这类市场通常离消费者最远，但确实是重要的一类，因为其担负着为文化市场体系配置资源、促进文化市场运行发展的重任。如文化人才市场等，就是典型的文化要素市场。这一市场的交易者通常是各类生产和提供文化商品和服务的文化企业，也是在文化市场体系内部运行的市场。

与此同时，文化产业具有许多细分领域，形成了丰富多样的文化产品和服务，它们交易的方式也不尽相同。根据文化商品和服务的所属细分类型的不同，文化市场被分类为演出市场、娱乐市场、音像市场、网络文化市场、电影市场、书报刊市场、艺术品市场、文物市场等多种类型。

由于不同类型的文化市场通常聚集在不同的功能区域，形成聚集效应，能够分类吸引更多具有相同偏好的消费者进行选择，提供更优质的服务，也更易管理。根据文化市场的存在形态不同，文化市场又可以分为实体市场和线上市场。即便是文化交易出现线上化发展的趋势，按照文化产品所属领域分类聚集的特点也没有发生根本性的改变，形成了音乐、影视、文字等不同类型的在线平台。

---

① 罗紫初，秦洁雯："论文化市场体系的内涵、结构与特征"，《出版科学》，2014年第1期。

# 第二节 文化市场的特征与特点

## 1. 文化市场的基本特征

文化市场与其他类型的市场一样,也具有市场的基本特征。文化市场的运行在一定程度上符合市场经济的规律。

一是价值规律,产品和服务的价值取决于生产所需的社会劳动时间,而市场价格与价值的相对高低,反映了商品的供求关系,从而实现供求的调剂。价值规律一方面激励着供给的生产企业不断改进技术,提高生产率,降低成本提升收益。

二是竞争规律。不同的产品和服务的提供者,为了获得最佳的经济效益,互相争取最有价值的资源和消费者。此二者通常都是具有稀缺性的,因此文化产品和服务的价格,也是其竞争关系的体现。通过竞争,还能够实现文化市场的优胜劣汰,不仅能够促进资源的最佳配置,而且实现了市场的新陈代谢,并不断推动创新。

三是供求规律。产品和服务供给与需求相互适应,以价格信号决定市场的供应和需求,决定市场总量与结构,推动市场逐渐均衡发展。

## 2. 文化市场的独特性

文化市场不仅具有其他市场的一般特征,还具有一定特性,这些特性形成了文化市场不同于其他市场的特点。

首先，文化市场与文化产品、服务一样，都具有意识形态的属性[①]。无论是知识性、审美性、引导性还是休闲性，文化产品和服务的生产、消费都与特定的意识形态——价值观念，息息相关。价值观的形成是个体和周围环境不断互动、反馈的结果，价值观一定与持有者所在的社会、自然、群体等种种环境相关，但也是不外显的，独特的、多元的。当文化产品和服务的生产者和消费者在某些价值领域产生共鸣的时候，这种产品和服务的消费就能够为消费者带来最大的精神需求的满足。对于生产者或者创作者而言，对自己价值观的表达，同样也能得到一定满足。反之，文化产品与服务也能够影响消费者的价值观和意识形态，所以无论是国外各类文化，对真善美的表达和感受，通常都是各类文化产品和服务的主题。而文化市场，也应是服务于文化产品和服务的价值观表达，净化交易环境，引导积极的价值观通过产品和服务传递。

其次，因为文化产品和服务的价值观意识形态属性，以及产品的无形性，导致文化产品和服务的交易价格计算方式与传统工业品和服务不同。一方面是因为产品和服务中所包含的文化属性——价值取向、审美取向等的表达，以及与消费者之间形成共鸣带来了大幅的价值提升很大程度上难以量化。另一方面，随着数字内容型文化产品和服务的发展，许多文化产品和服务已经实现免费，通过迂回的方式实现商业价值，与传统的交易方式有较大差距。尽管许多文化产品和服务可以通过支付意愿、同类产品市场价格对比等方式明确价格，但是这一价格产生的机制很难在不同文化产品之间进行复制。

第三，文化市场中产品和服务的生产和消费者边界并不清晰，文

---

[①] 臧秀清，游涛："文化产品：特征与属性的再认识"，《探索》，2011年第5期。

化产品和服务的生产者和消费者通常是一体的。消费和生产本身存在着相互依附、相互影响的关系，需求引导生产，产品和服务也同样重塑着消费者的偏好。在制造业产品生产中，随着分工的细化，中间产品的不断增加，生产者与消费者逐渐分离。但文化产品和服务更进了一步，许多价值表达通常是由消费者完成的。以文学作品为例，通常可以认为作家完成的文学作品本身是一个未完成品，进入市场后，在读者也就是消费者的理解、感受、传播中逐渐完成，对消费者的影响也更加深远。甚至很多时候，由消费者表达形成的新的产品和服务也能够继续创造价值，形成新的供给[①]。

第四，人的创意是最重要的文化资源。文化市场是一个高度依赖人力资源的市场。这一特征结合市场的一般特点显示出其小微主体为主、利基市场丰富、管理难度较大的特殊性。首先，作为一个开放性市场，文化市场主体可以自由进入，由于文化生产和服务的提供高度依赖人力资源，除技艺的培训、艺术的感悟和灵感外，许多文化产品和服务生产对生产工具这一固定投入的要求并不高，所以个人、小型团体组织在低投入的情况下就能够生产文化产品并提供服务，维持运转所需的资金也不多，造成文化市场通常以小微经济主体为主的特点。其次，由于文化市场消费者偏好的多样化，造成了众多的文化利基市场。在门类多、形式多、主体多的基础之上，文化市场的协调发展成为一个非常困难的问题，难以形成统一的管理模式。

第五，文化市场的风险性非常高。文化产品的生产和消费之间通常存在一定的时间差距。很可能在投入市场时消费者已经不再认同其

---

[①] 潘桂林：" 文学生产消费的一体性与'打工文学'的双重根性"，《长江学术》，2010 年第 4 期。

中所表现的价值取向，同时还会有参与人员、政策等各类风险。由于生产、消费、价格的不确定、产品的个性化提供、对个性化人力资源的高度依赖，加之从业主体小、小众市场多、管理难度大等特点，导致文化市场主体难以融资。

## 第三节　文化市场的运行机制

市场运行机制是指在市场交换及其相关经济活动中起到自动调节作用的经济规律及其作用机制[①]。市场运行机制主要是指各个要素之间相互作用的过程和机理。

### 1. 文化市场机制的功能

文化市场对文化产业和文化经济发展所起到的基础性作用，可以理解为实现文化产品和服务供求关系的调节。即包括对文化资源参与经济活动的有效配置，如文化市场机制能够让文化产品和服务的供给者了解市场需求信息，从而自发地调节资本、技术、劳动力等文化资源到各个文化生产部门，让优质的资源向最有效率、收入最高的文化生产部门及市场主体流动。也包括对资源资源配置的优化，如市场失灵情况下的调节机制，通过规则的制定，引导优质资源向高效率部门配置，并解决市场中出现的不良竞争和负外部性问题，如一些不利于

---

① 龚一萍："论三位一体的市场体系"，《江西社会科学》，1999 年第 7 期。

精神健康内容的提供。

首先,市场机制对产业发展具有促进作用。市场机制的存在能够促使生产者积极改进技术,以获得利润最大化。市场机制还能够实现资本的积累,从而形成文化产业的良性循环。市场机制传导的信息也能反馈给行业市场主管部门,为国家宏观调控与企业微观决策提供参考依据。

其次,市场机制可以优化文化市场的人力资本,提升企业竞争力。鼓励从业人员通过教育的投资和技术的联系提升创造能力,鼓励企业打破常规,勇于冒险进入新的产业领域。

再次,文化市场机制还能促使文化市场主体的培育,一方面,繁荣文化市场,鼓励就业;另一方面,能够催生大量中介机构,进一步提升文化市场和其他市场沟通交流的效率。

## 2. 文化市场机制的类型和作用

文化市场机制主要包括供求、竞争、监管、风险、信用这五个最基本的机制。

一是供求机制,通过卖方市场和买方市场进行分析。当文化市场商品供给量超过需求量,卖方将通过降价、提升质量、增加种类、优化功能和服务、缩短交货期、优化产品推广包装等多种方式增加销售可能性。买方可选择的范围大大扩展。文化市场买方市场的属性在文化产品和服务供给逐渐丰富的时期愈发凸显。在买方市场中,消费者需求是企业生产与经营的核心,生产者为消费者提供满意的售前、售中、售后服务,产品和服务的市场价格呈下降趋势。

卖方市场通常出现在产品和服务短缺的阶段，由于供给不足，市场定价、供应数量等权利掌握在卖方手中。对于文化市场而言，尽管当前已进入买方市场阶段，但是优质的产品和服务依然存在供不应求的情况，变相要求生产和服务提供方提升产品和服务的质量，寻找满足更大范围消费群体的优质内容。

二是竞争机制，主要包括价格竞争机制和非价格竞争机制。价格竞争机制是指企业运用价格手段，与竞争者争夺市场份额的一种竞争。这一机制的核心在于争产能力的高低，如果企业可以通过资源优化配置，实现低成本供给，或者实现价格歧视，就能够实现价格竞争的胜利。价格机制是所有市场的主要运行机制之一，通过产品和服务的价格传递市场供应、消费等重要的经济信息，从而调节资源配置，是市场机制实现调节作用的枢纽。

文化市场的价格机制首先受到利率机制的影响。这一机制主要由生产融资环节利率变动影响，主要发生在文化市场和资本市场的互动之中。

工资机制对文化产品价格机制的影响与传统的工资机制有很大区别。由于文化市场严重依赖差异化的人力资源，优质人力资源通常体现为创意资源，差异化的人力资源无法形成一个统一的工资机制，一旦创意资源转化成巨大的市场价值，就会体现为巨大的工资水平差异。文化市场的工资机制发挥着促进劳动力流动和高效配置的功能。近年来文化市场上"天价明星""流量明星"等现象充分说明了这一点。但这一机制很多时候也会阻碍市场的正常运行。以电影为例，当明星工资占比过高，必然会导致其他要素成本的削减，更为重要的产品内容因为不确定性高等问题，通常会被忽略，无法真正实现产品和服务质量的提升，反而阻碍了产业和市场的正常运行。

## 专栏5-1　　"天价明星"与市场机制的调节

近年来，对明星天价片酬的讨论引发了诸多争议，在明星天价片酬的背后，许多优秀作品却面临资金不足的问题。如2019年春节档票房冠军《流浪地球》创作过程中，遭遇资金链断裂，导演、制片、摄影、演员众筹资金，才完成这部作品。明星片酬已经影响到政策资金对影片制作的投入。天价片酬本身是一种市场失灵。在巨大市场风险的背景下，明星的人气、流量的确能够对抵抗市场不确定性风险起到正向的作用。但因为努力与获得巨额财富不成正比，天价片酬已经远远超过了合理范畴，极大地挤占了资金的使用，对社会风气也产生了负面影响。但我们需要明确，市场机制不是将不合理现象合理化的原因。正是因为存在不合理现象，更需要通过市场机制进行调节[①]。

2017年，中宣部副部长，国家新闻出版广电总局局长、党组书记聂辰席在全国新闻出版广播影视工作会议上明确表示：坚持审查网上、网下一个标准、一把尺子；将加快推进《电影管理条例》修订，以及进一步研究遏制明星"天价片酬"的有效措施，促进影视业健康发展等。至2018年，明星天价片酬的问题有所缓解，据中国新闻网报道，"采购的版权成本从最高的超过1500万一集电视剧，现在回落到800万以下，自制剧成本主要在演员片酬方面降低，现在顶级演员最高一部剧的限价是5000万元人民币，而以前曾经超过1.5亿元人民币。"爱奇艺创始人、董事兼首席执行官龚宇表示，2018年8月以后，内容制作成本和采购成本都明显下降。

非价格竞争是文化市场的主要竞争方式，即价值竞争，为消费者

---

[①] 张凌云："明星天价片酬何以如此难破"，《中国广播电视学刊》，2017年第9期。

提供更好、更有特色、更能满足偏好的产品和服务。非价格竞争在文化市场这一寡头垄断的市场领域中表现的尤为突出。许多大型文化企业通过市场推广渠道的垄断、文化优质资源的掌握和产业链纵向整合，实现了寡头垄断。同时，文化市场本身的特点也有利于以上垄断情况的发生。在此情况下，又因买方市场机制的存在，无论是垄断主体还是希望参与市场的其他新兴主体，都会通过非价格竞争的方式参与文化市场活动。

三是监管机制。它是维护文化市场政策运行的保障机制，包括激励机制和制约机制。

激励机制主要通过对其成员所期望的努力方向、行为方式和应遵循的价值观的规定，鼓励诱导市场向着统一的发展方向运行。在文化市场机制中，最为典型的激励机制是各类评奖机制。通过评奖的方式，增加文化产品的市场竞争力；通过美誉度提升等方式，激励创作人员和企业提供更加优秀的作品和服务。许多国家也通过产业政策出台的方式，鼓励引导文化产业竞争优势的培育。

制约机制则是运用治理的手段，通过规则对市场参与主体的种种行为进行规范和约束。可以通过建设市场管理主体、完善法律法规体系、加强舆论和市场监督等方式完成。通过强化监督，健全规章制度，可以提升企业执行力。

四是风险机制，是指文化市场对风险的应对。风险作为一种外在压力同时作用于市场主体，与竞争机制同时调节市场的供求。文化市场是一个高度风险的市场，风险带来的高收益也是文化市场蓬勃发展的原因之一。文化市场的风险机制主要包括创新机制和保险机制。

创新机制通过提升竞争力实现对文化市场风险的应对。包括三方面内容：一是产品和服务供给方需要具备对市场快速变化的应变能力。产品的内容、供应方式、推广销售模式、服务模式随时因市场变化而变化，需要供给方具备快速应变的能力。二是将创新作为发展动力。文化供给方必须加强自主学习、创新、不断优化挑战垫付的能力，才能保持核心竞争力。三是创新激励机制，充分调动核心人力资源的积极性。

由于文化市场具备高风险的特点，保险机制对文化市场的正常运行具有重要意义。保险作为一个有机整体，其不确定风险损失和确定性经济保障之间存在相互矛盾、相互制约的结构形式。一方面要积极地向外展业，使危险尽可能地分散，让更多的被保险人共同分担；另一方面要在保险企业之间进行分保，使风险由更多的保险人来承担。同时，利用市场机制，通过制定不同的保险费率和依据保险的供求状况，调整保险费率来调节风险。这样，就可以使风险在宏观上的布局更加趋于合理，在微观上实现风险机制给予经济单位或个人的压力和动力的有机结合。

### 专栏5-2　　高风险文化市场的稳定剂：文化保险

2015年暑期档上映的国产片《捉妖记》出品人曾在电影点映活动后谈及因原男主角吸毒事件导致换角重拍，造成巨额成本风险，因此多花7000万元，导致总投资高达3.5亿元。出品人提到"这种问题以后应该怎么解决，现在业界也都很关心，包括是不是以后能有相关的保险呢？艺人一定要注意自己的品德。"在国外，艺人品德舆论问题同样是文化产品进入市场的巨大风险。除在选角之前对艺人进行全面调查分析之外，完善的保险制度更加重要。在各种法律文件以及设施都已经齐备的好莱坞，高成本电影投保完片保险已经成为必须的选项，完备的完片保险已经成为好莱坞电影继续发展的良好基石。据《好莱坞报道者》介绍，由于有完片保险制度，此前因为主演之一保罗-沃克意外离世而受到影响的《速度与激情7》，也得以顺利制作完成并及时与观众见面。《速度与激情7》因角色问题引起的补拍以及后续补充成本绝大部分被保险公司所赔付的保额覆盖，这一制度在最大程度上缓解了电视及电影公司因为演员和意外带来的作品伤害[①]。

　　2020年新冠疫情导致东京奥运会延期举办，如果取消，承保方慕尼黑再保险公司将面临数亿美元的高额赔偿。赛事活动取消险，对于财险公司来说是一项颇为传统的保险业务。由于保险合同条款列明的意外事件的发生，使预定的赛事不能如期在指定地点举办或彻底取消时，导致主办方遭受损失，由保险人根据合同条款的约定进行赔偿。赛事取消分为完全取消、放弃、部分取消、推迟、中断、重新选址和缩减等七种情况。在2000年后，赛事取消保险开始在我国出现，但由于多数主办方资金有限、保险意识薄弱、保险公司缺乏经验和数据等原因，赛事取消保险在我国发展较慢。2001年6月23日，"世界三大男高音紫禁城广场音乐会"于北京故宫举办，人保财险曾借鉴劳合社的保险条款，为其提供风险保障，首次在我国引入了赛事取消保险。而2003年"滚石"演唱会因"非典"取消，成为我国首例类似保险发生的索赔案例。近年来，我国赛事取消险开始出现在体育赛事中，但不少保险公司均采取赞助的形式来实现，保费收入并不易核算。

---

　　[①] 何圣捷，贾旭东："欧美完片保险风险管理模式及借鉴意义"，《现代传播》（中国传媒大学学报），2018年第4期。

五是信誉机制。由于文化产品和服务在进入市场之前,难以预测市场的反馈,也无法确保收益,信誉机制就成为预测市场反馈的重要前提。通过文化市场参与主体在过往过程中的行为,以及各种市场反馈的积累形成了信誉体系,可以极大地避免市场反馈的不确定性,促进合作的达成。

市场机制作为文化市场的运行系统,重要性不言而喻。文化市场机制是一个动态发展的过程,随着文化市场自发调节和政府管理的不断优化,才能保证文化市场的健康运行,并实现以上机制的良性互动。

## 第四节 国内外文化市场发展现状

### 1. 快速发展的中国文化市场

我国文化市场的发展与文化产业经历的阶段相同。从改革开放萌芽阶段逐步发展繁荣。十八大以来,随着我国整体经济实力迅速增强,国际影响力明显扩大,我国文化产业迎来了加快发展的黄金期,文化产业发展取得显著成效,文化经济体量快速增长,产业门类和领域不断丰富,文化产品和服务更加优质丰富,已经成为经济增长的新动能和新引擎。文化市场的繁荣也伴随而来。

我国文化市场的发展起始于1996年党的十四届六中全会,明确提出对文化体制进行改革。在2000年发布的《中共中央关于制定国民经济和社会发展第十个五年计划的建议》首次出现了"文化产业"这个概念。2000年以后，随着我国参与国际贸易程度的加深，国内外文化市场互动更加频繁，各类文化市场宏观政策快速出台，为了适应文化市场发展要求，我国出台了多种政策对现有文化体制与机制进行改革①。我国已成为世界图书出版、电视剧制播、电影银幕数第一大国，电影市场规模稳居全球第二②。文化企业数量不断增长、供给能力迅速提升，截至2018年底，全国文化企业共309.28万户，占全部企业数量的8.9%；2018年，全国新登记文化企业52.21万户，同比增长6.9%。2017年，全国文化产业从业人员达到2138万人，较2004年的873.26万人增加了1.45倍。

随着文化市场的繁荣，许多新的机遇和问题也表现出来。在发展趋势方面，首先是市场主体多元化、规模化、跨界发展趋势明显。目前我国文化市场中的企业基本以营利性企业为主，在激烈的市场竞争下，专门服务于小众市场的文化企业蓬勃发展，主体类型越发多样化。在激烈的市场竞争中，企业整合也在加速。一方面，原本具有竞争优势的企业开始双向整合。纵向整合同文化产业领域内价值链上下游企业，合并相似企业，扩展市场；横向整合其他相关领域的文化企业，实现业务的横向扩展和丰富。另一方面，许多已在其他领域积累了一定资本和其他资源优势的企业也在跨行业进入文化领域，拓展市场。如近年来，许多地产企业开始尝试文化转型，在专业场馆服务、产业园区运营等结合领域快速发展，甚至已经进入文化内容生产领域，成为具有影响力的竞争者。在以上过程中，处处可见资本力量对文化市场的重塑作用。但也产生了新的问题：寡头垄断的市场格局一旦形成，

---

① 赵霞：“关于我国文化体制改革和文化市场发展的思考”，《现代交际》，2018年第12期。
② 阿飞：“好莱坞研究所发布2017全球电影产业研究报告，中国内地分账票房523.7亿元，银幕总数稳居世界第一位”，《商业文化》，2017年第7期。

不仅不利于文化市场良性竞争，同时也对许多文化市场领域的创新形成压制。中小企业利益受损，消费者文化权利亟待保护。

其次，新型文化业态不断发展，文化市场结构发生颠覆性变化。其中最为典型的表现是文化市场的线上化转移。传统的文化市场往往需要依赖于某一个特定的空间进行文化交易活动。但在数字经济作用下，随着文化与科技融合，线上的无形数字文化产品和服务成为文化市场的主要内容。这一变化大大降低了文化市场的进入门槛，网络文学、直播、短视频等普通人就可以参与创作的平台快速发展，文化市场规模呈现爆发式增长。因此文化市场结构发生了巨大变化，在数字世界拥有流量、渠道的企业和平台成为文化市场中最主要的参与者，传统文化企业也通过升级转型适应文化市场数字化发展趋势。比如本来被认为是"夕阳产业"的出版业，在新媒体时代孵化出全新的机遇。但目前文化市场规则难以适用于数字文化市场的新特点，需要更多的制度创新促进线上文化市场的有序发展和繁荣。近年来，行业主管部门形成了包含准入制度、内容审查制度、产权（版权）制度和行政执法制度四个方面内容的市场制度[①]。但目前还面临着市场准入制度较严格，在一定程度上阻碍了创新；缺乏相关法律依据；行政管理机构职能交叉、越位、缺位、多头执法、管办不分、政企不分；市场信用体系有待完善，造成诚信危机等问题。不利于我国文化市场的有序发展。

**专栏5-3　　　文化地标潘家园市场的转型和发展**

位于北京东三环的潘家园文化市场已经成为全国的文化地标。在

---

① 郝婷："我国文化市场体系建设中制度设计的不足及原因探析"，《编辑之友》，2015 第 3 期。

短短20年间，这里从一个旧货早市，变身为全国声名最显赫的中国古玩艺术品和民间文化交流的对外窗口，不仅成就了"中国·潘家园"这一文化名片，更见证了我国文化市场的发展历程繁荣景象。

早在20世纪80年代，潘家园旧货市场名副其实是一个旧货市场，人们在潘家园露天场地形成了地摊早市，人们用家里的旧家具、家电、衣服来兜售换取收入，还有许多小商贩兜售廉价货品。随着人民生活水平的提高和市场的规范，1992年潘家园新市场由街道办事处组建，形成了一个有固定摊位的市场，但仍然是北京城许多个跳蚤市场之一。1997年，随着市场的进一步更新和人们需求的变化，潘家园逐渐成为古玩文化交易场所。2000年到2003年，市场先后投资3000余万元，建成了数万平方米的现代收藏品大厅和室外家具区，2008年，潘家园旧货市场成为北京奥运对外接待点之一，打出了"中国·潘家园"的声名。2009年以后，随着市场的规范和不断发展，潘家园市场已经成为全国具有代表性的文化市场。目前潘家园市场占地4.92万平方米，商户4000多家，周末日客流量四五万人，已成为传播展示中华民族文化、交流国际民间文化的重要窗口，成为中外收藏者的东方淘宝乐园。

2020年疫情对潘家园的正常营业造成了巨大影响，但也加速了潘家园市场的线上化转型。市场将2020年春节交易会搬到线上。2月以来，潘家园市场在旗下社交媒体账号"潘家匠"开展了3场科普类直播，文玩知识科普视频已达近10万的播放量。2月10日起，潘家园市场还通过线上商户直播等方式带货，将疫情影响降到最低。未来潘家园期望打造"直播基地"，真正实现线上文化市场的发展[①]。

---

① https://baijiahao.baidu.com/s?id=1659448056203422598&wfr=spider&for=pc

## 2. 稳定扩张的国际文化市场

许多发达国家文化市场的发展具备各自独特的路径，有许多经验值得借鉴。

美国是全球文化市场中最为发达的参与主体。文化产业占美国 GDP 总量的 20% 左右，已经成为美国经济发展的主要力量。美国文化市场是一个高度市场化的市场，遵循经济规律，在开放市场中自由发展。形成了许多具有全球垄断地位的文化市场主体，2010 年以来，在全美最富有的 400 家企业中有 72 家是文化企业[①]。通过快速的兼并重组，美国文化产业集团实力大大增加。美国的文化产品和服务交易范围是全球化的，所以对于美国而言，文化市场就是全球市场。繁荣的文化市场不断推动美国文化产业的技术创新，先进的数字媒体技术已经成为美国文化产业发展的最大竞争优势。

韩国对文化产业的重视源于亚洲金融危机之后。但短短几年内就成为韩国最活跃、增长最快的领域，2003～2008 年间韩国文化产业的市场规模年均增长约 25%，在 2010 年就已经成为世界第四大文化产业强国。面对美国这一竞争对手，韩国文化市场发展首先基于准确的产品定位，避开了自己不擅长的领域但恰恰能够最大限度发挥优势。其次，韩国将制造业园区以及流水线模式引入文化产业，采取"练习生"制度培养明星，鼓励竞争，提升实力和专业化水平。最重要的是，韩国文化市场非常重视市场需求。需求的存在是文化产品的原动力。再次，韩国文化市场发展的重点不仅仅是文化产品和服务的交易，还包

---

① 司晴川："文化创意产业在美国发展的路径及经验"，《学习月刊》，2014 年第 8 期。

括对本国企业其他产品市场的带动。比如通过文化产品和服务，对商品和文化价值进行绑定，再输出其他产业制造的商品，形成一个完整的文化商业生态，大力开拓国际市场。最后，韩国文化市场同样也是全球文化市场，但在重点区域上，更侧重文化同源的亚洲地区，积极鼓励文化出口，政府也对文化市场主体进行了有针对性的补贴和支持[①]。

日本文化产业规模占世界文化产业市场比重仅次于美国，居世界第二位。日本文化市场的繁荣来自以下四个方面：第一，日本文化市场遵循市场规律，所有文化产业全部进入市场运行，消费者的需求受到极大的重视。第二，日本文化市场的有序发展高度依赖各类专业的行业协会，这些协会制定行业规则，维护会员合法权益，并进行市场统计。需要说明的是，日本文化产品的审查，通常由行业协会把关。第三，构建完整的文化价值链延伸体系。以动漫、电影、游戏等核心文化内容产品和服务为例，文化内容仅仅作为日本文化市场交易内容的一部分，通过设计，吸引消费者购买以上文化内容的相关产品，迅速实现了文化价值转化为商业价值。第四，日本同样注重文化的科技化发展，并将文化相关人才的培育作为重中之重，许多大学和职业学校都开设了文化产业相关的专门学科，如数码艺术、动画学科、媒体等，为日本文化市场的繁荣提供了人力资源的保障[②]。

---

① 张建民：“韩国文化产业的发展及启示”，《东北亚论坛》，2012年第3期。
② 唐向红，李冰：“日本文化产业的国际竞争力及其前景”，《现代日本经济》，2012年第4期。

## 第五节 建设我国完善的文化市场

### 1. 文化市场发展的未来方向

在我国进入发展新时期之后,文化市场的发展已经成为各行业、领域关注的重点。参考发达国家文化市场的发展趋势,未来我国文化市场发展将呈现出以下五个方向的特点。

第一,数字化技术推动文化市场大众化发展。在数字技术的带动下,许多文化数字内容平台的覆盖面已接近十亿人。大众化发展是必然趋势。这一趋势表现在几个方面,一是创作主体的大众化,在智能设备的帮助下,任何人都可以通过网络发布自己的文化作品,表达个人的审美情趣,获得陌生人的欣赏和评论。二是创作题材的大众化。在合法范围内,个人偏好和小众内容都会成为创作题材,表达的价值观也是丰富多样的。三是创作技能的大众化。随着数字技术的帮助,通过绘画、音乐、视频表达文化内容的技能要求大大降低,带来创作方式的大众化。四是受众和再创作的大众化,文化市场的消费者可以通过网络便捷地寻找到自己喜欢的内容,可以较为自由地评论、分享文化产品和服务。

> **专栏5-4 现象级传播案例解析——网易云音乐"乐评地铁"**
>
> 2013年上线后到2017年,网易云音乐已经积累了网友超过4亿条音乐评论,所有陌生的聆听者,可以对彼此的评论点赞留言,一些

点赞数量较高的留言和打动人心的互动回复已经成为从音乐延伸出来的另一种文化产品，形成了网易云音乐的独特魅力。一个音乐类的应用通过用户评论实现了现象级的传播，正是当前大众文化时代的缩影。

2017年3月23日，网易云音乐将被点赞数量最多的音乐评论印满了杭州市地铁1号线和整个江陵路地铁站。策划团队按照点赞数筛选出了5000条，又按照"文案简单、一语中的、能脱离歌曲环境被理解"的标准，人工筛选出了85条。

"乐评地铁"先是当天在杭州刷屏了朋友圈，第二天在全国范围引发了刷屏级传播（朋友圈），超过2000个微信公众号自发传播，总阅读量超过1000万，200多家媒体自发报道，包括人民日报、新华社等央级媒体[①]。

第二，技术化与全面IP化，回归文化的价值表达。随着数字技术的快速发展，文化产品的生产和消费越来越依赖技术，数字技术也大大降低了参与文化生产和消费的成本、技能要求，给予创作者们更丰富的表达手段，突破了各种现实条件的限制，大大激发了创意。在这一背景下，文化的价值表达和认同显得越来越重要，对环境的体验、对情绪的表达，对美好的认知以及民族、地区、群体独特的文化审美，创新本身将越来越成为文化市场的核心竞争力。

第三，去中心化在线平台将成为文化市场的新形态。随着电子商务的崛起，通过信息对接供需双方和参与交易各方的在线交易平台，

---

① 王婧："用户评论在'网易云音乐'播放器产品中的价值"，《音乐传播》，2019年第1期。

在无形产品和实物产品的交易中，逐步取代着传统的实体市场空间。在线交易平台不仅能够实现信息的传递、交易的达成、市场主体的治理，还具备一些独特的优点。一是网络效应。在线交易平台可以无限连接各类产品的供给主体和消费主体，多元化的需求和供给能力能够实现精准的匹配，尤其对于文化市场这类需求多样化的市场，更具有优势。二是信息传递的实时性。能够在作品生产之前就通过实时的反馈机制了解需求的变化，甚至通过一些前置性的互动，有计划地通过实时互动引导需求消费者的需求，降低风险。三是实现定制化的产品生产，消费者可以根据自己的偏好，深度参与到文化产品的生产中。

第四，从文化市场到其他市场的融合化发展。由于文化产业不断和其他产业融合发展，当前已经很难清晰界定文化市场的范围。越来越多的商品正在不断通过文化赋能，实现附加价值的提升。还有许多文化产品本身已经成为相关产业生态的核心内容，比如主题乐园等产业，可以带动游览相关的所有产业发展。更进一步分析，文化市场的发展还将通过影响人们的精神价值取向，鼓励创新，从而带动其他产业的发展。

第五，积极参与国际文化市场竞争。随着全球化程度的加深，文化市场也真正成为全球一体化的市场。优秀的文化具有强大的感召力，是国家软实力和核心竞争力的体现。发达国家均在全球文化市场中占据重要地位，不仅仅是因为提升文化产业竞争力，实现经济收益，更重要的是向全世界不同文化背景的合作伙伴传达价值取向，传递合作意愿。

## 2. 发展我国文化市场的建议

结合文化市场较为成熟的发达国家经验，应对文化市场未来发展趋势，我国应从以下几个方面加速文化市场发展。

一是充分尊重市场经济规律，在市场经济环境下促进文化企业的发展。要对文化产业、文化产品和服务的经济价值充分理解和认识，更应明确文化市场机制的作用和意义，在市场机制尤其是竞争机制的作用下，一个规则较为完善的文化市场能够在很大程度上实现优胜劣汰，提升产业发展水平，并形成资源配置机制。可以通过健全法律法规的方式引导市场有序发展，更应实现和文化市场参与主体的积极互动、对文化市场信息的反馈分析，实时更新、调整文化市场的规则。尤其应避免"一刀切"的政策，"一刀切"不利于我国文化产业的创新和竞争力的培育。

二是要重点关注文化市场主体的培育，以服务的方式支持企业发展。一方面要引导具有一定竞争力的企业主体加速发展，参与国际市场竞争；另一方面要加强对小微创新文化企业的支持，才能保证文化市场的繁荣发展。为实现以上目标，应引导资本向文化产业倾斜，通过产业基金、推动文化企业上市等方式，有效支持文化企业获得发展所必要的资金。还应重视文化人才的培养，在建立科学性、系统性的文化人才培养体系的同时，可以通过科普、多样化的培训和教育，鼓励更多人参与文化市场活动。

三是形成以文化赋能其他产品的产业生态。要围绕文化内容产品和服务，通过设计，将文化价值与其他商品结合，充分挖掘文化产品服务的经济价值，扩展文化市场的范围。2016年以来，文化IP成为我国文化市场发展热点，我国各类丰富的文化资源成为文化IP发展的坚实基础。但目前国内原创文化IP授权并不规范，内容同质化问题严重，没有真正形成围绕文化版权的衍生产品和产业体系。应从版权授权管理的角度，积极促进文化IP的培育和发展，打造文化品牌实现价值外溢。

四是要积极参与全球文化市场的竞争，讲好中国故事。随着线上发展趋势的推动，文化产品和服务的生产成本将随着消费和传播的规模大幅降低至零，文化市场的规模效应非常显著，这对于我国其他产业和商品参与国际竞争具有积极地带动作用。代表美好情感和价值取向的中国文化市场，也是我国提升国际竞争软实力的重要依托，从而在经济交往中，促进国际合作的开展。

## 参考文献

[1] 卡尔·波兰尼，黄树民.《巨变：当代政治与经济的起源》[J]. 国家人文历史，2017（4）

[2] 陈庆德. 市场体系的生存基础与文化产品的市场进入[J]. 西南民族大学学报（人文社科版），2007（5）

[3] 王亚楠，顾江. 文化市场供求失衡的原因及对策建议——基于产业政策有效性的视角[J]. 现代经济探讨，2017（3）

[4] 祁述裕，孙博，孙凤毅. 论文化市场[J]. 福建论坛（人文社会科学版），2015（2）

[5] 张曾芳，张龙平. 论文化产业及其运作规律[J]. 中国社会科学 2002（2）

[6] 罗紫初，秦洁雯. 论文化市场体系的内涵、结构与特征[J]. 出版科学，2014（1）

[7] 臧秀清，游涛. 文化产品：特征与属性的再认识[J]. 探索 2011（5）

[8] 潘桂林. 文学生产消费的一体性与"打工文学"的双重根性[J]. 长江学术，2010（4）

[9] 龚一萍. 论三位一体的市场体系[J]. 江西社会科学，1999（7）

[10] 何圣捷，贾旭东.欧美完片保险风险管理模式及借鉴意义[J].现代传播（中国传媒大学学报），2018（3）

[11] 郝婷.我国文化市场体系建设中制度设计的不足及原因探析[J].编辑之友，2015（3）

[12] 司晴川.文化创意产业在美国发展的路径及经验[J].学习月刊，2014（8）

[13] 唐向红，李冰.日本文化产业的国际竞争力及其前景[J].现代日本经济，2012（4）

# 第六章 文化产业

文化产业既是文化生产活动的行业集合，也是文化经济的宏观表现。人类社会进入 20 世纪以后，文化实现产业化生产并在世界范围内蓬勃发展，至 80 年代已经成为发达国家创造就业、拉动增长的重要力量。我国文化产业自改革开放以来从无到有，快速发展，成长为国民经济中举足轻重的支柱性产业，未来地位和作用还将进一步凸显。对文化产业的考察可以通过两个维度进行，从国家维度来看，通过相关行业的发展，我国正在从文化产业大国向文化产业强国飞跃提升；从区域维度来看，通过特定类型的文化产业可以有效带动当地整体经济社会发展，成为区域发展战略的核心。

## 第一节 何为文化产业

相对于其他生产部门来看，文化产业作为精神产品生产活动的集合，本身具有一定的主观性，这给其界定和分类构成了障碍。自从 20 世纪初期文化产业产生以来，人们一直在试图对其进行认识和界定。此后随着文化产业的兴起，各国开始对文化产业进行官方界定，并相继建立分类体系。但直到目前，人们对文化产业界定和分类仍未达成完全一致的意见。

## 1. 从文化工业到文化产业

文化产业（Culture Industry）这一名词是霍克海默和阿多诺在1947年在《启蒙辩证法》一书中首次提出的，针对的是资本主义社会文化生产大幅度扩张这一历史现象。在资本主义社会之前，文化产业尚未产生，少量的萌芽业态长期受到压抑。如在我国古代，演艺界从业者被称作"倡优"，列入贱籍，参与文艺活动被认为"玩物丧志"。在西方，直到17世纪，文化活动仍然在相当程度上被视作贵族们无用的奢侈浪费行为，对劳苦大众来说属于危险的分散精力的行为[①]。受这种思想认识以及落后生产方式的影响，文化生产长期只能是个别、零星和局部的形态。直到进入20世纪以后，伴随着当代资本主义的发展，在居民收入水平增长、闲暇时间增多和一系列传播技术进步等因素共同作用下，文化生产开始出现并蓬勃发展，出现了工业化、大规模生产的形态。霍克海默和阿多诺将之称为文化产业。

与其他新概念相比，文化产业这一概念的提出显得有些与众不同。多数新概念的提出都是基于褒义，甚至往往存在溢美之词，而文化产业却是基于贬义，作为一个批判和否定的对象而提出。在霍克海默和阿多诺看来，以标准化、工业化的资本主义生产方式生产文化商品的方式并不是所谓的大众文化，而是资本在利润的驱动下对于文化生产

---

① Craufurd Goodwin: Art and culture in the History of Economic Thought, Handbook of the Economics of Art and Culture, vol 1, 2006, p.26.

的"入侵",最终导致文化的商品化、庸俗化和对人的异化。资本家和统治者操纵并垄断了群众娱乐,最终会让人们沉浸在商品化的文化中无法自拔。文化产业这种方式规模越大、传播越广,对大众启蒙的负面作用就越大。此后,以霍克海默和阿多诺作为代表,形成了社会学上的法兰克福学派,在这一学派看来,文化产业是一个负面的和遭否定的概念。

站在今天的视角来看,霍克海默和阿多诺对文化产业的这一认识存在一定程度的历史局限性。一是具有片面性。在文化产业发展中同时存在两个趋势,一个是由工业化、标准化生产而导致的单一化趋势,如唱片、画作的复制;同时还有另一个相反的趋势,即由于生产者更多加入、产品形式更多创新而导致的多样化趋势,如各种各样的工作室、画室、独立制片人等不断涌现,以及网络、自媒体这些新的传播方式蓬勃发展,文化产品更为多样化、发散化。从目前来看,后一个趋势更为明显,甚至占据主导地位,认为文化产业只是简单复制的观点过于片面。二是对文化消费的一些判断存在偏差。霍克海默和阿多诺都是社会哲学家,他们对文化消费的某些判断并不准确,如"从根本上说,克莱斯勒公司和通用汽车公司的产品之间的区别,不过是好奇心不同的孩子们所产生的幻觉而已。鉴赏家们之所以能够指出各种产品的优劣,只不过是为了维持竞争的假象和选择的范围罢了"[①],这显然不符合今天文化消费市场的现实。随着人们收入提高和消费分层,对产品背后文化的区分能力已经越来越强,部分消费者甚至可能认为"iPhon5 和 iPhon5s 存在天壤之别"。三是时空场域已经发生重要转换。

---

① 马克斯·霍克海默和西奥多·阿多诺著,渠敬东、曹卫东译:《启蒙辩证法——哲学断片》,世纪出版集团、上海人民出版社 2006 年版,第 110 页。

特定的概念总是基于某种历史背景针对某一历史问题提出的。霍克海默和阿多诺提出文化产业，是基于20世纪30、40年代的观察，实际成书于1942年，并由此冠之以"断片"[①]，所针对的是希特勒德国对现代宣传机器的使用和对德国人民的文化控制，警醒人们文化产业对人的启蒙的蒙蔽，是当时那个时代振聋发聩的雄音。但在后来，随着时代发展，文化产业的形态、作用等发生了重要变化，当然也就不能再简单套用当初对文化产业的定义。

20世纪80年代以后，文化产业在很多发达国家成为重要的产业形式，在拉动经济增长、满足人们精神需求等很多方面起到非常重要的作用，文化产业的积极意义被学界、大众和政府广为接受。在这一背景下，人们认识到霍克海默和阿多诺提出的文化产业概念所具有的历史局限性，对文化产业进行了重新理解和解读。尽管对应的英文仍是Culture Industry，但人们根据其不同内涵将之分别翻译为文化工业和文化产业。在霍克海默和阿道尔诺《启蒙辩证法》中，人们将其理解和翻译为文化工业，特指文化产业的工业化生产方式，而非文化产业本身。而在更广的意义上，人们将其理解和翻译为文化产业，对应于一般意义上的文化生产。通过这样一种方式，将文化工业与文化产业区分开来。文化产业这一概念也由此实现"翻身"，社会形象由负面转为正面。

## 2. 文化产业的界定

作为一个新生事物，文化产业首先需要科学合理的界定。学者们

---

[①] 马克斯·霍克海默和西奥多·阿多诺著，渠敬东、曹卫东译：《启蒙辩证法——哲学断片》，世纪出版集团、上海人民出版社2006年版，意大利版前言第1页。

从不同的理论假设出发对文化产业内涵特征进行考察，由此建立对文化产业的不同定义。随着文化产业的重要性日渐凸显，各个国家和国际组织也对文化产业进行界定。在这一背景下，我国对文化产业进行了明确界定，成为国内普遍运用的规范。

### （1）学者对文化产业的定义

正如文化的多义性一样，对文化产业也存在多种多样的理解和定义。文化产业同时具有文化和经济两种特征，既有经营主体，也有经营对象，还有各种组织形式。不同的学者运用各自不同的逻辑体系，选择不同的环节重点对文化产业进行定义，作为其衍生后果，他们对文化产业的定义也就各有不同。不同的文化产业定义反映了各种不同的思路，给人以不同的启示。

大卫·赫斯蒙德夫首先将文化定义为"社会秩序得以传播、再造、体验及探索的一个必要（虽然并非唯一）的表意系统"，进而将文化产业定义为"通常指的是与社会意义的生产最直接相关的机构（主要指营利性公司，但是也包括国家组织和非营利组织）。"

贾斯廷·奥康纳认为："文化产业是指以经营符号性商品为主的那些活动，这些商品的基本经济价值源自于它们的文化价值。"文化产业具有文化价值和商业价值，后者提供了财富与就业，对大多数人来说它也是一个文化消费的主要场所，所以文化产业的内涵必须是开放的。文化产业概念的这种不确定性反映了当代社会文化角色的深刻变化，表明文化与经济之间一种新型关系。

戴维·索罗斯比将文化产业定义为"一组同心圆"。他认为艺术产业是文化产业的中心，其他产业位于环绕中心的一些层或者圆环上，随着创意思想的传播，同心圆不断向外扩展，涵盖更加广泛的生产领域，其整体就构成了文化产业。中心层文化产业的文化属性是充分完全的，外围圈层则是本质上不属于文化领域但部分含有某种程度内容的产业。

芮佳莉娜·罗马认为，文化产业不仅要考虑文化的产业化，还要考虑产业的文化化，它是一个文化产业与经济、技术、艺术组成的金字塔。其中，文化产业处于金字塔的顶端，处于塔底的是由经济、技术和艺术组成的三角，这个三角支撑了文化产业。

国内学者也基于不同角度，对文化产业进行了定义。叶朗认为，文化产业是由市场化的行为主体实施的，以满足人们的精神文化消费需求为目的而提供文化产品或文化服务的大规模商业活动的集合。胡惠林认为，文化产业是一个以精神产品的生产、交换和消费为主要特征的产业系统。花建侧重于对文化产业的产业属性的界定，认为文化产业是以生产和经营文化从产品和文化服务为主要业务，以创造利润为核心，以文化企业为骨干，以文化价值转变为商业价值的协作关系为纽带，所组成的社会生产的基本组织结构。

（2）各国和国际组织对文化产业的界定

从国家的角度来看，文化产业是国民经济中实际存在并具有重要地位的产业，客观上需要对这一产业进行准确界定，然而，由于文化本身的特殊性和各国国情的不同，国际上还没有一个被各个经济体普遍采纳的文化产业定义。目前，联合国教科文组织（UNESCO）和关贸总协定（GATT）关于文化产业的共同定义在国际上引用比较普遍，它在1972年提出，最初定义为"按照工业标准生产、再生产、储存以及分配文化产品和服务的一系列活动",后修订和完善为:文化产业是从事具有文化属性的产品与服务的创造、生产和分销的行业。文化产品和服务在本质上具有文化属性,且通常受版权保护。文化产品和服务的首要经济价值来源于它们的文化价值,通过产生和利用知识产权,它们有创造财富和工作岗位的潜力[1]。

美国是首屈一指的文化产业强国,但并没有总体一致的文化产业定义,而是多种提法同时共存,如版权产业、创新(创意)产业、内容产业、信息产业、艺术产业、休闲娱乐产业等,其中被政府最广泛使用的是版权产业。

欧盟将文化产业称作内容产业,定义为制造、开发、包装和销售信息产品及其服务的产业[2]。

澳大利亚统计局以实用的具体活动为基础确定文化和休闲产业的定义,认为文化和休闲活动是以娱乐、放松和消遣活动,视觉、音乐、写作、动感和戏剧等形式的艺术表现,体育运动技能的应用、训练和开发,文化内容或精神价值的创造、发展、保存和传播,以及为促进和推动上述各项活动而开展的相关活动,以从事文化和休闲活动为目的的行业、产品和服务归为文化和休闲产业[3]。

英国将文化产业称为创意产业。这一定义是由英国创意产业特别工作组首次提出并被政府采纳的。它是指源于个体创造力、技能和才华的活动,通过知识产权的生成和取用,这些活动可以发挥创造财富和就业的潜力。受英国的影响,很多英联邦国家也采用这一定义。

---

[1] 国家统计局网站:"世界主要经济体文化产业发展状况及特点",http://www.stats.gov.cn/tjzs/tjsj/tjcb/dysj/201412/t20141209_649990.html

[2] 安宇等:"国外文化产业:概念界定与产业政策",《世界经济与政治论坛》,2004年第6期。

[3] 国家统计信息中心课题组:"国外关于文化产业统计的界定",《中国统计》,2004年第1期。

芬兰文化产业委员会把文化产业确定为一个伞状概念，从广义到狭义进行了四个层面的定义。第一个层面，文化产业是指以文化价值或文化意义为基础的生产活动，这是关于文化产业最综合、最广义的定义，包括了所有具有文化价值的商品生产；第二个层面，文化产业是指艺术创作、传统和现代的艺术作品、艺术展览和文化传播活动；第三个层面，文化产业是指与商业运作、听众和观众规模以及文化和艺术作品的传播扩大能力有关的商业活动；第四个层面，文化产业就是文化企业，把文化和艺术的创作看作是企业的行为，这是对文化产业最狭义的定义[①]。

日本对文化产业没有统一定义，相对应的概念有两个——感性产业和内容产业。感性产业指的是创意产业，北海道经济产业局认为"感性产业是感动人心的产业"，可以将之理解为广义的文化产业。此外还有个狭义的文化产业，称为内容产业，属于感性产业的一部分。日本内容产业国家战略研究会在其出版的白皮书中提出"内容是可以满足人心（精神）的资讯，经济上可以成为财富……内容产业是指大规模运用高科技提升改进文化商品或发展出新式文化商品形式的行业总称"。日本经济产业省在《感性价值创造国家宣言》中提出"文化和时尚是构成感性产业的基石，运用高科技和创意打造的内容产业，以体验为标志的休闲产业和时尚产业都属于感性产业这一概念之下"[②]。

通过以上对国外文化产业定义的考察，我们可以看出：第一，对文化产业进行"出生登记"的时间并不长。从现有文献看，最早对文化产业进行定义是1972年联合国教科文组织蒙特利尔大会，发达国家

---

① 国家统计信息中心课题组："国外关于文化产业统计的界定"，《中国统计》，2004年第1期。
② 张欣、高长春："中日创意产业发展比较分析"，《现代日本经济》，2010年第3期。

提出文化产业这一说法的时间大多集中在20世纪90年代，如美国提出版权产业是在1990年，韩国提出文化产业是在1992年，欧盟提出内容产业是在1995年，英国创意产业提出是在1998年，至21世纪初世界主要国家都已定义了本国的文化产业，但总的来说，各国提出文化产业的历史并不长。第二，对文化产业的定义并不统一。各国和国际组织对文化产业的定义各不相同，采取各种不同的称谓，如美国称作版权产业，英国称作创意产业，日本称作感性产业，澳大利亚称作文化和休闲产业，联合国教科文组织和韩国、芬兰等称作文化产业。甚至在一国内部也有不同的定义，如美国除了版权产业还有其他多种定义，芬兰既称作文化产业也称作内容产业，澳大利亚既称作文化和娱乐产业也称作创意产业。第三，对文化产业定义差异是由文化基因差异造成的。美国最流行的对文化产业的定义是版权产业，背后原因是美国作为世界文化产业第一大国，拥有并生产大量的原创文化产品。澳大利亚将文化产业定义为文化和休闲产业，背后的原因是澳大利亚幅员辽阔、居民休闲生活多样，由于澳大利亚居民对体育运动的爱好，体育也成为其中重要的内容。日本将文化产业定义为感性产业，背后的原因是日本居民细腻的生活风格和发达的影视、动漫产业。第四，对文化产业进行不同定义的动机是为了更具针对性的政策。各国对文化产业进行定义不是为了理论探讨，而是出于实际文化政策的需要，对文化产业的不同定义体现了不同的侧重，大体来说，版权产业侧重于对智力创造成果的肯定和保护，创意产业侧重于对创造性行为和过程的肯定和重视，内容产业侧重于数字化的存储和传播方式，文化休闲产业侧重于娱乐消遣。同一个国家对文化产业进行不同层次和不同维度的定义，也是基于政策的需要，如芬兰对文化产业进行四个层次的定义,其中广义定义非常广泛,几乎"每一事物都是文化产业",目的是使人们更好理解文化氛围和社会进步的文化基础,而狭义定义仅指文化企业,目的是强调文化产业对经济与就业的直接影响。

(3)我国对文化产业的界定

2003年,文化部制定下发《关于支持和促进文化产业发展的若干意见》,在这一文件里将文化产业定义为"从事文化产品生产和提供文化服务的经营性行业",认为文化产业是与文化事业相对应的概念,两者都是社会主义文化建设的重要组成部分。文化产业是社会生产力发展的必然产物,是随着我国社会主义市场经济的逐步完善和现代生产方式的不断进步而发展起来的新兴产业。

2004年,出于对文化产业进行准确统计的需要,国家统计局颁布《文化及相关产业分类》,明确了文化产业的内涵和范围,"文化产业是为社会公众提供文化娱乐产品和服务的活动,以及与这些活动有关联的活动的集合"。2012年国家统计局对上述办法进行修订,将文化产业定义为"为社会公众提供文化产品和文化相关产品的生产活动的集合",根据这一定义文化产业范围包括:①以文化为核心内容,为直接满足人们的精神需要而进行的创作、制造、传播、展示等文化产品(包括货物和服务)的生产活动;②为实现文化产品生产所必需的辅助生产活动;③作为文化产品实物载体或制作(使用、传播、展示)工具的文化用品的生产活动(包括制造和销售);④为实现文化产品生产所需专用设备的生产活动(包括制造和销售)。2018年国家统计局再次修订时仍沿用了同一定义,并在范围上进行了适度扩展。国家统计局对文化产业的这一界定,成为我国国内广泛认可和遵循的规范。

## 3. 文化产业分类

对文化产业进行分类的目的是出于统计的需要。对各个国家来说，为了有效掌握文化产业信息、制定文化产业政策以促进文化产业持续健康发展，必须对其进行准确的统计。科学分类是统计的前提，各国政府和国际组织都在试图对文化产业进行分类，建立起具有良好统计性和可比性的体系。

### （1）国外文化产业大类划分

表 6-1　　国外文化产业大类划分

| 定义 | 国家或国际组织 | 分类 |
|---|---|---|
| 创意产业 | 英国 | 13 类：广告、建筑、艺术及古董市场、工艺、设计、流行设计与时尚、电影与录像、休闲软件与游戏、音乐、表演艺术、出版、电脑软件、广播电视 |
| | 新西兰 | 10 类：广告、软件与资讯服务业、出版、广播电视、建筑、设计、时尚设计、音乐与表演艺术、视觉艺术、电影与录像制作 |
| 文化产业 | 新加坡 | 3 类：文化艺术、设计、媒体 |
| | 韩国 | 17 类：影视、广播、音像、游戏、动画、卡通形象、演出、文物市场、美术、广告、出版印刷、创意性设计、传统工艺品、传统服装、传统食品、多媒体影像软件、网络 |
| | 联合国教科文组织 | 10 类：文化遗产、出版印刷业和著作文献、音乐、表演艺术、视觉艺术、音频媒体、视听媒体、社会文化活动、体育和游戏、环境和自然 |
| | 芬兰 | 9 类：文学、雕像、建筑、戏剧、舞蹈、影像、电影、工业设计、媒体 |
| 版权产业 | 美国 | 4 类：核心版权产业、交叉产业、部分版权产业、边缘支撑产业 |

续表

| 定义 | 国家或国际组织 | 分类 |
|------|----------------|------|
| 内容产业 | 欧盟 | 4类：各种媒介上所传播的印刷品内容、音像电子出版物内容、音像传播内容、用作消费的各种数字化软件 |
| 感性产业 | 日本 | 3类：内容产业、休闲产业、时尚产业 |
| 文化与休闲产业 | 澳大利亚 | 4类：文化遗产古迹、艺术、体育和娱乐活动、其他文化和休闲 |
| | 国际标准产业分类 | 4类：文化内容发源、文化产品的制造、文化内容的翻印和传播、文化交流 |

资料来源：蒋三庚主编：《文化创意产业研究》，首都经济贸易大学出版社2006年版，第9页；国家统计信息中心课题组："国外关于文化产业统计的界定"，《中国统计》，2004年第1期；安宇等："国外文化产业：概念界定与产业政策"，《世界经济与政治论坛》，2004年第6期。

从表6-1中我们可以发现：

一是各国对文化产业的分类差异很大。从最简单的类别数量来看，最多的是韩国，分为17类，最少的是日本，分为3类。而实际上，它们分类的层次完全不同，日本文化产业中"类"的范畴更大，其中的内容产业就和其他国家的整个文化产业大体相当。从分类的内容来看，不同国家对文化产业的统计范畴也存在显著差异。在各国对文化产业界定存在差异甚至连称谓都不相同的情况下，这是一个很自然的衍生结果。

二是文化产业分类具有历史动态性。从各国来看，文化产业分类是个开放的系统，如联合国教科文组织制定的文化产业分类办法已经经过了几轮修订，美国国际知识联盟（IIPA）的版权产业分类也不断向北美产业产业分类系统（NAICS）调整靠拢。这主要是基于经济社会发展的需要。随着文化产业的不断发展，文化被广泛应用到各项经济生活中去，越来越多的相关产业具有了文化特征，加入到文化产业中来，文化产业分类标准必然会因此而动态调整。

三是文化产业分类存在弹性空间。总的来说,文化产业是由核心产业、相关产业和延伸产业构成的完整的产业群,多数国家都是以此为原则进行分类的。这些产业之间具有连续性、渐进性的天然属性,中间并没有截然的界限,对其如何进行划分取决于分类者的主观判断。甚至,对于某些处在边缘上、具有多重属性的具体行业来说,是否将其列入文化产业、在多大比例上列入文化产业,可以采取不同的处理方式。文化产业连续性与分类本身的切分性之间存在的这种矛盾,使文化产业分类具备了某种主观性,存在一定的弹性空间。

(2)文化产业细分与数据可比性

出于统计的需要,在文化产业大类划分之下,各国都会进行明确的细分。以澳大利亚为例,在文化和休闲产业4个大类之下设置了22个种类和75个小类,这是按行业划分;如果以产品分类,包括26个大类和227个小类;如果按职业分类,则包括9个大类和159个具体职业[①]。

美国对四大类版权产业的细分如下:第一大类核心版权产业下,主要包括图书、报纸、期刊、电影、电视剧制作、音乐、广播和电视广播,以及所有格式的软件,包括视频游戏;第二大类部分版权产业下,包括从服装、纺织品、珠宝到玩具和游戏等众多产业;第三大类交叉版权产业下,包括CD播放器、电视机、录像机、个人电脑和使用相关产品的制造商、批发商和零售商;第四大类版权相关产业下,包

---

① 国家统计信息中心课题组:"国外关于文化产业统计的界定",《中国统计》,2004年第1期。

括运输服务、电信和批发和零售贸易等产业。这些细分产业的总和被称为"全部版权产业"[①]。

日本则在三大类感性产业之下设置了20个行业,如表6-2所示。

表6-2　　　　　　　　　日本感性产业细分

| 产业 | 内容产业 | 休闲产业 | 时尚产业 |
| --- | --- | --- | --- |
| 分类 | 个人计算机、工作站、网络<br>电视<br>多媒体系统建构<br>数位影像处理<br>数位影像讯号发送<br>录像软件<br>音乐录制<br>书籍杂志<br>新闻<br>汽车导航 | 休闲产业<br>鉴赏休闲<br>运动设施、学校、补习班<br>体育比赛售票<br>国内旅游<br>电子游戏<br>音乐伴唱 | 时尚产业<br>时尚设计<br>化妆品<br>时装表演 |

资料来源:张欣、高长春:"中日创意产业发展比较分析",《现代日本经济》,2010年第3期。

各国对文化产业不同的分类方法带来数据可比性的问题。对此我们有几点认识:第一,多数国家之间的文化产业数据具有可比性。尽管各国对文化产业界定和分类存在差异,但总的来说,其共性大于个性,主体部分多是重合的,如出版、影视、演出、文化遗产等文化产业大多数核心部门都是纳入其中的,因此,不同国家的文化产业统计仍然具有可比性,一些互通行业的数据可比性则更高。第二,尽可能选取最接近的统计口径。一些国家对文化产业有多个分类体系,在与其他国家相比较时应选取与对方尽可能相近的口径,如日本既有感性产业

---

[①] IIPA: Copyright Industries in the U.S. Economy: The 2016 Report, https://iipa.org/files/uploads/2018/01/2016CpyrtRptFull-1.pdf

又有内容产业,按照口径相近原则,人们在进行国际比较时大多采用内容产业的口径。第三,获得更高准确度往往需要调整或估算。一些机构会对各国文化产业发展情况进行比较分析,如世界知识产权组织、联合国贸发会议、韩国文化内容振兴院、普华永道公司等,其中有些还会定期发布国家排名报告,在各国文化产业分类标准不一的情况下,往往需要对其中的某些细分行业进行微调,有时还要进行估算,以获取更为可信的分析结论。

### (3) 我国文化产业分类

我国现行文化产业分类办法是国家统计局 2018 年最新修订的,它将文化及相关产业分作了三个层次:第一层是 9 个大类,分别是新闻信息服务、内容创作生产、创意设计服务、文化传播渠道、文化投资运营、文化娱乐休闲服务、文化辅助生产和中介服务、文化装备生产、文化消费终端生产;第二层是 43 个中类;第三层是 146 个小类,这是文化及相关产业的具体活动类别,采用与《国民经济行业分类》相对应的行业名称和代码。如表 6-3 所示。

表 6-3　　　　　　　　我国文化产业分类

| 文化核心领域 | 文化相关领域 |
| --- | --- |
| 一、新闻信息服务 | 七、文化辅助生产和中介服务 |
| （一）新闻服务 | （一）文化辅助用品制造 |
| （二）报纸信息服务 | （二）印刷复制服务 |
| （三）广播电视信息服务 | （三）版权服务 |
| （四）互联网信息服务 | （四）会议展览服务 |
| 二、内容创作生产 | （五）文化经纪代理服务 |

续表

| 文化核心领域 | 文化相关领域 |
| --- | --- |
| （一）出版服务 | （六）文化设备（用品）出租服务 |
| （二）广播影视节目制作 | （七）文化科研培训服务 |
| （三）创作表演服务 | 八、文化装备生产 |
| （四）数字内容服务 | （一）印刷设备制造 |
| （五）内容保存服务 | （二）广播电视电影设备制造及销售 |
| （六）工艺美术品制造 | （三）摄录设备制造及销售 |
| （七）艺术陶瓷制造 | （四）演艺设备制造及销售 |
| 三、创意设计服务 | （五）游乐游艺设备制造 |
| （一）广告服务 | （六）乐器制造及销售 |
| （二）设计服务 | 九、文化消费终端生产 |
| 四、文化传播渠道 | （一）文具制造及销售 |
| （一）出版物发行 | （二）笔墨制造 |
| （二）广播电视节目传输 | （三）玩具制造 |
| （三）广播影视发行放映 | （四）节庆用品制造 |
| （四）艺术表演 | （五）信息服务终端制造及销售 |
| （五）互联网文化娱乐平台 | |
| （六）艺术品拍卖及代理 | |
| （七）工艺美术品销售 | |
| 五、文化投资运营 | |
| （一）投资与资产管理 | |
| （二）运营管理 | |
| 六、文化娱乐休闲服务 | |
| （一）娱乐服务 | |
| （二）景区游览服务 | |
| （三）休闲观光游览服务 | |

资料来源：根据国家统计局《文化及相关产业分类（2018）》整理。

## 第二节　文化产业：国民经济支柱性产业

近年来文化产业成为社会关注的热点，这是因为文化产业在一国经济发展中的地位和作用越来越重要。在主要发达国家，文化产业已经发展成为举足轻重的支柱产业，在拉动增长、吸纳就业方面发挥了重要作用。我国改革开放以来，文化产业从无到有，快速发展，已经成为国民经济支柱性产业之一。

### 1. 我国文化产业发展历程

我国文化产业是在改革开放以后才逐渐发展起来的。在改革开放之前，我国虽然也有文化生产和文化消费，但文化活动主要是作为政治任务，而不是为了满足人民文化需求，以市场为导向的文化产业缺乏最基本的土壤。改革开放以后，随着计划经济体制的松动解体和市场经济的建立完善，以及文化体制改革的不断深入开展，我国文化产业开始萌芽、形成和快速发展，成长为体量庞大、举足轻重的国民经济重要产业。

（1）1978～1992年：文化产业萌芽期

1978年以后我国逐步确立"以经济建设为中心"的发展方向，文化产业开始萌芽。1979年，广州东方宾馆开设了国内第一家音乐茶座，这被认为是新中国文化市场兴起的重要标志①。此后，营业性舞厅等经营性文化场所在各大城市争相开业，我国开始出现具有现代意义和形态的文化市场。随着国外盒式录音带和录音机的涌入，以及港台音乐和文化对内地的渗透与影响，内地音像业逐步起步。80年代，我国出现第一批流行歌手、第一批文化演出公司、第一批广告企业，地方性电视台、广播电台也如雨后春笋般发展起来，文化娱乐产业产生热烈的社会影响。在这一时期，文化的经济属性受到公众的认知，文化产业开始形成，但文化产业发育程度并不高，不仅规模很小，而且主要限于大众娱乐业，广度和纵深都远远不够，只能算是萌芽期。

（2）1992~2002年：文化产业初步形成期

1992年邓小平发表南方谈话，我国改革开放和现代化建设进入新阶段，文化产业作为一个产业整体开始形成。文化要素市场加速孕育，文化行业范围加速扩展，文化生产规模加速壮大。VCD、DVD的热销使传统音像业达到新的发展高峰。对地区经济发展来说，文化产业逐步成为沿海经济发达地区，特别是大城市新的经济增长点。以北京、上海、长沙为例，其文化产业占全市GDP的比重在1998年分别达到4.4%、4.3%和5.94%，显现出成为当地支柱产业的势头②。报纸种类大大增加，并由原来以党报、机关报为主，变成晚报、都市报占据主流发行渠道的格局。在新世纪初期，我国出现第一次互联网热，上网计算机数、互联网用户、互联网站点井喷式增长，第一批互联网企业形成并迅速壮大。社会参与文化产业投资和建设的力度与积极性加大，

---

① 范周、杨乔：“改革开放四十年中国文化产业发展历程与成就”，《山东大学学报》（哲学社会科学版），2018年第4期。

② 焦斌龙主编：《文化产业经济学》，高等教育出版社2014年版，第68页。

在文化经营活动中，非国有文化部门创办的文化经营单位已经占据主流，文化产业呈现全面活跃繁荣。

（3）2002~2012年：文化产业快速发展期

2002年党的十六大提出区分文化事业和文化产业，国家对文化产业发展进行宏观扶持，文化产业实现快速发展。2004年起国家统计局开始对文化产业进行正式统计，当年我国文化产业增加值为3440亿元，占GDP的比重为2.15%。至2012年，文化产业增加值达到18071亿元，占GDP的比重上升为3.36%。我国统一开放、竞争有序的文化市场体系得到确立，规模进一步扩大，呈现出门类齐全、层次多样的特点。除传统的新闻出版、电影电视产业之外，我国演出市场开始形成并达到相当的规模。文化产业在国民经济中的地位不断提升。

（4）2012年至今：文化产业改革提升期

党的十八大提出要将文化产业发展为国民经济支柱性产业。十八大以后我国以公有制为主体、多种所有制共同发展的文化产业所有制结构基本形成，覆盖城乡的文化消费和文化服务体系基本建立。文化市场主体快速增加，文化产业规模持续扩张，至2017年我国文化产业增加值达到34722亿元，规模以上文化及相关企业达到5.5万家，实现营业收入91950亿元。这一时期文化产业业态出现新特征，文化产业发展与互联网、旅游、体育、康养、房地产等高度融合，尤其是随着移动互联网的飞速发展，网络文化产业全面崛起，传统的文化生产和文化消费模式出现颠覆式变化。我国文化产业在改革中焕发出新的生机，深度、广度和影响力不断延伸扩展。

## 2. 文化产业发展的国际经验

国外文化产业发展比较成功的主要是一些发达国家，如美国、英国、日本等。通过对这些国家文化产业的考察，可以获得很多有价值的启示。

### （1）美国

美国是世界上首屈一指的文化产业强国。美国文化产业规模庞大，行业门类齐全，并且大多居于世界领先地位。在报纸、杂志和图书行业，美国拥有2300多家日报、8000多家周报、1.2万种杂志；在广播电视行业，美国拥有1965家电台和1440家电视台，其中CNN等以各种语言向世界200多个国家和地区播放；在电影行业，美国有电影院6000多座、银幕4万多个，拥有全世界影响力最大的电影生产基地好莱坞。美国依托其先进科技技术，最早将文化产业与数字化、网络化相结合，从而打造跨行业、跨国际的巨大文化产业链，获取了巨额汇报。美国国际知识产权联盟（IIPA）发布的报告显示，2017年美国核心版权产业增加值达到1328.3亿美元，占当年GDP的6.85%，全部版权产业增加值达到2247.4亿美元，占当年GDP的11.59%。全部版权产业不仅是份额最大的经济部门，贡献了7.87%的就业，而且从业人员的工资水平明显高于社会平均工资。

### （2）英国

英国在全球最早提出"创意产业"概念，也是世界上第一个政策性推动创意产业发展的国家。1997年布莱尔政府上台后，在国家遗产部的基础上创设英国文化、媒体和体育部（DCMS），负责艺术、广播、报刊、博物馆、美术馆、图书馆、体育和娱乐、历史建筑和古迹、旅游音乐事业以及国家彩票等事务。1998年和2001年，英国文体部两次发表创意产业纲领文件（Creative Industries Mapping Document），提出创意产业发展战略。英国创意产业增长迅速，拥有10万多家创意企业，2000多家唱片公司，600个表演艺术节，其中爱丁堡艺术节、诺丁山嘉年华等在世界范围具有重要影响力。在过去10多年间，创意产业是英国发展最快的产业，平均增速超过同期经济增速的一倍左右。创意产业增加值在2017年达到1025亿英镑，约占当年GDP的7.3%。英国创意产业最突出的贡献在就业上，它是英国容纳人口就业最多的产业，英国文化、媒体和体育部的报告显示，2015年英国创意产业就业达到190万人，占总就业人口的6%，整个创意经济就业达到290万人，占到总就业人口的9.2%[1]。如果以就业和出口来衡量，英国创意产业的重要性已经居于各产业之首。

（3）德国

德国是一个老牌的工业国家，一直以来化工业、制造业都是其支柱产业，但这一情况正在发生变化，随着文化生活水平的提高和经济结构的升级，文化创意产业在德国经济中的地位日益凸显。2007年，德国联邦政府发布"文化创意产业倡议"，提出增强公众对文化产业重要性的认识、挖掘文化产业增长和就业潜力、提高文化产业竞争力和国际影响力。在文化产业多个领域德国已经走在世界前列。德国有

---

[1] 数据来源于英国政府统计，详见 https://www.gov.uk/government/publications/creative-industries-2016-focus-on/key-findings

3000多家出版社,是仅次于美国的第二出版大国,约占世界份额的12%。会展是德国文化创意产业的标志性行业,德国举办的国际性贸易展览会有130多个,展商17万家,其中将近一半的参展商来自国外,始创于1947年8月的汉诺威工业博览会(HANNOVER MESSE)经过半个多世纪的不断发展与完善,已成为当今规模最大的国际工业盛会,被认为是联系全世界技术领域和商业领域的重要国际活动。欧洲经济研究中心和弗劳恩霍夫研究院发布的德国文化创意产业发展报告显示,2016年德国文化创意产业从业人数增长3.5%,总体附加值达到988亿欧元,几乎与机械制造业的1016亿欧元比肩,甚至超过了化学产业、能源经济产业以及金融服务业的水平。

(4)日本

一些学者将日本列为仅次于美国的世界第二文化产业强国和亚洲文化产业最发达的国家。自20世纪90年代泡沫经济崩溃后,在"失去的10年""失去的20年"的焦虑中,日本一直寻求新的经济增长点和社会发展方向,将经济复兴的希望寄托在内容产业上,几届政府都把发展资源能源消耗低、附加值高的文化产业作为战略方向。日本内容产业发展迅速,包括电影、音乐、游戏、出版、录像软件等,成为日本第二大支柱产业,产业规模约占世界的10%,仅次于美国。日本内容产业中最发达的是动漫产业,享有"动漫王国"的盛誉。日本动画最早在20世纪60年代已出口到国外,后来以东京为中心聚集大量动漫工作室、动画制作和销售公司等,形成成熟稳定的协作体系。日本动画协会的调查结果显示,2017年日本动漫产业市场规模达到2.15万亿日元,创历史最高纪录。日本是世界第一大动漫作品出口国,占据国际市场的 6 成，在欧美市场的占有率更是达到了 80% 以上，近年来中国逐渐成为其最大的买家。日本动漫产业还成为电影产业的拯救者，2016 年日本动画电影全年票房 663 亿日元，创造了史上最高的票房收入纪录。2017 年日本动画电影前十名票房总和已超过 300 亿日元，动画电影占比持续增长至 46.88%。总的来说，日本动漫产业在其国家文化产业中有着举足轻重的重用，规模依然在扩大中。不过，随着近年来的扩张，日本动画传统制作模式也面临着人工成本和制作成本抬升、总制作分钟限制等问题，正在受到新的挑战。

（5）韩国

韩国是一个文化产业发达的国家，也是在文化产业多个领域极具特色的国家。1997 年的亚洲金融危机成为韩国文化产业发展的促进剂，在此背景下，韩国将文化产业列为 21 世纪国家发展支柱性产业，发展文化产业被定为基本国策。1998 年韩国总统金大中提出"文化立国"战略，明确将低消耗、无污染、立足于创意创新的文化产业作为 21 世纪国家发展重点产业，进行政策、法规、资金多方面的支持，并专门设立了文化产业振兴院。韩国文化产业中最具特色的是网络游戏、流行音乐、影视剧、综艺节目等，如近年来韩国综艺节目版权、流行音乐等都大量出口我国，为我国观众所熟知，也给韩国相关企业带来大量收入。韩国网络游戏产业发展较早，是全球网络在线游戏产业的领头羊。作为韩国文化振兴"数字计划"的重要组成部分，网络游戏产业已成为韩国国民经济支柱之一，产值已超过韩国历来引以为豪的汽车业。2017 年韩国文化产业销售总额达到 110.53 万亿韩元（约合人民币 6529 亿元），同比增长 4.8%，其中游戏销售额同比增长 12.4%，出口额同比增长 19.2%。韩国文化体育观光部和文化产业振兴院联合发布的报告显示，韩国 2012～2017 年文化产业平均增速达到 4.8%，与同期 1.5% 的全产业平均增速相比，文化产业的增长势头十分强劲[①]。

（6）各国文化产业发展的启示

通过对世界各国文化产业发展经验进行的考察，可以得出四点重要的启示。

第一，在发达国家，文化产业已经成为举足轻重的支柱产业。按增加值计算，主要发达国家文化产业在国民经济中都占据重要位置。最高的如美国达到 11.59%，较低的国家也在 6%～7% 之间。文化产业的就业效应更为明显，已经超过传统的汽车、化工、电力等行业，在不少发达国家已经成为最大的就业行业。

第二，文化产业的增长速度高于整体经济增速。主要发达国家在发展到一定程度后经济增长速度都出现下降，但文化产业保持了高速增长势头。从近 10 年的情况来看，主要发达国家文化产业平均增速大多在整体平均增速的 2 倍左右，成为经济增长的重要拉动力量。

第三，文化产业竞争的全球化趋势越来越强。在经济全球化中，文化产业竞争的全球化趋势更为明显，各国文化产业都不再是国内生产、国内销售的基本模式，而是体现为文化产业强国大量出口的新特征。如美国公司生产的影片占到全球放映时间的 50% 以上、票房收入的 2/3，日本生产的动漫占据国际市场的 6 成。一国文化产业往往只有在国际上打开局面，才能在本国市场立住脚。

---

① 数据来自韩联社网站，详见 https://cn.yna.co.kr/view/ACK20180515002900881

第四,各国政府都高度重视文化产业的发展。各发达国家政府都将文化产业作为战略性发展方向,对文化产业发展高度重视。日本、韩国都将文化产业作为国家发展的战略产业,韩国甚至提出"文化立国",连历来强调市场经济、反对政府干预的英国等国,也对文化产业发展进行积极扶持,表现出超出寻常的热情。

## 3. 国家发展视角下的我国文化产业

文化产业是引领我国未来经济发展的战略性力量。在过去几十年间,我国文化产业从无到有、从小到大,已经在国民经济中占据了相当的分量,成为重要的支柱性产业之一。在未来,文化产业以其方兴未艾的发展势头、空间广阔的发展潜力、日益凸显的发展地位,将在我国中长期经济增长中发挥突出的引领作用,成为推动国家发展的战略性力量。

### (1)文化产业已经成为国民经济支柱性产业

自2004年对文化产业建立正式统计以来,我国文化产业规模快速增长,已经成为国民经济的重要组成部门。从2004年到2018年,我国文化产业增加值增长了10.3倍。2004年我国文化产业增加值占GDP的比重为2.15%,至2018年已经增长至4.30%,14年间提升了一倍。2004年我国文化产业从业人员873.26万人,2008年达1182万人,占全国从业人员的1.53%,占城镇从业人员的3.91%。2013年第三次全国经济普查数据显示,我国文化产业从业人员达到1760万人,是2004年的2倍。从对经济增长的贡献看,2004~2012年间,文化产业对

GDP 增量的年平均贡献率为 3.9%，2013～2018 年进一步提高到 5.5%。一些学者的定量分析表明，文化产业发展对整体经济增长具有重要影响作用[①]。文化产业在我国经济增长中已在发挥着重要的作用，成为国民经济的支柱性产业之一。

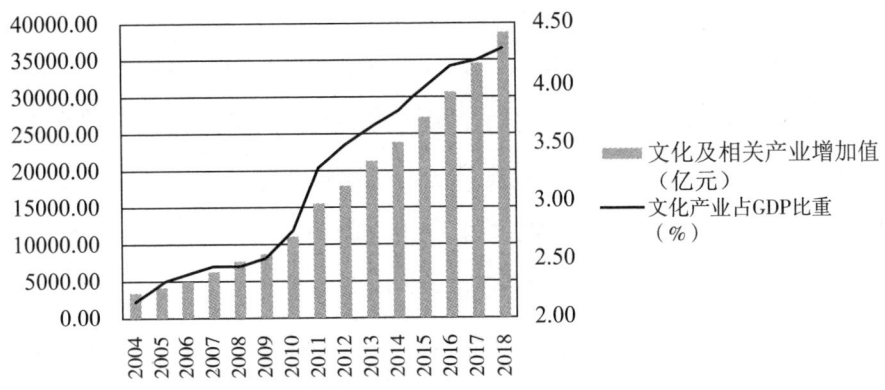

图 6-1  2004～2018 年间我国文化产业发展情况

数据来源：Wind 资讯；2018 年文化产业增加值数据见国家统计局："文化事业繁荣兴盛 文化产业快速发展——新中国成立 70 周年经济社会发展成就系列报告"，详见 http://www.stats.gov.cn/tjsj/zxfb/201907/t20190724_1681393.html

（2）我国文化产业仍具有广阔发展空间

文化产业是"朝阳产业"、新兴产业，仍然具有极为广阔的发展空间。我国文化产业尽管近年来增长迅猛，但与美国和其他文化产业发达国家相比，仍然处于"青春期"、成长期，仍然具有非常广阔的发展和提升空间。

消费结构升级为我国文化产业持续快速发展提供了历史契机。中共十九大报告作出"我国社会主要矛盾已经转化为人民日益增长的美

---

① 陆立新："文化产业与中国经济增长的动态关系"，《统计与决策》，2009 年第 20 期。

好生活需要和不平衡不充分的发展之间的矛盾"的判断。2018年我国人均GDP接近1万美元，城乡居民家庭恩格尔系数降至30%左右，人民群众对衣食住行和耐用消费品的需求基本饱和，对更高层次的、精神方面的需求持续增长。在城乡居民家庭消费性支出结构中，教育文化娱乐服务支出增长迅速，2018年，全国居民人均教育文化娱乐消费支出达到2226元，占人均消费支出比重提高到11.2%，未来这一趋势将长期持续。如果叠加上城镇化的结构变动因素，则文化产业的需求空间将更为广阔。由于我国城镇居民家庭人均教育文化娱乐消费支出高达农村居民的2.4倍，伴随着从农村居民到城镇居民的生活转变，对教育文化娱乐服务的需求将出现成倍增加。2018年我国城镇化率达到59.58%，未来10年仍处于快速提升期。随着我国社会结构转变和消费结构升级，文化消费和文化产业有望实现超常规的、井喷式的增长。

（3）未来我国经济增长中文化产业地位将进一步凸显

文化产业增长是我国经济增长的重要拉动力量，在未来这一作用还会进一步凸显。在欧美等发达国家，文化产业增长率长期以来一直显著高于同期GDP增长率。在我国，2005～2018年文化产业增加值年均增长18.9%，高于同期GDP现价年均增速6.9个百分点（如图6-2所示）。我国已从长期高速增长转为中高速增长，GDP增长率呈阶梯状下降，至2018年保持在6.6%的水平，随着我国供给侧结构性改革的深入，原有的粗放投资拉动型增长阶段已经成为过去，加上美国对中国发动"贸易战"，我国出口面临极大变数，在近期和中期很可能面临需求不足和增长趋缓的巨大压力。在这一背景下，未来我国文化产业在拉动经济增长方面的作用将会进一步凸显，成为经济增长的新型战略性力量。

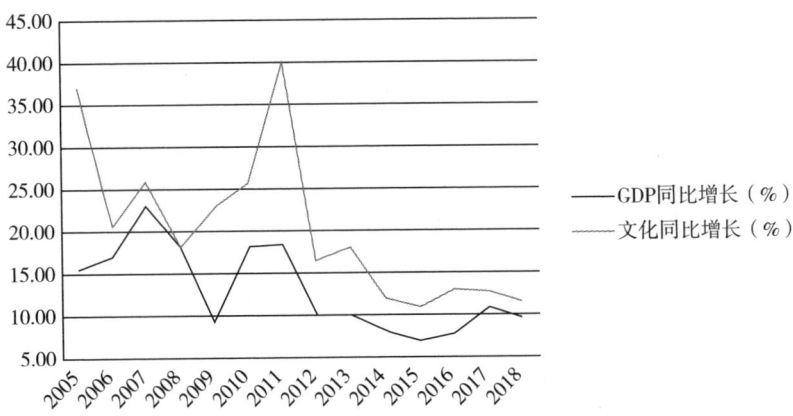

图 6-2　2005～2018 年我国文化产业和 GDP 同比增长比较

数据来源：Wind 资讯；国家统计局。

## 第三节　我国文化产业发展趋势判断

文化产业是我国最活跃的产业领域之一，不仅增长迅速，而且产业结构、组织结构、技术运用、业态格局等呈现日新月异的面貌。总体来看，我国已经成为文化产业大国，但我国文化产业国际竞争力仍然不强，从文化产业大国到文化产业强国成为我国文化产业发展的历史任务。

### 1. 我国文化产业现状

近年来我国文化产业整体持续快速发展。2018 年我国文化及相关产业增加值达到 38737 亿元，占当年 GDP 的比重为 4.30%。按照 2018 年修订的文化产业分类标准，对全国规模以上文化及相关产业 6 万家企业的调查显示，2018 年实现营业收入 89257 亿元，比上年增长 8.2%（如表 6-4 所示）。2016 和 2017 年这一数字分别为 7.5% 和 10.8%，均高于当年 GDP 增速。

分行业类别看，文化及相关产业 9 个行业中，2018 年增速超过 10% 的行业有 3 个，分别是：新闻信息服务营业收入 8099 亿元，比上年增长 24.0%；创意设计服务 11069 亿元，增长 16.5%；文化传播渠道 10193 亿元，增长 12.0%。按照可比口径看，2016～2018 年 3 年间，增速最快的是以"互联网+"为主要形式的文化信息传输服务，文化艺术服务、文化创意和设计服务等也比较活跃。

表 6-4　2018 年全国规模以上文化及相关企业营业收入情况

|  | 绝对额（亿元） | 比上年增长（%） |
| --- | --- | --- |
| 总计 | 89257 | 8.2 |
| 文化制造业 | 38074 | 4.0 |
| 文化批发和零售业 | 16728 | 4.5 |
| 文化服务业 | 34454 | 15.4 |
| 新闻信息服务 | 8099 | 24.0 |
| 内容创作生产 | 18239 | 8.1 |
| 创意设计服务 | 11069 | 16.5 |
| 文化传播渠道 | 10193 | 12.0 |
| 文化投资运营 | 412 | -0.2 |
| 文化娱乐休闲服务 | 1489 | -1.9 |
| 文化辅助生产和中介服务 | 15094 | 6.6 |
| 文化装备生产 | 8378 | 0.2 |
| 文化消费终端生产 | 16284 | 1.9 |

续表

|  | 绝对额（亿元） | 比上年增长（%） |
|---|---|---|
| 东部地区 | 68688 | 7.7 |
| 中部地区 | 12008 | 9.7 |
| 西部地区 | 7618 | 12.2 |
| 东北地区 | 943 | -1.3 |

资料来源：中国政府网 http://www.gov.cn/shuju/2019-01/31/content_5362727.htm

分区域看，2018年东部地区规模以上文化及相关产业企业实现营业收入68688亿元，占全国77.0%；中部、西部和东北地区分别为12008亿元、7618亿元和943亿元，占全国比重分别为13.4%、8.5%和1.1%。2016～2018年间，我国文化产业向东部地区和大城市集中的趋势更为显著，一些城市如北京、深圳等文化产业获得超常规增长。2017年北京市文化产业实现增加值2700.4亿元，是2004年的7倍，13年间年均增长16.1%，比同期地区生产总值现价年均增速高3.6个百分点。文化产业增加值占地区生产总值的比重达到9.6%，比全国高5.4个百分点，居于全国首位[①]。

## 2. 我国文化产业发展的趋势性特征

近年来，我国文化产业在快速发展中呈现出三个明显的趋势性特征，一是互联网尤其是移动互联网对文化产业形态产生重要影响，甚至重塑产业格局；二是"文化+"不断扩展深入，文化产业和旅游产业、体育产业等出现深度融合；三是前沿技术持续成熟应用，文化产业创新呈现日新月异的面貌。这些趋势性特征将对我国文化产业未来

---

① 详见北京市统计局网站 http://tjj.beijing.gov.cn/tjsj/sjjd/201810/t20181030_409797.html

发展产生决定性影响。

（1）互联网重塑文化产业格局

2010年以来，互联网的普及应用对文化产业领域的影响愈发凸显。我国互联网特别是手机移动互联网已实现飞跃式发展。根据中国互联网络信息中心发布的《第42次中国互联网络发展状况统计报告》，截至2018年6月，我国网民规模达到8.02亿，互联网普及率达到57.7%；手机网民规模7.88亿，网民中使用手机上网人群占比达到98.3%；网站数量达到544万个，移动应用程序（APP）在架数量达到415万款，2018年1~6月我国移动互联网接入流量消费达266亿GB，同比增长199.6%。随着数字化、网络化相关技术的日渐成熟，人们的社会交往方式、文化消费模式甚至思维方式都已发生重要变化，移动端文化娱乐成为我国文化产业的重要方式。随着5G时代的即将到来，移动网络对我国文化产业的影响程度还会进一步加深。

付费使网络文化娱乐成为真正意义上的产业。在我国网络兴起之初，网络文化娱乐以免费为基本特征，服务提供商仅能获取很少量的广告收入。2016年以后，网络文化娱乐付费市场全面爆发，这得益于几个因素：一是网络文化产品质量有效提升，以视频为例，在带宽提高和视频技术进步的推动下，无论是内容制作水平，还是图像清晰度和传输稳定性都有突破性提高；二是差异化服务，网络平台深度挖掘和适应用户的个性化需求，提供更精准、更优质的服务；三是知识产权保护力度加大，盗版等现象受到打击和控制，网络平台可通过版权获取充分回报；四是支付方式更为快捷，通过手机微信、支付宝等方式，网络用户可以更方便、更快捷地支付费用。在以上几个因素的共同作用下，我国网络文化娱乐用户养成付费获取服务的消费习惯，各产业领域内容从野蛮生长阶段走向成熟阶段[①]，不仅实现超常规的总量规模扩张，而且版图格局出现洗牌和重塑。

随着移动互联网的普及应用和迅速升级，我国文化产业诸多领域的业态都已发生深刻变化，网络视频、网络音乐、网络文学、网络游戏等迅速崛起，成为移动互联时代广受欢迎的娱乐方式。

网络视频。截至 2018 年 6 月，我国网络视频用户规模达到 6.1 亿，占网民总体的 76.0%，手机网络视频用户达到 5.8 亿，占手机网民的 73.4%。网络视频市场"三足鼎立"，腾讯视频、爱奇艺和优酷保持领先优势，占据市场绝大部分流量。短视频作为一种新兴的、立体的信息承载方式，以其丰富的内容、强烈的互动性、能满足网民碎片化娱乐需求和草根阶层自我表达愿望的巨大优势，在短期内实现了迅速崛起。2017 年起，短视频应用迅速下沉到三四线城市，用户规模持续增长。截至 2018 年 6 月，抖音、快手、火山、西瓜等热门短视频应用合计用户规模达 5.9 亿，占整体网民规模的 74.1%。2019 年初，低成本、短时间内完成的贺岁微电影《啥是佩奇》燃爆网络，收获"顶级流量"，并引发手机彩铃甚至鼓风机等相关主题产品的热卖，一时被称为"移动印钞机"。

网络音乐。截至 2018 年 6 月，我国网络音乐用户规模达到 5.6 亿，占网民总体的 69.2%，手机网络音乐用户规模达到 5.2 亿，占手机网民的 66.4%。国内网络音乐市场竞争更为充分，虽然 QQ 音乐和网易云音乐主导市场格局，但太合音乐等也具有相当的竞争力。腾讯音乐已与网易云音乐就网络音乐版权合作事宜达成一致，互相授权音乐作品达

---

[①] 叶朗主编：《中国文化产业年度发展报告 2017》，北京大学出版社 2017 年版，第 44 页。

到各自独家音乐作品数量的99%以上,并积极向其他网络音乐平台开放音乐作品版权,行业逐渐由过去以垄断版权为目标的封闭式竞争转向以共享版权为途径的开放式竞争。网络音乐企业对原创作者的扶持力度进一步加大,从推广资源、专业指导、现金激励、定制MV等多个维度对新内容创作和传播提供支持,优质音乐资源不断涌现。

网络文学。截至2018年6月,我国网络文学用户规模达到4.1亿,占网民总体的50.6%,手机网络文学用户规模达到3.8亿,占手机网民的48.3%。网络文学总量超过1600万部,其中签约作品达到132.7万部,国内重点网站签约作者约有68万人,另有1400万人不定期在网上进行创作。网络文学成为文化IP的重要来源,对提升我国文化产业原创性和附加值产生极大推动作用。网络文学企业营业收入日趋多元化,在线阅读、版权运营、硬件产品、纸质图书等业务呈现全面发展,未来版权运营成为重要增长点。网络文学用户阅读方式日趋多样化,国内有声阅读用户规模已达2.3亿,占网民总体的28.9%。2017年数字阅读行业市场规模达到152亿元,其中有声阅读市场规模达到40.6亿元。

网络游戏。截至2018年6月,我国网络游戏用户规模达到4.9亿,占全体网民的60.6%,手机网络游戏规模达到4.6亿,占手机网民的58.2%。在我国移动应用程序(APP)中游戏类应用数量超过152万款,占比达到36.6%。2016年我国游戏(包括客户端游戏、网页游戏、社交游戏、移动游戏、单机游戏、电视游戏等)市场实际销售收入达到1665.7亿元,移动游戏实际销售收入达到819.2亿元。基于IP价值最大化理念的"影游联动"蓬勃发展,《琅琊榜》《微微一笑很倾城》等游戏通过改编为电影、电视剧,获得票房和收视率成功。目前,通过游戏类型多样化、游戏内容精品化、游戏用户细分化，我国网络游戏行业正在加速成熟发展。

**专栏6-1　　　蓬勃发展的我国移动视频APP**

视频节目是人们最主要的娱乐方式之一，进入21世纪以来，随着互联网革命PC时代的崛起与落寞，以及移动互联网时代大幕的开启，移动视频软件已经扛起当前我国娱乐流量的大旗。移动视频软件的蓬勃发展，不仅改变了传统的视频节目收看和传播方式，而且深刻改变了其制作方式、内容选择和盈利模式，使视频节目呈现出全新的业态格局。

网络视频以其优越的传播特性，已经成为视频节目传播的重要方式。对不少热播电视剧来说，网络播放量已经超过传统的电视台播放方式。2016年以来，一些热播电视剧，如《欢乐颂》《三生三世十里桃花》《楚乔传》等全网播放量超过300亿次。

由于看到网络播出的巨大优

**2018移动视频APP排行榜**

| 排名 | 名称 |
|---|---|
| 1 | 腾讯视频 |
| 2 | 爱奇艺 |
| 3 | 优酷视频 |
| 4 | 哔哩哔哩 |
| 5 | 芒果TV |
| 6 | 西瓜视频 |
| 7 | 搜狐视频 |
| 8 | 乐视视频 |
| 9 | 咪咕视频 |
| 10 | 今日影视大全 |
| 11 | PP视频 |
| 12 | 风行视频 |
| 13 | 暴风影音 |
| 14 | 百度视频 |
| 15 | AcFun |

势，一些新制作的电视剧，如《延禧攻略》《如懿传》等已经开始选择在网络首播，而不是传统的在电视台首播的方式，并获得了成功。

一些热播电视剧的价格出现水涨船高。在视频行业中，内容的运营包含3大要素：海量、独家和优质，其中独家最耗资源。近年来，独家播出权价格不断攀升，2011年视频平台购买电视剧的价格最高为100万元/集，而到了2016年，《芈月传》是300万元/集，暑期档的《幻城》上涨到400万元/集。为了降低成本，部分剧集会在多个视频网站同步播出，但是这在平台吸引流量和分摊成本的同时也造成了版权趋同，自制剧（真人秀、网剧和热门IP等）成了盈利的关键。

爱奇艺、腾讯视频和优酷作为视频行业的三甲，已经在自制剧的道路上迈出了一大步。来自爱奇艺的自制剧《盗墓笔记》《余罪》《奇葩说》等掀起了互联网评论的热潮，腾讯视频集齐了二十多个大IP，自制投入相比2017年增幅九倍；优酷开始实行自制3+X剧集策略和6+V综艺矩阵。其他几家比较活跃的视频平台也不甘落后，芒果TV在几个大流量综艺节目的基础上，利用亲情、爱情、友情等元素自制了不少流量火爆的真人秀节目；西瓜视频一口气发布了2018年度9部自制综艺片单，其中包括移动原生综艺和微综艺两种，2019年西瓜还将投入40亿元"All in"自制综艺；搜狐视频选择"小而美"的项目控制成本，借助自办的选秀节目，通过自制剧培养自己的艺人。目前，国内视频平台都在积极回归对原创内容的不断创新和完善。

国内视频行业主要通过三种方式盈利：从流量到广告的变现、与IP相关的其他（文学、游戏等）收入和通过稀缺性内容促进会员付费。目前，会员付费已经占据国内三家主流视频平台全年收入的25%，未来分量也会持续加重，甚至有望超过广告收入。随着行业竞争加剧，视频行业正在加速洗牌，原有的PPS、PPTV、酷6、土豆、56网等已经成为历史，现有的移动视频APP排名也在不断变动和调整中。

资料来源：百安：2018移动视频APP排行版TOP15，互联网周刊，2018，11；全网电视剧播放量排名TOP10，http://wemedia.ifeng.com/73515360/wemedia.shtml

## （2）"文化+"不断扩展深入

近年来，我国"文化+"的范围和深度均出现大幅扩展，文化产业与旅游、康养、体育、房地产等产业的边界日渐交叉，呈现出深度融合的趋势。其中最典型的是旅游。我国旅游业近年来增长非常迅速，2017年全国旅游及相关产业增加值达到37210亿元，占GDP的比重为4.53%；2018年实现旅游总收入5.97万亿元，对GDP的综合贡献为9.94万亿元，占GDP总量的11.04%[1]。如按官方分类统计来看，文化产业与旅游业仅存在少量局部重合，二者属于不同的产业。然而，随着时代潮流发展，文化与旅游两个产业的核心本质却日渐趋同，它们属于"诗和远方"，都是人们对更高精神享受的追求。在我国旅游行业中，文化旅游一直是重要的板块，包括民族艺术、民族文化、历史古迹、建筑风格、宗教信仰等，而在近年来的发展中，文化的地位更为突出，文化发掘成为新的旅游资源开发的主要途径，文化体验成为旅游吸引力和附加值的关键要素。在文旅大时代，出行旅游不只是看风景、观光，更重要的是一种异地的生活方式，人们想寻找他所不熟悉的某种神秘体验，包含了生活内容、生活场景、生活追求和生活想象。从这个意义上说，文化是旅游的灵魂，旅游是文化的载体。文旅融合发展是不可逆转的时代大趋势。

2018年被称作我国"文旅融合元年"。2018年3月，根据国家机构改革方案，文化部和国家旅游局合并组建为国家文化和旅游部，这既是我国文化产业和旅游业融合发展的趋势结果，同时又为我国文旅

---

[1] "2018年旅游市场基本情况"，https://www.mct.gov.cn/whzx/whyw/201902/t20190212_837270.htm

融合发展提供了新的助力。文化和旅游部组建以后，统筹推进文化事业、文化产业和旅游业融合发展，明确"宜融则融，能融尽融，以文促旅，以旅彰文"的工作思路，文化和旅游融合发展的路径更为清晰。文化和旅游部提出重点开发 11 种旅游新业态，包括文化体验游、乡村民宿游、休闲度假游、生态和谐游、城市购物游、工业遗产游、研学知识游、红色教育游、康养体育游、邮轮游艇游、自驾车房车游，从中可以看出，文旅融合已经成为我国未来旅游业发展的战略方向和主体内容。

除旅游业外，我国文化与房地产、康养、体育等产业都出现融合发展趋势，而且呈现出多产业、复合式融合的特征。如"文化+房地产"，以万达广场为例，它是由房地产企业投资建设的巨型城市综合体，至 2018 年底全国开业的万达广场已达 285 家。其内容包括大型商业中心、城市步行街、表演场地、电影院等，集购物、餐饮、文化、娱乐等多种功能于一体，往往成为当地的地标性建筑。再如"文化+旅游+房地产"，以华侨城为例，华侨城作为一家房地产企业，拥有欢乐谷系列主题文化公园，至 2018 年底共有开业景区 26 家、酒店 26 家、旅游演出 23 台、旅行社 5 家、特色小镇及美丽乡村 8 家、托管景区 28 家，全年接待游客总量突破 1 亿人次[①]，连续多年入围"全国文化企业 30 强"。还有一些则产业形态更为复杂，以康养小镇为例，作为正在各地兴起的一种新型业态，以其规模大、功能性强、自然资源丰富，满足了人们文化体验和追求健康的双重需求，属于"文化+康养+旅游+体育+房地产"等多个产业复合式融合发展的模式。

---

① "华侨城：战略转型显成效 领跑文旅大时代"，光明网 http://epaper.gmw.cn/gmrb/html/2019-01/18/nw.D110000gmrb_20190118_4-08.htm

### (3) 前沿技术持续推动文化产业创新

我国文化产业近年来所发生的面貌变化仅仅是个开端，在资金投入热切活跃和新技术不断涌现的支撑推动下，文化产业正在发生日新月异的变化。文化产业一直是我国投资的热点产业，文化、体育和娱乐业投资额连年高速增长，至 2017 年达到 8732 亿元。截至 2018 年 4 月，全国文化领域境内外上市公司达到 315 家，2017 年我国文化产业通过上市后再融资（以定增为主）、私募股权、上市首发融资、新三板、众筹等渠道流入的资金分别为 1397.43 亿元、1011.14 亿元、290.18 亿元、173.31 亿元和 11.04 亿元[①]。在腾讯、爱奇艺和优酷三大网络视频 APP 的背后，分别屹立着我国网络三大巨头 BAT，雄厚的资金支撑着我国文化产业不断创新发展。

新技术为文化产业创新提供了另一个重要因素。近年来我国文化产业的发展得益于数字化、互联网等新技术的应用和不断升级，与文化产业密切相关的其他一些重要新技术也正在酝酿和成熟之中，包括 5G 通信、柔性显示、人工智能、大数据、VR、AR 等。在这些技术中，有些技术如 5G 已经发展成熟，即将在我国全面开通；有些技术正处于应用试验阶段，如 VR 技术[②]。以 VR 电影为例，目前 VR 电影作品越来越受到世界性的关注，不仅受到主流电影节的认可，而且专业放映 VR 电影的影院也在陆续建成使用。目前，VR 电影发展中仍存在一些技术和内容难题，无法替代传统电影产业，无论是在技术更新或是在内容

---

① "2018 年上市文化企业数量可望保持增长"，中证网 http://www.cs.com.cn/sylm/jsbd/201806/t20180609_5821263.html

② VR 是 Virtual Reality 的简称，意为虚拟现实，又被称作人工环境、灵境技术，它与文化产业相关多个领域都具有良好的融合特性，可将文化产业与体验经济推向前所未有的高度。

生产上，只要出现一个"爆点"，VR电影将会出现井喷式发展，有望改变整个电影行业的格局版图。与VR类似，人工智能、大数据等其他多项技术也已位于市场化和商业推广的临界门槛，随着这些技术的成熟和应用，文化产业将会出现新的业态。

因此，尽管近年来我国文化产业的面貌已经发生翻天覆地的变化，但只是开端而远非终点，文化创新正处于方兴未艾的阶段。我国文化产业的格局等远未定型，未来，在资金和技术的双轮驱动下，文化产业不仅将持续规模上的迅速扩张，而且新产品、新业态、新市场也将会加速涌现，文化产业格局面貌将会发生日新月异的变化。

## 3. 从文化产业大国迈向文化产业强国

在我国文化产业的迅速发展中也存在一些不容忽视的问题。2019年6月，《国务院关于文化产业发展工作情况的报告》将我国文化产业发展中存在的问题概括为高质量文化供给不足、产业发展不平衡、文化企业实力偏弱、创新驱动能力不足、国际市场竞争力不强等5个方面[1]。本书认为，我国文化产业发育水平仍很不充分：一是产品水平仍然不高，当前的文化产品存在不同程度的粗制滥造、同质化倾向、科技含量低、市场竞争力不强等问题，导致文化产品有效供给短缺和无效供给过剩[2]；二是产业基础仍不牢固，在文化产业投资中存在不同程度的跟风炒作、过度投资、脱离主业、房地产化等问题，不仅造成虚

---

[1] 雒树刚：国务院关于文化产业发展工作情况的报告，http://www.npc.gov.cn/npc/xinwen/2019-06/26/content_2089345.htm

[2] 范周等："回首与展望：新时代下文化产业发展新态势"，《出版广角》，2018年第2期（下）。

假繁荣和财富浪费，而且在未来还会诱发金融和社会稳定风险；三是市场环境仍不健全，尤其是在网络文化产业等领域存在监管难题，造成一些内容偏差和社会问题，如网络直播低俗表演、网络游戏诱发青少年成瘾、数据流量造假、自媒体误导舆论等。

从体量来看，我国已经是文化产业大国，根据普华永道的测算，至2011年我国文化产业经济体量已经是世界第三位，仅排在美国、日本之后。但我国还称不上文化产业强国，与美国等发达国家相比，我国文化产业的竞争力还不强，在国际市场所占份额不高，整体仍处于产业链的中低端，附加值、话语权和引领力均不够。这从我国文化进出口结构中可见端倪。我国虽然已经成为文化产品出口大国，但仍以有形商品为主[①]，2017年我国文化产品出口881.9亿元，占文化出口总额的93.5%，设计服务、版权等文化服务出口明显薄弱。从细分领域来看，我国文化产品贸易总量很大，呈现大比例顺差，而文化服务贸易领域不仅规模小，而且呈现大比例逆差。我国文化产业国际竞争中依托的主要是"中国制造"的后盾优势，而在核心文化部门和原创文化内容上仍然实力不足。

在未来，我国文化产业的历史任务是使我国从文化产业大国晋级为文化产业强国。2019年，国家发改委等18部门联合发文，提出到2020年我国文化产业成为国民经济支柱性产业，这一目标已经初步实现。未来，我国要进一步提升国际竞争力，成为世界文化产业强国，不仅要筑牢文化产业基础，健全文化产业市场，推动文化产业健康持续增长，在国民经济中占有重要地位，而且还要对标美国等文化产业

---

① 来有为等：《文化产业发展新常态》，中国发展出版社2015年版，第87~88页。

强国，进一步提升文化产业科技含量、原创性、附加值，在核心版权产品领域显著提高市场份额，成为世界文化产业的领跑者。这是新时代我国文化产业发展的战略目标。

## 第四节 作为区域发展战略的文化产业

区域发展维度的文化产业与国家视角的文化产业存在显著的差别。一是方式不同，对我国这样一个大国来说，文化产业需要全面繁荣协调发展，但对区域来说，文化产业发展应当立足当地文化资源禀赋，发展某几类甚至某一类的文化产业；二是地位不同，对国家来说，文化产业只是众多新兴战略产业之一，增加值占比不超过 GDP 的 5%，但对区域来说，文化产业往往是主体产业内容，文化产业发展甚至可以成为区域发展的核心战略；三是范围不同，国家层面对文化产业已经有了严格的界定，但对区域来说，并不一定局限于文化产业的官方统计范畴，在实践中往往以文化产业为内核融合多种业态，共同实现带动区域发展的作用。

在实践中，以文化产业为核心载体实施区域发展战略，主要包括以下五类情形：城市更新、特色小镇、节庆会展、地标产品和主题公园[①]。

---

① 这五类情况存在交叉的情况，如乌镇是特色小镇，同时节庆会展在其发展中也起到非常重要的作用。

## 1. 城市更新

文化产业在城市更新中可以起到重要的作用。城市更新又称城市转型，利用文化产业进行城市更新主要包括两种类型[①]：一种是特大型城市，在发展到一定阶段后遇到某种瓶颈，必须进行提升和转型。如北京，由于受到人口资源环境承载压力，需要疏解非首都功能，将大量原有产业进行外迁、置换和提升；另一种是工业衰退型、资源枯竭性城市或部分城区，其原有的主体产业已经衰落甚至淘汰，亟待寻求新的增长点和发展模式。对这两类城市来说，由于文化产业是新兴产业、朝阳产业、绿色产业，并且产业内容宽泛、带动力强、就业效应显著，往往成为发展战略的首选。

---

**专栏6-2　　曼彻斯特：文化产业实现老工业城市更新**

曼彻斯特是英国老牌的工业城市和工业革命发源地之一，曾经是仅次于伦敦的中心城市，由于制造业长期是其经济支柱，人们曾用"蒸汽加汗水"形容这座城市，20世纪60年代初期在城市经济中占比高达70%。然而在二战之后曼彻斯特日益遭遇生存危机。钢铁、棉纺织和航运产业相继陷入困境，城市经济出现塌陷式衰退，城市面貌日益破败，人口大量外流。由此，曼彻斯特开始了漫长而痛苦的城市经济转型之路。

曼彻斯特选择以服务经济尤其是文化产业作为城市更新的战略方向。20世纪90年代，曼彻斯特明确提出建设"创意产业之都"，将文

---

[①] 从国际来看主要也是这两种类型，前者如伦敦、纽约、东京等，后者如曼彻斯特、匹兹堡、多特蒙德、埃森等，由于篇幅所限，本书仅就国内城市更新展开讨论，而将国际经验作为背景案例。

化、创意等相关产业作为完善产业结构、稳定经济转型的重要依托，引申出数字媒体产业、设计创意产业、演艺文化产业、旅游休闲产业等多重产业类型。政府通过一系列的城市文化复兴计划和持续的文化基础设施建设，促进了创意产业、媒体产业、体育产业、教育产业、生物医疗产业等知识性、创意性、休闲型企业的兴起。通过持续的文化驱动和城市营销，曼彻斯特逐渐发展为文化产业为特色的城市。

曼彻斯特城市更新成效显著。至2008年，传统的钢铁、纺织和航运部门已经被现代服务业替代，制造业在城市经济中的占比下降为10%左右，服务业从业人员比例上升至85.6%。主城区人口从低点时的39万人增长为49.9万人。文化产业地位突出，英国卫报媒体集团、独立电视台等著名文化企业将总部设至曼彻斯特，国际大型金融、媒体、通信、体育类企业也大量进驻。曼彻斯特在城市发展中注意保持原有历史文脉，原有工业时代的历史遗物得到保留并赋予全新功能，成为重要的文化吸引点。目前，曼彻斯特已经脱胎换骨，成为英国乃至欧洲重要的以文化、创意、旅游为特色的都会区。

资料来源：曹晟、唐子来："英国传统工业城市的转型：曼彻斯特的经验"，《国际城市规划》，2013年第6期。

目前，我国一些城市在利用文化产业进行城市更新方面已经进行积极尝试。如深圳提出"文化立市""文化强市"，已成为联合国教科文组织认定的"设计之都"[①]。再如江西景德镇。景德镇是我国传统陶瓷工业的重要基地，20世纪90年代后由于烧制技术进步和瓷土资源枯竭，原有陶瓷工业严重衰退。近年来，景德镇将工业遗产保护开发与创意

---

① 来有为等：《文化产业发展新常态》，中国发展出版社2015年版，第238，240~243页。

园区建设结合起来，利用传统陶瓷工厂保留完整的古柴窑遗址、古作坊群和生产设备、工艺等，规划建设以文化创意产业为中心，集创作、展示、旅游、时尚、商贸、陶瓷制作体验为一体的文化创意园，整个城市从传统工业城市向现代文化创意和旅游城市加速转型[①]。一些大城市旧城区利用文化产业实现再生也有成功范例。如北京798艺术区，它原来是国营798厂等电子工业的厂区，在产业衰败之后成为空置厂房，1995年以后，经过初步形成、争议发展、逐步体制化三个阶段，转型为以展览、艺术创作、工艺品销售为主的艺术园区，吸引大量中外游客，目前已成为中国当代文化艺术的展览展示中心和在国内外均具有重要影响力的文化创意产业集聚区[②]。

## 2.特色小镇

特色小镇是近年来我国文旅融合发展的热点亮点，也是不少地区推进转型升级和新型城镇化的重要抓手。至2017年底，住建部公布两批全国特色小镇名单，合计数量达到403个，国家体育总局也确定了96个全国运动休闲特色小镇。这些特色小镇除极少量制造业小镇之外，大多数都是文旅型小镇，即以文化作为核心载体，通过对当地特色文化资源的发掘和培育，聚集人气，形成客流，发展为地方性休闲、旅游、商业和居住中心。

一些特色小镇发展已经取得极大成功，如北京古北口镇。古北

---

[①] 李小云等："城市转型背景下的景德镇市陶瓷工业遗产保护和再利用"，《工业建筑》，2015年第5期。

[②] 董晓靖等："创意文化背景下的传统工业园区转型与再生研究——以美国北卡烟草园和北京798园区为例"，《北京规划建设》，2018年第1期。

口镇是第一批全国特色小镇，依托司马台历史遗迹，深度发掘长城文化、边关文化、民俗文化，建设集观光游览、休闲度假、商务会展、创意文化等业态为一体的古北水镇文化旅游区，2017年全年接待游客275.36万人次，实现营业收入9.79亿元，区域经济获得大幅度提升。再如浙江西塘镇。西塘镇是第二批全国特色小镇。西塘古镇依托保存完整的古代建筑、悠久的历史文化和浓郁的江南水乡风情开展文化旅游，通过物件征集、汉服文化、诗歌比赛、音乐演出等系列活动，不断强化游客的参与感和体验感，获得世界遗产保护杰出成就奖、首批中国历史文化名镇、最具水乡魅力影视基地、最具人文底蕴古城镇等称号，2018年"十一"黄金周游客达到56万人次。通过强化培育文化产业，这些特色小镇实现了带动区域经济社会发展的作用。

特色小镇是重要的区域发展战略之一。从国际来看，法国的普罗斯旺小镇、依云小镇，英国的剑桥小镇，美国的格林威治小镇，瑞士的达沃斯小镇等成功先例比比皆是。但特色小镇成功开发也需要一定的条件，如独特的文化资源、便利的交通区位和适当的培育运作。从目前来看，我国特色小镇建设存在的不容忽视的问题是过多过滥，包括499个"国家级"特色小镇在内，全国规划建设的特色小镇数量已达7000个左右，特色不足、粗劣仿制、房地产化倾向等问题比较突出，一些小镇在经历了初期的喧闹繁华之后，已经出现门可罗雀的景象。未来几年，我国特色小镇建设将进入调整充实期和优胜劣汰期。

## 3. 节庆会展

节庆会展是人类经济文化生活的空间集合，具有汇聚性、短期性、载体性的基本特征，借助节庆会展所产生的多产业交促融合，可以对区域发展和提升产生重要推动作用。节庆会展活动无处不在，尤以节庆更为普遍，作为人类休闲放松、享受亲情、庆祝纪念的需要，存在大量节日，如春节、国庆节等。但如果要实现带动区域发展的战略作用，则对节庆会展活动提出更高的要求：一是异质化，即具有别处所不具备的当地特色；二是规模化，人口聚集必须达到一定的数量；三是产业化，地方发展能够从中获益；四是周期化，活动必须定期举行，不能是一次性的。同时满足这些条件的节庆会展活动才能作为区域发展战略。

### 专栏6-3　　　　　　节庆成就戛纳

戛纳（Cannes）位于法国南部港湾城市尼斯西南约26公里，为滨海阿尔卑斯省省会。小城依偎在青山脚下，濒临地中海之滨，里维拉海湾把临海的几个小城镇环锁起来，占据了得天独厚的地理位置，5000米长的沙滩，四时不谢之花，漫步城中，白色的楼房、蔚蓝的大海，以及一排排高大翠绿的棕榈树相互映衬，构成一幅美丽的自然风光。

戛纳早期依靠渔业发展。1946年9月20日，在戛纳举办了首届电影节，自创办以来，除1948年、1950年停办和1968年中途停办外，每年举行一次，为期两周左右。原来每年9月举行，从1951年起，为了在时间上争取早于威尼斯国际电影节，改在5月举行。1956年最高奖为"金鸭奖"，1957年起改为"金棕榈奖"，成为国际电影最高荣誉之一。

节庆已经成为戛纳的产业引擎。戛纳电影节每年吸引6万名电影

> 界专业人士和20万名游客,十几天内创造直接经济价值2亿欧元、间接经济价值7亿欧元。除电影节外,戛纳还举办国际赛船节、金合欢节、含羞草节、音乐唱片节、游戏节、购物节等节庆活动。以各类节庆为节点,结合当地的历史建筑、自然风情、人文风俗,催生旅游、娱乐、美食、住宿、广告、高科技等产业业态,区域经济社会实现良性发展。
>
> 资料来源:肖良生:"特色小镇需要特色产业引擎",《中国房地产》,2019年第1期;薛希:"节庆经济进行时",《产城》,2018年第12期。

国外一些地区已经通过节庆会展活动实现了区域发展,如戛纳电影节、阿维尼翁戏剧节、爱丁堡音乐节、威尼斯狂欢节、汉诺威会展、法兰克福书展等。我国自20世纪90年代以来,会展节庆活动也呈现蓬勃爆发之势。以会展来说,目前几乎各省会城市都提出会展业成为支柱产业的目标。节庆活动则更多,"以节招商、文化搭台、经济唱戏"的发展模式在全国各地复制,无论是发达的沿海地区,还是相对落后的西部山区,已经形成"无县不节庆"的热潮[1],各类节庆活动层出不穷数不胜数,包括各类文化节、艺术节、景观节、民俗节、民族节、祭祀节、体育节、产品节、购物节、花卉节、水果节等。这些活动在一定程度上都起到了丰富人民文化生活、促进当地经济发展的目的,但多数未能达到成为区域发展战略的高度。

从目前来看,成功实现以节庆会展带动区域发展的主要是三种类型:第一类是汇聚型大城市。昆明、青岛等城市的会展业在区域发展中

---

[1] 吉文桥:"关于'节庆经济'的思考——以盱眙中国龙虾节个案为例",《学海》,2003年第2期。

扮演了重要角色，而且还实现了与节庆的联动互促，如昆明有旅游节、花卉节，青岛有啤酒节。第二类是旅游型城镇。如珠海通过国际航展提升了知名度，吸引了旅游人群；再如浙江乌镇，不仅是世界互联网大会永久会址，而且乌镇戏剧节成为国际艺术盛会，成为旅游发展的强大助推。第三类是物产型地区。如江苏盱眙举办国际龙虾节，发展出具有当地特色的"龙虾经济"，再如吉林松原查干湖举办冰雪渔猎文化节，通过极具地方特色和感染力的冬捕活动，实现了鱼货火爆销售和区域经济繁荣。

## 4. 地标产品

地标产品具有较高的辨识性、美誉度和附加值，往往可以成为当地的支柱产业。地标产品是指产自特定地域，所具有的质量、声誉或其他特性本质上取决于该产地的自然因素和人文因素，经审核批准以地理名称进行命名的产品。一般来说，地标产品本身并不属于文化产品，它们绝大多数都是生活消费品，类别包括特色农产品、菜系、名酒、名茶、艺术品、装饰品等，如大众熟悉的五常大米、鄂尔多斯羊绒、茅台酒、普洱茶、安溪铁观音、苏州刺绣、宜兴紫砂壶、景德镇瓷器等。但既然这些产品和地名捆绑在一起，就不再是一种简单的产品，而是地方文化的一种外在表现。在产品质量大体恒定、难以突破提升的情况下，文化体验、文化认同、文化扩散成为地标产品扩大市场和取得市场竞争优势的主要变量。文化成为地标产品的内核。因此，站在区域发展的角度，地标产品可以被视为一种特殊的文化产业。

培育特色地域文化成为地标产品发展壮大和成为优势产业、支柱产业的关键，如普洱茶。为了培育普洱茶文化，当地连续举办中国普洱茶节，甚至有些年份将会场设在北京、上海，举行"马帮进京""百年贡茶回归"等具有广泛社会影响力的活动，举办国际茶叶大会、茶文化高峰论坛、普洱茶博览会，组织制茶大赛、斗茶大赛、民族茶艺大赛、茶叶拍卖会等，建设茶博园、博物馆等城市景观，甚至直接将城市名称改为普洱市。在茶文化的推动下，茶产业在2007年上升为普洱市第一大支柱产业[1]。再如阳澄湖大闸蟹。阳澄湖畔的昆山巴城镇确立"以蟹兴镇、一业为主、多业并举"的发展战略，深入发掘当地几千年的蟹文化，配套巴解园、蟹文化博物馆、水上风情园、娱乐场、美食城等相关设施，举办大闸蟹文化节、蟹乡欢乐周、龙舟赛等文化活动，将自然风光、民俗风情与蟹文化融为一体，体现"阳澄烟雨、生态水乡、千年古镇、螃蟹至尊"的意境。蟹文化的成功打造，使巴城成为"蟹都""天下第一蟹城"，实现了"一只蟹带动区域经济发展"的效果。

## 5. 主题公园

主题公园（Theme Park）是一种新兴的大型文化娱乐综合体。主题公园以文化复制、文化移植、文化陈列以及高新技术等手段，通过虚拟环境塑造与园林环境为载体，实现游客对某个特定文化主题的深入和全方位体验。由于主题的大众化、娱乐项目的多样化、科技运用的

---

[1] 黄桂枢："论茶产业成为普洱市第一大支柱产业的成效和意义"，《上海茶业》，2013年第1期。

新颖化,主题公园往往可以吸引大量游客,创造巨量营收。以上海迪士尼乐园为例,年接待游客1100万人左右,在不考虑园内二次消费,仅以人均350元门票单一收入保守计算的情况下,一年的营业收入规模就可达到40亿元左右。作为大型或超大型文化娱乐综合体,主题公园具有拉动一方经济的能力。

近年来我国主题公园发展迅速,大体包括四个类型。第一类是国际连锁品牌,如迪士尼、Hello Kitty等。但这些国际品牌对选点要求很高,数量极少,如迪士尼乐园目前在全球只有6家,在国内只有香港和上海两家。第二类是我国本土连锁品牌,主要是长隆、华侨城和方特。它们拥有自主品牌,近年来发展迅速,2017年游客总量分别达到3103万、4288万和3830万[①],目前正向二三线城市和中西部扩展布点。第三类是"历史文化+影视文化",包括横店影视城、开封清明上河园、西安大唐芙蓉园、无锡水浒和三国城等。以横店影视城为例,2017年游客量达到1600万人,借助影视城带来的相关产业发展,横店实现了从工业小镇向现代旅游城镇的转型[②]。第四类是"自主命题型",发掘各地特色资源作为主题。其中发展最快的是田园综合体,它可以看作是"农业主题公园",尽管这种类型的主题公园尚未发育成熟和定型,但在我国乡村振兴的背景下,正在加速发展之中,成为不少乡村地区发展的重要引擎和依托力量。

---

① "2019年文旅产业发展5大趋势和9大重点",http://www.sohu.com/a/288311965_160257。
② 陈振、曾曼曼:"影视旅游发展现状及对策研究——以横店影视城为例",《绿色科技》,2018年第11期。

## 参考文献

[1] Craufurd Goodwin. Art and culture in the History of Economic Thought, Handbook of the Economics of Art and Culture[J], vol 1, 2006

[2] David Throsby. Handbook of the Economics of Art and Culture[J], vol 1, 2006

[3] IIPA: Copyright Industries in the U.S. Economy: The 2016 Report, https://iipa.org/files/uploads/2018/01/2016CpyrtRptFull-1.pdf

[4] IIPA: Copyright Industries in the U.S. Economy: The 2018 Report, https://iipa.org/files/uploads/2018/12/2018CpyrtRptFull.pdf

[5] James Heilbrun, Charles Gray. The Economics of Art and Culture (Second Edition) [M]. Cambridge University Press, 2004

[6] Ruth Towse. Creativity, Incentive and Reward —— An Economic Analysis of Copyright and Culture in the Information Age[M]. Edward Elgar Publishing Limited.

[7] 艾伦·B.艾尔巴兰著,兰培译.传媒经济[M].大连:东北财经大学出版社,2016

[8] 艾伦·J.斯科特著,董树宝,张宁译.城市文化经济学[M].北京:中国人民大学出版社,2010

[9] 安宇,田广增,沈山.国外文化产业:概念界定与产业政策[J].世界经济与政治论坛,2004(6)

[10] 百安.2018移动视频APP排行榜TOP15[J].互联网周刊,2018(11)

[11] 布鲁诺·弗雷著,易晔,郝青青译.艺术与经济学[M].北京:商务印书馆,2017

[12] 曹普.20世纪70年代末以来的中国文化体制改革[J].当代中国史研究,2007(5)

[13] 曹晟,唐子来.英国传统工业城市的转型:曼彻斯特的经验[J].国际城市规划,2013,28(6)

[14] 陈庚,傅才武.文化产业财政政策建构:国外经验与中国对策[J].理论与改革,2016(1)

[15] 陈元刚,孙平,刘燕.文化经济学:理论前沿与中国实践[M].重庆:重庆大学出版社,2017

[16] 陈振,曾曼曼.影视旅游发展现状及对策研究——以横店影视城为例[J].绿色科技,2018(21)

[17] 大卫·赫斯蒙德夫著,张菲娜译.文化产业[M].北京:中国人民大学出版社,2007

[18] 戴维·索罗斯比著,王志标,张峥嵘译.经济学与文化[M].北京:中国人民大学出版社,2015

[19] 戴维·索罗斯比著,易听译.文化政策经济学[M].大连:东北财经大学出版社,2013

[20] 董晓靖,张纯,崔璐辰.创意文化背景下的传统工业园区转型与再生研究——以美国北卡烟

草园和北京 798 园区为例 [J]. 北京规划建设，2018（1）

[21] 段莉. 我国文化产业就业与人才问题研究 [J]. 华中师范大学学报（人文社会科学版），2017（3）

[22] 范周，关卓伦，孙巍. 回首与展望：新时代下文化产业发展新态势 [J]. 出版广角，2018（2）下

[23] 范周，杨裔. 改革开放四十年中国文化产业发展历程与成就 [J]. 山东大学学报（哲学社会科学版），2018（4）

[24] 高应敏，苏艳. 浅析普洱市茶产业发展面临的机遇和挑战 [J]. 中国茶叶，2018（10）

[25] 宫丽颖，纪红艳. 网络文学平台多元化资本运营探究 [J]. 中国出版，2018（12）

[26] 光明网. 华侨城：战略转型显成效 领跑文旅大时代. http://epaper.gmw.cn/gmrb/html/2019-01/18/nw.D110000gmrb_20190118_4-08.htm

[27] 国家统计局. 2017 年全国旅游及相关产业增加值占国内生产总值的比重为 4.53% http://www.stats.gov.cn/tjsj/zxfb/201901/t20190118_1645545.html

[28] 国家统计局. 文化事业繁荣兴盛 文化产业快速发展——新中国成立 70 周年经济社会发展成就系列报告之八 http://www.stats.gov.cn/tjsj/zxfb/201907/t20190724_1681393.html

[29] 国际统计信息中心课题组. 国外关于文化产业统计的界定 [J]. 中国统计，2004（1）

[30] 韩骏伟，胡晓明. 国际文化贸易 [M]. 广州：中山大学出版社，2009

[31] 韩永进. 文化体制改革三阶段 [J]. 商周刊，2010（8）

[32] 胡惠林. 文化经济学 [M]. 北京：清华大学出版社，2014

[33] 胡惠林，李康化. 文化经济学 [M]. 太原：山西出版传媒集团·书海出版社，2006

[34] 胡惠林. 文化产业发展与国家文化安全 [M]. 广州：广东人民出版社，2005

[35] 黄桂枢. 论茶产业成为普洱市第一支柱产业的成效和意义 [A]. 上海茶业，2013（1）

[36] 吉文桥. 关于"节庆经济"的思考——以盱眙中国龙虾节个案为例 [J]. 学海，2003（2）

[37] 江昱. 城市餐饮老字号及其创新发展研究 [J]. 管理现代化，2018（1）

[38] 蒋宏宾. 美国文化产业的印象与借鉴 [J]. 唯实，2010（11）

[39] 蒋三庚. 文化创意产业研究 [M]. 北京：首都经济贸易大学出版社，2006

[40] 焦斌龙. 文化产业经济学 [M]. 北京：高等教育出版社，2014

[41] 来有为，杨晓东，黄斌. 文化产业发展新常态 [M]. 北京：中国发展出版社，2015

[42] 厉以宁. 文化经济学 [M]. 北京：商务印书馆，2018

[43] 李凤亮，宗祖盼. 经济新常态背景下文化业态创新战略 [J]. 北京大学学报（哲学社会科学版），2017（1）

[44] 李小云，郑剑艺，钟新平. 城市转型背景下的景德镇市陶瓷工业遗产保护和再利用 [J]. 工业建筑，2015（5）

[45] 李季. 中国文化产业市场发展报告 2018. 北京：中国建筑工业出版社，2018

[46] 理查德·凯夫斯著，康蓉等译. 创意产业经济学——艺术的商品性 [M]. 北京：商务印书馆，2017

[47] 林拓，李惠斌，薛晓源. 世界文化产业发展前沿报告（2003-2004）[M]. 北京：社会科学文献出版社，2004

[48] 凌继尧，李林俐. 文化创意与相关产业的深度融合 [J]. 东南大学学报（哲学社会科学版），2014（6）

[49] 鲁钰雯等. 中外特色小镇发展模式比较研究 [J]. 世界农业，2018（10）

[50] 陆立新. 文化产业与中国经济增长的动态关系 [J]. 统计与决策，2009（20）

[51] 露丝·陶斯著，周正兵译. 文化经济学 [M]. 大连：东北财经大学出版社，2016

[52] 马克斯·霍克海默，西奥多·阿多诺著，渠敬东，曹卫东译. 启蒙辩证法：哲学断片 [M]. 上海：世纪出版集团，上海人民出版社，2006

[53] "世界主要经济体文化产业发展现状研究"课题组. 世界主要经济体文化产业发展状况及特点 [J]. 调研世界，2014（10）

[54] 搜狐网. 2019 年文旅产业发展 5 大趋势和 9 大重点 http://www.sohu.com/a/288311965_160257

[55] 王海文. 文化产业经济学——原理·行业·政策 [M]. 北京：高等教育出版社，2013

[56] 文化和旅游部. 2018 年旅游市场基本情况 https://www.mct.gov.cn/whzx/whyw/201902/t20190212_837270.htm

[57] 文化和旅游部. 2018 年文化和旅游发展统计公报 http://zwgk.mct.gov.cn/auto255/201905/t20190530_844003.html?keywords=

[58] 闫坤，于树一. 支持文化产业发展的财税金融政策研究 [J]. 华中师范大学学报（人文社会科学版），2015（5）

[59] 叶朗. 中国文化产业年度发展报告 2017[M]. 北京：北京大学出版社，2017

[60] 昝胜锋. 文化经济学[M]. 北京：中国人民大学出版社，2016

[61] 张欣，高长春. 中日创意产业发展比较分析[J]. 现代日本经济，2010（3）

[62] 中国人大网. 雒树刚：国务院关于文化产业发展工作情况的报告 http://www.npc.gov.cn/npc/c30834/201906/d6205ca4de0b49c6994b7427880b143b.shtml

[63] 中证网. 2018年上市文化企业数量可望保持增长. http://www.cs.com.cn/sylm/jsbd/201806/t20180609_5821263.html

[64] 周宏燕. 中国文化产品贸易特征、地位与趋势[J]. 宏观经济研究，2016（6）

# 第七章 文化资本

文化资本是指以文化形式参与社会再生产并可以产生增值的生产要素。作为文化经济中最活跃的生产要素，文化资本也是文化产业形成和壮大的重要动力源泉。目前我国文化资本主要包括了文化投资、文化遗产、品牌字号、文化IP、人气潮流等几种典型形态。掌握文化资本规律，发挥文化资本效能，适度开展文化资本运营，对文化经济快速和健康发展具有重要促进作用。

## 第一节　文化资本：文化经济中最活跃的生产要素

文化资本是继物质资本、人力资本、自然资本之后的第四种资本类型，是文化在人类社会再生产中作用日益凸显的结果。文化资本与文化资源密切相关却不完全等同，文化资源是文化资本的基础，但只有在经过"活化"之后才能成为文化资本。文化资本由于其高价值、高流通和高收益的特点，对文化经济产出扩张具有重要动力效能，成为文化经济中最活跃的力量。

## 1. 文化资本界定

研究文化资本在文化经济中的地位和作用，首先需要对文化资本进行科学合理界定。文化资本的概念是法国社会学家布尔迪厄[①]在 20 世纪 80 年代末期提出的，此后成为西方学界热烈讨论的一个话题。此后国内外文化经济学者通过不同的理论框架，对文化资本作出各种界定。在本书中，将文化资本界定为以文化形式参与社会再生产并可以产生增值的生产要素。

### （1）布尔迪厄提出文化资本概念

文化资本是布尔迪厄对马克思的资本理论进行非经济学解读之后提出的一个社会学概念，最早见于布尔迪厄在 1986 年发表的《资本的形式》一文。布尔迪厄认为，资本包括三种形式，即经济资本、社会资本、文化资本。正如资本是劳动的积累一样，文化资本是劳动在文化活动场域内的积累，不同场域内的资本可以相互转换，如付出一定的代价之后，文化资本可以转化为其他形式的资本。文化资本不是某个实体性的概念，而是具有十分广泛的内涵。在布尔迪厄看来，文化资本包括三种基本形态[②]。

第一种是身体化形态，又称具体的形态。它是指人们通过家庭、学校教育所获得并成为精神和身体的持久"性情"的形态，如知识、教养、技能、趣味和感性等文化产物。身体化形态的文化资本必须通

---

① Pierre Bourdieu，又译为布迪厄。
② 布尔迪厄著，包亚明译：《文化资本与社会炼金术——布尔迪厄访谈录》，上海人民出版社 1997 年版，第 192～201 页。

过花费大量的实践、经历和物质财富的学习才能获得。

第二种是客观化形态，又称物化的形态。具体来说，包括文学、画作、工具、机器、古物等物质化的文化财富，都是文化留下的物质痕迹和具体显现。这一形态的文化资本获取相对较为容易，如画作的收藏可以像经济资本一样传递和转让。

第三种是体制化形态。它是对人的知识和技能的一种正式认可，即通过官方颁证、社会公认等方式给予体制上的承认或授权，包括文凭、资格证书、营业执照等。从某种意义上说，体制化文化资本是介于身体化文化资本与客观化文化资本之间的一种形态。其中最典型的是文凭，它同时也是经济资本转化为文化资本的一种方式。

（2）文化资本概念的发展演进

在布尔迪厄之后，学者们围绕文化资本这一概念进行了热烈讨论，虽然未能达成完全共识，但这一概念得以不断丰富和深入。

戴维·索罗斯比在前人研究基础上，对文化资本概念进行了集大成的研究。他从经济学角度出发，对文化资本与传统的资本概念进行了统一，将资本分为物质资本、人力资本、自然资本、文化资本四种类型，文化资本是其重要类型之一。对文化资本来说，索罗斯比认为包括两种存在形式：一种是有形的形式，如建筑物、场所、遗址、庭院、绘画、雕塑等；另一种是无形的形式，实质是一种智力资本，表现为某个群体所共享的思想、习惯、信仰和价值观等。在此基础上，他提出"文化资本是以财富的形式具体表现出来的文化价值的积累"，这种积累紧接着可能会引起物品和服务的不断流动，与此同时，形成本身具有文化价值和经济价值的商品①。

徐望对布尔迪厄的文化资本理论进行了批判，认为其存在"四个忽视"：一是过于强调文化资本以个体符号的形式存在，并以社会场中的符号权力及交易规则体现，却忽视了文化资本可以作为文化产业的驱动力，以国家为经济单元进行全球博弈与产业竞争；二是过于强调文化资本作为个体的内在财富，是拓展个人发展空间的手段和策略，却忽视了文化资本具有改变产业形态和经济增长方式的作用；三是过于强调文化资本以教育、学习方式获得，却忽视了文化资本在人类精神需求和文化消费中扮演的角色；四是过于强调社会阶级和体制的稳定性，片面看到社会固化的一面，却忽视了社会变迁、社会运动的活跃性②。

陈元刚认为，文化资本这一概念并不是文化与资本两个概念的简单结合，而是文化资本化的重要体现。资本概念主要应该从经济学角度进行理解，因此文化资本的中心意义在于资本，在于文化的资本化。所以，文化资本是以财富为具体形式表现出来的某种特定文化价值的积累，并于积累过程中不断推动具有文化价值和经济价值的商品和服务的流动，从而促进社会财富的增长。王雪野基于文化产业来定义文化资本，认为文化产业可以被理解为一种向消费者提供精神产品或服务的行业，而文化资本则是资本投向文化产业而形成的特有的资本形态和运营模式。陈锋则基于文化资源来定义文化资本，认为当掌握了文化资源的所有权，并凭借这一所有权用来满足需要和获取利益时，这种文化资源实际上就成为文化资本。

---

① 戴维·思罗斯比著，潘飞译："什么是文化资本？"《马克思主义与现实》，2004年第1期。
② 徐望：《文化资本时代的中国文化产业论》，中国经济出版社2017年版，第39～40页。

### （3）本书对文化资本的界定

在综合借鉴前人研究的基础上，本书对文化资本进行了自己的界定：文化资本是指以文化形式参与社会再生产并可以产生增值的生产要素，其中包括了三个要点。

一是文化形式的资本类型。人类对资本类型的认识不是一步到位，而是经历了一个长期的过程，随着经济社会向更高阶段发展、参与社会生产的资本范畴不断拓展，逐渐认识到各种资本类型。最先是物质资本，随着近代工业革命，出现了工厂、机器、建筑这样的重要的生产要素，人们将之称为资本。其次是人力资本，随着人身具有的技能和经验的作用越来越突出，甚至有时超过物质资本，由此被人们确认为一种资本类型。再次是自然资本，随着人类对自然资源更广阔的采掘和使用，逐渐意识到资源的有限性和不可再生性，于是自然资源成为资本。最后，随着文化经济形态蓬勃兴起，文化成为一种活跃的生产要素，对产出效率和效益具有根本影响，人们又提出文化资本。因此，文化资本这一类型是人类经济社会往更高阶段不断发展的产物，是继物质资本、人力资本、自然资本之后的第四种资本类型。

二是参与社会再生产。文化资本参与的不仅是文化产品的生产，还包括大量物质产品的生产，其参与的是整个社会再生产范畴。一些学者将文化资本定位于文化产品生产，如文学、电影、演出这样的"纯"文化品，这一定位并不准确，而是"缺失了半边"。实际上，文化资本也大量参与物质产品的生产，方式是在物质产品生产和销售中融入文化元素，除了本书第一章里提到的茶叶、白酒等文化型物质产品之外，还有大量的联名款、纪念款、合作款、明星款等灵活参与方式①。文化的介入和"加持"使人们在消费这些物质产品的同时可以获取更多精神满足和享受，不仅提高市场竞争力，而且提升产品价值。通过这样一种方式，文化资本已经在参与大量物质产品的生产，而并非仅局限在通常的文化产品领域。因此，在文化经济时代，文化资本作为一种生产要素，参与的是整个社会再生产，并产出大量文化经济产品。目前，文化资本参与社会再生产的范围和深度还在不断拓展之中。

三是可以产生增值。文化资本之所以可以成为资本，本质是因为它具有增值功能。马克思认为，资本是可以产生剩余价值的价值，它具有三个特性：价值性、流通性和增值性。在这三个特性当中，最根本的是增值性，"它会产仔，或者说，它至少会生金蛋"②，这才是真正吸引人们关注的诱因所在。文化资本不仅具有增值性，而且，与传统资本类型相比，它作为一种新兴的、方兴未艾的资本类型，增值能力还更强一些。尤其是随着社会进步和收入提高，人们越来越追求精神享受，对文化价值、文化含金量和文化附加值的心理估值显著提高，文化经济的回报率显著高于一般性的经济活动。通过对文化资本的占有、使用、流通、处分，经过持续的往复循环过程，文化资本的所有者可以获取优厚的经济回报。由于具有良好的增值性，文化资本受到了各界更多的关注。

---

① 如2019年6月，优衣库发布KAWS（kAWS是一名近年来很火的美国街头艺术家）联名系列产品，引发钻卷帘门、百米冲刺进店、十分钟售罄、扒走模特身上的样品、黄牛炒作价翻八倍等火爆局面。

② 《马克思恩格斯选集》（第2卷），人民出版社2012年版，第159页。

## 2. 文化资本与文化资源辨析

文化资本和文化资源是人们经常使用的两个概念，二者既有紧密联系也有显著区别，不可混淆等同。应当准确辨析文化资本和文化资源的本质异同，使文化资源更多、更有效地"活化"为文化资本，从而既可有效提高文化资源利用效率，又可避免无效投入和财富浪费。

### （1）文化资源：人类文化活动的时空积累

文化资源是和文化资本比较相近的一个概念。张胜冰认为，文化资源是资源的一种表现形式。相对于其他资源来说，文化资源是一种特殊的资源，它指的是具有文化属性的各种资料，包括物质资料和精神资料等。从来源上看，文化资源蕴藏于深厚的文化传统之中，是在人类社会历史文化长河中逐渐累积起来的。陈元刚等认为，文化资源是指可以开发用于生产过程从而创造出财富的文化活动形式及其成果，是人们从事文化生产或文化活动所利用的各种资源的总和，是指可以开发来用于生产过程从而创造出财富的文化活动形式及其成果，是人类所创造的物质文化、制度文化和精神文化遗产的总和，是指前人所创造积累的文化遗产库和今人所创造的文化信息的总和，并提出文化资源具有多样性、可再生性、传承性、稳定性、共享性、地域差异等主要特征，是一个外延非常丰富的系统。姚伟钧认为，文化资源是指人类在漫长历史发展过程中所积淀的，通过文化创造、积累和延续所构建的，能够为社会经济发展提供对象、环境、条件、智能与创意的文化要素的综合，具体一般呈现出三种形态，一是符号化的、具体的文化要素，二是精神性的、非物态的文化内涵，三是经验性的文化技能和创新型的文化能力。

本书认为，文化资源是人类文化活动在时间和空间上的累积，是人类生产生活实践的产物。在人类产生以前，既不存在文化，也不存在文化资源。随着人类产生，在其长期劳动实践和社会生活中，逐渐形成丰富多样的文化产品，既包括有形的和物质的，如建筑、器物、艺术作品等，也包括无形的和精神的，如文化精神、思想观念、语言文字、建筑风格、社会组织等。这些文化产品中相当一部分并不会随着当时的使用而湮灭，而是可以以某种方式被贮存下来，经过一段时间后就在特定空间范围内形成了积累。不仅过去历史年代的文化产品以积累方式存在，而且当前的文化产品也正在悄无声息地累积之中。所有这些积累既具有文化本身的价值，又具有文化上的使用价值，可在其后的生产生活中使用，由此成为文化资源。

（2）文化资本必须以文化资源为基础

将文化资源与前述文化资本的定义相比较，可以看出文化资源是一个更为宽泛、更具基础性的概念，凡是人类文化活动的时空积累都可以称为文化资源。如果对文化资源加以利用，将其文化价值转化为经济价值，则这些文化资源就进一步成为文化资本。从这个角度来讲，文化资源是文化资本的前提和基础，某一事物或形态要想成为文化资本，前提条件是它属于文化资源，具备文化上的价值和使用价值。凡是不具有人类文化活动时空积累、连文化资源都不是的，则必然不属于文化资本。

### 专栏7-1　　　　　　　　"金缕玉衣"骗贷案

"金缕玉衣案"既是艺术收藏界啼笑皆非的真实故事，也是文化金融中令人警醒的典型案例。2002年，北京燕山华尔森实业集团总裁谢根荣在资金链断裂、无力归还银行到期贷款的情况下，通过炮制"金缕玉衣"和"银缕玉衣"骗局来骗取银行贷款，整个过程分为四步：第一步，从老家南浔镇江南一条街小商贩处购买玉片，请北京某文物鉴定委员会主任牛某用金丝线和银丝线串联起来，做成"金缕玉衣"和"银缕玉衣"的粗陋仿制品；第二步，出钱请来世界文物艺术品鉴定评估委员会、故宫博物院、北京大学宝石鉴定中心等单位的顶级专家来鉴定，专家们隔着玻璃橱柜看了一眼，就出具了鉴定结论为真和评估价24亿元的鉴定评估报告；第三步，带领银行行长参观"金缕玉衣陈列馆"，出示国家顶级专家鉴定书，展示实力，提出与银行再次合作；第四步，银行行长被"金缕玉衣"和专家评估报告打动，不仅不再追讨债务，而且开具高达4.5亿的银行承兑汇票，谢根荣不失时机地贴现1.5亿。

这一事件的结果已经人尽皆知。东窗事发后，谢根荣犯贷款诈骗罪被处以重刑，银行行长被追责，出具"为真"鉴定书的"顶级专家"受到公众的质疑和谴责。这一案件也深刻揭示了文化资本与文化资源的关系。真正的金缕玉衣是我国古代的艺术精品，也是当时制作技艺、社会等级、殡葬习俗的真实体现，属于非常珍贵的文化资源，由此具有极高的经济价值。而人工炮制的"金缕玉衣"仅仅是粗制滥造的假货，不含有人类文化活动的沉积，不属于文化资源，也就不具备成为文化资本的基础性条件。以非文化资源来作为文化资本进行抵押、质押或实力展示，其性质只能是诈骗。这一案件从一个侧面显示了文化资本与文化资源的关系。

### (3)文化资源经"活化"成为文化资本

文化资源是文化资本的基础,则相应地,文化资本成为文化资源的一种特殊形式,其"特殊"集中体现在经济性上。文化资源仅仅是文化,而文化资本是文化经济,同时具有文化和经济两个属性。文化资本不仅是人类文化活动的时空积累,而且要求这种积累必须具有经济性,因此,文化资本比文化资源的要求更为严苛。现实地来看,文化资源是个非常广阔的范围。如李富强认为,我国西部地区拥有极其丰富的民族文化,包括:语言文字多种多样,意蕴深远;服装配饰姹紫嫣红争奇斗妍;饮食文化五花八门,各具特色;建筑装潢风格各异,特点鲜明;工艺美术繁花似锦,琳琅满目;宗教文明形态各异,交汇融合;民间文学浩如烟海,内涵丰富;传统体育项目繁多,淳朴浓郁;养生科学各成体系,熠熠生辉;传统节日竞相举办,隆重热烈[1]。这些民族文化瑰宝都是难以估价的文化资源,却并非都属于文化资本,只有那些用于社会再生产活动并且可以产生增值的部分文化资源才属于文化资本。

文化资源要想成为文化资本,必须经过"活化"的过程。所谓活化,同时也是文化资源被开发利用和参与社会再生产的过程。它包括四个环节:一是筛选。并非所有文化资源都具有成为文化资本的能力,只有那些富集达到一定程度、符合时代需求、拥有广阔潜在受众的文化资源才有条件成为文化资本,因此,"活化"的第一步是筛选,对特定文化资源进行评估,判定其是否具有成为文化资本的可能性。二是

---

[1] 李富强:《让文化成为资本——中国西部民族文化资本化运营研究》,民族出版社2004年版,第57~64页。

发掘。文化资源是人类文化活动的时空积累，积累固然突显其历史文化价值，但同时也往往使其难以受到当代人的认同，因此，必须对其文化涵义进行再创作、再创造、再创新，赋予其新的、更为丰富的内涵，使文化资源成为当代人可听、可感、可体验的文化形式，提高其当代的使用价值。三是运作。文化资源价值被市场认可是其参与社会再生产的根本前提，文化资源整理发掘之后，必须经过市场对接、权威认证、宣传推广等手段，提高其知名度、美誉度、接受度，使其成为活跃的、可创造新价值的生产要素，这是文化资源转化为文化资本的关键环节。四是配套。从文化资源到文化资本不是简单的转化，在消费者对文化产品体验和消费的过程中，还需要大量配套的外部条件，才能保障文化产品消费过程的完整和圆满完成。必须融合其他要素、相关主体的参与，完善文化产品消费的配套条件，由此，文化资源"活化"为切实的文化资本。

## 3. 文化资本与文化经济生产

文化资本介入社会再生产的产物是文化经济。作为一种生产要素，文化资本与其他有形资本、土地、劳动力等要素相结合，形成新的产品形式。文化资本作为文化的使用价值在这一过程中也不会灭失，而是仍然以文化的形式存在，且具有新的和更强的作为文化的使用价值。这一同时具有经济和文化两种属性的产物就是文化经济。尽管其具体形式可能各异，既可以是单纯的精神和文化产品，也可以是物质产品中所包含的文化附加值。文化经济是文化资本参与社会再生产的产物。

文化资本参与社会再生产的过程，同时是实现价值增值的过程。文化资本作为一种切切实实的资本，同样遵循"G-W-G′"的资本总公式[①]，参与流通和生产过程，并在此过程中实现增值。从主观来说，文化资本参与社会再生产是由于逐利动机，但在客观上，由于文化资本的参与，形成了数量更多、价值更高的文化经济，丰富了社会的物质文化生活，增加了社会的财富创造。文化资本对社会再生产的参与不是一次性的，而是可以周而复始地、无限次地发生，在这个过程中，文化资本持续地获得增值和回报，文化经济就像滚雪球一样形成和膨胀。比如，庞大的、在国民经济中占据重要地位的文化产业就是基于这样的过程，从无到有逐渐发展起来的。

文化资本是文化经济中最为活跃的要素。文化经济的产生和发展，历史背景是人类社会发展到较高阶段，文化生产出现新的形式，但其最直接和最重要的推动力量则是文化资本。在文化资本出现之后，文化要素从受到限制的使用价值形式，转变为更具普遍性的价值形式，从而使一般社会资本无障碍地进入文化资本领域，文化资本从源头上大大拓宽了。随着文化资本形式日益多样，渗透的领域越来越广，原有的人类历史中形成的大量沉寂的文化资源得到有效激活，汇合为新的、更具创造力的文化资本。文化资本具有高价值、高流通和高收益的特点，其动力效能既高于其他形式的资本，更高于劳动力等要素，在文化经济的生产中占据主导和引领的作用，成为文化经济中最活跃的力量。

---

① 《马克思恩格斯选集》（第2卷），人民出版社2012年版，第159页。

## 第二节 文化资本典型形态

作为一种活跃的生产要素,文化资本不仅时刻处于流通之中,而且其形态也时刻在发生变化。文化资本的具体形态多种多样、异彩纷呈,很难对之进行全面完整的分析。本节将以列举的方式,考察五种比较重要的文化资本形态,即:文化投资、文化遗产、文化IP、人气潮流和品牌字号。尽管形态各异,但它们都有一个共同的特征,就是以文化的形式参与社会再生产而且具有非常强的回报性,我们将之称作文化资本的典型形态。

### 1. 文化投资

本书中所说的文化投资,是指以保值增值为目的投入到文化上的货币资金。马克思将资本分为商品资本和货币资本两个部分,"就社会总资本来说,它的一部分总是作为商品处在市场上,以便转化为货币,虽然这部分的构成要素不断改变,甚至数量也在变化;另一部分则以货币形式处在市场上,以便转化为商品"[1]。文化资本也同样如此。除了作为生产要素参与社会再生产的实物形式的文化资本,随时还不断会有新的货币资金投入到这一生产过程中来,即文化投资。文化投资的实质,就是一种货币形式的文化资本。在实践中,文化投资主要分作两个领域,一个是文化产业融资,另一个是收藏。

---

[1] 《马克思恩格斯选集》(第2卷),人民出版社2012年版,第513页。

先看文化产业融资。近年来我国通过资本市场主流渠道流入文化产业的资金规模整体呈现快速增加趋势。根据新元文智·中国文化产业投融大数据系统（文融通）的统计，2014～2017年间，我国文化产业资金流入分别为3253亿元、3260亿元、3951亿元和3728亿元，整体呈现增加趋势，其中2016年为爆发态势，文化产业融资达到历史巅峰。2017年略有回调，资金进入文化产业更为理性，流向分布更为合理，互联网信息服务、文化旅游、影视动漫、新闻出版、文化装备制造、网络游戏等构成文化产业重点吸金领域，上述6个领域合计流入资金在整个文化产业中占比达到83.93%。从融资区域看，排在前列的分别是北京、广东、浙江、上海、山东等省市。

再看收藏。"乱世黄金，盛世收藏"，随着我国社会稳定和经济繁荣，收藏成为吸引社会资金的重要热点。收藏对象以文化艺术品为主体，但并不仅限于文化艺术品领域。除了大众熟知的古代瓷器、名人字画这些文化艺术品，收藏品的范围还包括黄金、纪念币、翡翠、玉器、紫砂壶、红木家具、白酒、发酵茶、老爷车、名贵手表等，其中大量属于具有文化价值的物质产品。从相对易于统计的艺术品拍卖市场的情况来看，近年来我国收藏市场持续增长，涉及的领域越来越丰富，价格也持续走高。在2017年北京保利秋季拍卖中，全球最贵中国艺术品纪录诞生，齐白石的《山水十二条屏》以9.315亿元人民币成交，中国艺术品成交价首次突破1亿美元。企业收藏成为艺术品市场的最大推手。企业藏家购买力占整个艺术品市场的60%以上，活跃在北京、上海各大拍卖场上的买家，70%以上都是企业家，机构收藏成为中坚力量[①]。

总体来看，未来我国文化投资仍将保持快速增长的趋势，这里包

---

① 江珊："企业收藏：艺术品市场最大推手"，《公关世界》，2017年第3期。

括了五个方面的因素。一是发展阶段。2018年我国人均 GDP 接近 1 万美元,按照世界银行标准已经跻身于中等偏上收入国家行列,住户存款余额突破 70 万亿元,随着居民变得越来越富裕,手里掌握的货币资金出现保值增值的客观需要。二是经济增速。我国正在从高速增长阶段转换到中高速增长阶段,整体经济增速变慢,而文化相关领域增长相对较快,自然会吸引社会资金的进入。周茂非认为,"宏观经济越不好,越要投文化产品"①。三是货币政策。"大河涨水小河满",货币流量对文化投资具有重要影响。2019年中央经济工作会议对货币政策进行微调,从原来"稳健的货币政策要保持中性,管住货币供给总闸门"变为"稳健的货币政策要松紧适度,保持流动性合理充裕",将对文化投资产生促进作用。四是投资机会。我国仍处于供给侧结构性改革"三去一降一补"巩固期,产能过剩行业仍在加快出清,新的实体经济投资机会尚未大规模显现,文化作为新兴领域,仍具有更多和更好的投资机会。五是舆论导向。随着网络文化的扩张,以及国家宝藏和各类鉴宝节目的热播,文化投资已经成为吸引社会各界关注的舆论热点。这一热点目前呈现方兴未艾的态势,随着人们文化投资意识的提高、文化投资知识的丰富,文化投资热情仍将进一步高涨。在未来,将会有更多的货币资金进入文化领域。

## 2. 文化遗产

文化遗产是一种传统的也是非常重要的文化资本形态。文化遗产

---

① 北京文投周茂非:"宏观经济越不好 越要投文化产品",https://finance.sina.com.cn/roll/2019-01-16/doc-ihqhqcis6711720.shtml

是文化资源的一种，是经过严格筛选和官方认证的优质的文化资源，在实践中分为物质文化遗产和非物质文化遗产两个大类[①]。如我国已先后公布四批国家级非物质文化遗产代表性项目名录，共包括10个类别、1372个国家级非物质文化遗产代表性项目和3154个子项。文化遗产作为优质的人类文化活动积累，具有极高的使用价值，如观赏、教育、体验等，是文化旅游业最基本的生产要素。文化遗产通过参与上述生产过程，可以转化为经济上的价值，为其产权人带来增值回报。由此，文化遗产成为一种重要的文化资本。

文化遗产作为文化资本，必须对其经济价值进行认定。文化遗产不同于其他资本，其他资本往往是通过市场方式获得，其经济价值是自明的。文化遗产是人类文化活动的时空积累，人们经常用"价值连城""难以估量"来对其进行描述，所指的是文化价值，其经济价值仍然是未知的甚至是未可知的。然而，文化遗产作为一种资本参与社会再生产过程，必然要求对其经济价值做出判断，否则其社会再生产过程很可能难以组织和完成。无论是对物质文化遗产，还是对非物质文化遗产，在开发利用中都必须解决好经济价值评估的问题。

**专栏7-2　贵州西江千户苗寨旅游项目的文化资本审视**

西江千户苗寨位于贵州省黔东南苗族侗族自治州雷山县内，是一个保存苗族"原始生态"文化非常完整的地方。它由10余个依山而建的自然村寨相连成片，是目前中国乃至全世界最大的苗族聚居村寨，是领略和认识中国苗族漫长历史与发展之地。由于历史、地理等

---

[①] 对文化遗产的界定、认证和保护将在本书第八章论述，本部分仅涉及其作为文化资本的功能和价值认定。

原因，西江苗寨仍较好地保留着厚重的苗族传统古文化，所在的雷山县民族文化遗产非常丰富，共计拥有13项国家级非物质文化遗产，包括苗族飞歌、芦笙舞、铜鼓舞、古藏节、银饰锻制、吊脚楼营造技艺等。

在过去，这些非物质文化遗产未得到有效开发利用，西江苗寨村民"守着银山过穷日子"。20世纪90年代初期开始，西江苗寨开始依托这些非物质文化遗产开发旅游产业。雷山县政府成立西江千户苗寨文化旅游发展公司，由旅游局"一班人马两块牌子"进行经营。此后逐渐实现政企分开，脱离政府成为一个独立运行的公司。公司发展初期，政府投入大量人力物力进行景区基础设施改造和旅游景区宣传，征用村民部分农田、山林，修建相关旅游接待设施，如酒店、旅馆、停车场等。西江千户苗寨文化遗产转变成文化资本。

此后，西江千户苗寨实现了快速发展。从2008年开始，西江苗寨传统农业生产方式逐渐被现代旅游业取代，苗族民俗、歌舞表演吸引大量外地游客，"苗家乐"、民族工艺品店、餐饮、酒吧等经营场所遍地开花。年接待游客数量持续快速增长，西江千户苗寨成为贵州仅次于黄果树的最重要旅游景点。2018年，西江苗寨村民人均收入超过2万元，苗族文化遗产变成了高回报的文化资本。旅游公司拿出15%的门票收入作为整个村寨的文化保护奖励，后又提高至18%，用于奖励村民对文化遗产的保护。西江苗寨非物质文化遗产陆续进入"国家级非物质文化遗产代表作项目名录"，获得系列荣誉称号，社会知名度持续提升，文化资本不断获得增值。

刘孝蓉对西江千户苗寨景区的经济价值进行了评估。运用个人旅行成本法（ITCM），算得其游憩价值为19.7亿元，运用支付意愿法（又称假设市场评价法，CVM），算得其非使用价值为2.1亿元，二者合计，西江千户苗寨景区总经济价值评估为21.8亿元。

资料来源：刘孝蓉：《文化资本视角下的民族旅游村寨可持续发展研究》，中国旅游出版社2018年版，第154页；林文君：" '西江模式'：苗寨文化资源变成发展资本——对话贵州省民间艺术家协会主席李天翼"，《贵州民族报》，2018年12月21日第B01版。

对文化遗产作为文化资本的估值，可以通过成本收益法来进行，其中难点又在对收益的估算上。一般来说，文化遗产并不能简单地、直接地作为文化资本来利用，而是必须投入相应的开发成本。以某一特定物质文化遗产项目来说，要想将其开发成旅游景点和获取回报，必须进行复原、保护、改造、扩建、布展、利用、配套、申报星级景区等各个环节的工作，这些环节虽然繁琐，但估算并不存在技术上的困难。难点是对未来收益的估算上。为了对未来收益进行尽可能准确的估算，人们已经开发出一些技术方法。通常地，可以使用旅行成本法（TCM，Travel cost method）对文化遗产的使用价值进行评估，即消费者准备花多少钱来此旅游观光，同时，可以使用假设市场评价法（CVM，Contingent valuation methodology）对文化遗产作为公共产品的价值进行评估。通过上述两种方法估算特定文化遗产项目未来经济回报，并将这些回报贴现加总，就构成了文化遗产的收益现值。收益现值与投入成本的差值，就是文化遗产作为一种文化资本的市场价值。

## 3. 品牌字号

品牌是某种特定商品与其他商品相区分的名称、标记、符号或设计，是具有经济价值的无形资产。品牌依托于特定物质产品，但品牌本身却具有强烈的文化特性。首先，品牌集中体现为某种社会性的符号，这本身就是人们对文化的定义之一。其次，品牌尤其是那些在国际国内享誉盛名的品牌，往往已经脱离其产品本身，而成为某种特定文化的象征。比如博柏利（Burberry）体现的是浓郁的英伦文化，可口可乐体现的是洒脱的美国文化，奔驰汽车体现的是严谨的德国文化。再次，品牌的背后往往是传奇故事，正是品牌文化才构成品牌更坚实和更厚重的基础。几乎每个著名品牌都有自己独特的传奇故事，这些故事与产品结合在一起，被人们口耳相传广为传诵，成为品牌与消费者之间宝贵的感情纽带。从创始人的个人传奇，品牌如何诞生到有关品牌质量、服务的感人故事，品牌与历史事件、社会名人的联系等都成为消费者对品牌的认知和记忆。这些传奇故事经过整理和加工后，往往还会成为影视剧创作的素材，如以"王老吉"创始人为原型的电视剧《岭南药侠》，反映同仁堂历史变迁的《大宅门》等。

在诸多品牌中，老字号由于积淀更多历史文化而具有更为浓重的文化特征。老字号对应的英文为 time-honored brand，意为长期历史赞誉的品牌，突出强调其历史性和文化性。2006年商务部首次对"中华老字号"作出明确定义：中华老字号是指"历史悠久，拥有世代传承的独特的产品、技艺或服务，具有鲜明的中华民族传统文化背景和深厚的文化底蕴，取得社会广泛认同，形成良好信誉的品牌"。根据相关规定，要认定一个品牌为老字号，创建年龄至少要在50年以上，首先在时间上就体现了历史的痕迹。老字号都是所在城市的自主品牌，传承了各个城市的地域特色和灿烂文化，展示了城市的历史风貌、独特记忆和祖辈智慧，见证了我国民族工商业的发展和历程，是我国历史长河中的宝贵精神财富。目前，我国已经先后公布两批"中华老字号"名录，先后共有1128家企业被授予这一称号。

在社会再生产过程中，通过品牌字号可以获取丰厚的经济回报。品牌字号可以产生良好的社会氛围和忠诚的客户群体，不仅使产品在市场竞争中处于优势，而且还直接赋予产品以经济附加值。品牌字号的知名度越高，则这种附加价值越大，有时甚至远远超过产品本身的物质价值。以某些国际大牌服装箱包为例，面料和做工不足其价值的10%，90%的价值都是品牌价值或者说文化价值的体现。在北京，同样是烤鸭，全聚德的价格超过其他一般烤鸭店的几倍，此外还要另外加收服务费。由此可见，品牌字号已成为一种文化资本，具有了相应的市场价值。在2018年中国品牌价值100强的评选中，五粮液、茅台估价超过1000亿元居于前列，同仁堂、云南白药、东阿阿胶、全聚德等老字号也位列其中。

更好地发挥品牌字号作用，以期在产品生产中产生更高的、长期可持续的回报，需要对品牌字号本身进行有效的维护。以我国老字号为例，这种维护包括三个方面。一是文化时代更新。老字号本身是把双刃剑，作为历史文化的积淀，很大程度上带有过去时代的特征，却未必符合当代人的审美情趣和需求。老字号在历史传承的同时必须注入新时代的元素，与现代技术结合，才能找到新的市场定位。二是品牌形象维护。老字号是经过长期历史积淀形成的市场形象，其形象破坏却往往是一朝一夕、一触即溃的事，如2004年南京冠生园由于陈馅月饼事件宣告破产，2019年同仁堂由于蜂蜜事件造成声誉损失。因此必须珍惜品牌形象，不能"砸牌子"。三是知识产权保护。老字号是可以产生增值的文化资本，也是市场上很多人觊觎的对象，一些老字号疏于对品牌的注册、经营和管理，导致百年来的经营品牌被他人轻而易举地夺走，一旦发生这样的情况，即便事后可以维权成功，也会付出高昂的成本。品牌字号必须得到良好维护，才能持续发挥其文化资本的作用。

## 4. 文化 IP

文化 IP 特指近年来在互联网和新媒体蓬勃发展的大背景下，所产生的具有新奇文化创意、优质文化内核和强烈文化辐射的原生文化产品。IP 是英文 Intellectual Property 的缩写形式，可以直译为知识产权，它由来已久，包括版权、专利、商标和设计 4 大类别。但近年来社会热议的 IP，却不能简单套用上述 Intellectual Property 概念，因此在本书中进行了重新定义。从这一定义来看，文化 IP 和前文所述的品牌字号有共通之处，甚至存在少量重合的情况，如"新华书店"既是一个品牌字号同时也是一个文化 IP。但总的来看，文化 IP 与品牌字号之间存在明显差别。一是初始来源不同。品牌字号多源于商业经营，最初往往是某个物质产品的注册商标，后来由于历史的积淀而成为文化，而文化 IP 的初始来源就是文化，如某部文学作品。二是层次结构不同。文化 IP 往往表现出从核心层到扩展层的多个纵向层次，而品牌字号缺乏这一纵向层次结构，主要表现为横向扩展。三是知识产权属性存在差异。与品牌字号相比，文化 IP 作为知识产权的属性更强，附加值更高，形式更多样，价值链更复杂，在实践中遇到的知识产权问题也更多。凭借其良好的收益性，文化 IP 异军突起，成为一种重要的文化资本。

最典型的文化IP是影视剧IP，这也是文化IP这一概念最先产生的领域。在影视剧IP中，第一层级是为影视剧提供基础框架或创意来源的、具有版权属性的文化作品，如小说、网络文学、网络游戏、漫画绘本、戏曲故事等，可称之为原生IP。第二层级是拍摄、制作并上线销售的影视剧作品，且取得良好的市场反响，具备开发续集的潜力，在未来具有稳定的可预期市场影响力和商业价值，可称之为影视IP。第三层级是在影视剧市场成功的基础上，相关情节、形象深入人心，可以后续开发人物、形象、产品、道具等获取商业价值，可称之为衍生IP。如果该影视剧IP辐射力足够强，还可继续衍生出更多的IP层级。2010年以来，我国网络文学改编成影视剧的势头不断高涨，在社会影响和商业价值上不断结出硕果，如《甄嬛传》《琅琊榜》《花千骨》《欢乐颂》《秦时明月》《盗墓笔记》《三体》《致我们终将逝去的青春》《三生三世十里桃花》等。以《花千骨》为例，它本是连载于晋江文学城的网络小说，于2008年12月独家首发，是一部文笔精美、诡异奇幻、凄美动人、悬念丛生的仙侠小说，网络点击量接近千万，是一个优质和成熟的原生IP。2015年，电视剧《花千骨》在芒果卫视一经播出，在电视和视频网站上都霸占收视率榜首，随即形成影视剧IP和衍生IP，收割巨量商业价值。目前，网络文学创作已形成一套流水线作业方式，基本流程包括：签约写手→作品→电子收费→书籍出版权→移动阅读权→手游或页游→影视剧改编→漫画、动漫→网络游戏→海外版权转让。按照这一流程，《花千骨》改编成电视剧属于其第7个环节[①]。

---

[①] 潘杨燕："从《花千骨》火爆荧屏看网络文学IP'触电'热"，《传媒观察》，2016年第1期。

近几年来,博物馆 IP 成为大众关注的人们话题。博物馆是珍贵文物和艺术品的汇集之地,具有强大的文化辐射能力。博物馆文创开发在国外起步非常早,如 1911 年大英博物馆首次在博物馆内进行明信片销售,1912 年第一家博物馆商店开业。美国大都会博物馆文创商店体系已经比较完备,每年艺术衍生品销售额达到 4 亿 ~ 5 亿美元,占到全部收入的 80%。我国博物馆 IP 近年来成长迅速,尤其是台北和北京两个故宫博物院走在前列。台北故宫的"朕知道了"胶带、翡翠白玉伞早已为大众熟知,北京故宫的朝珠耳机、故宫壁纸、故宫输入法皮肤、雍正皇帝 PS 版耍宝卖萌、VR 版《清宫美人图》、慈禧太后同款菊花火锅,吸引大批人群预约、打卡、消费体验、带宝回家。据统计,北京故宫文化创意馆已推出 9000 多种文创产品,2017 年售额达到 15 亿元人民币[①]。

---

**专栏7-3　　　　超级民族文化IP——《西游记》**

在我国民族文化中,《西游记》已经成为一个超级IP,一个取之不尽的文化宝库和印钞机。从早期1942年荧屏上的黑白动画片《铁扇公主》,到周星驰无厘头电影《大话西游》,到《情癫大圣》《西游降魔篇》《西游记大闹天宫》《西游记之孙悟空三打白骨精》等,古典文学《西游记》已经被改编为电视剧和电影40多次。其中,1986年版电视剧《西游记》30多年来一直经久不衰。《西游伏妖篇》仅在春节7天就收获11.5亿元票房佳绩。目前,尚未查阅到改编《西游记》出现市场失败的记录。

---

① "故宫文创15亿营收背后:跨界+IP+网红",https://news.sina.com.cn/gov/2019-02-20/doc-ihqfskcp6809410.shtml

《西游记》为什么会成为超级文化IP？可能有以下几个原因：第一，《西游记》具有超常的想象力。《西游记》的想象力是超凡的，天宫、人间、地府，无处不在，古代、今朝、未来，时空穿越，佛教、道教、儒家，三教合一，历史人文、民俗传说、神话演绎，脑洞大开，如此丰富的想象力，具有古今中外老少咸宜的效果。第二，《西游记》具有稳定扎实的受众群体。从古至今，流行周期长，传播范围广，知名度和接受度高，具有大量的人群作为稳定的受众基础。第三，《西游记》人物、故事具有无限可再创空间。《西游记》中人物形象立体多面，让以西游文化元素为创作题材的作家、艺术家有了无限创造空间，无论从哪个人物开掘，无论从哪个故事演绎，都可以有角度、有空间、有素材、有故事。第四，《西游记》IP可以免费使用。其他很多IP已经被炒到天价，在支付高昂费用之后市场盈利空间很小或者存在亏损风险，但《西游记》作为古典小说，早就过了知识产权保护期，人人都可以在这座富矿上挖掘而不需要付出成本，更不必担心版权纠纷。

　　在我国传统文化宝库中，除了《西游记》之外还有大量未被充分发掘的文化IP。随着对我国传统文化的深度发掘和创意传承，将会有更多的民族文化超级IP涌现出来，产生良好的市场反响和经济回报。

资料来源：徐习军："《西游记》：一个超级文化IP"，《淮海工学院学报》(人文社会科学版)，2018年第11期；肖雅："中国电影'超级IP'产业模式初探——以'西游记'IP电影系列为例"，《传媒》，2018年第7期（上）。

　　文化IP是个仍在不断拓展的概念。常见的有文学IP、游戏IP、动画IP、形象IP、个人IP、小镇IP等，但仍在不断扩展之中。如主题公园，国内正在蓬勃发展的主题公园是相应文化IP的开花结果。再如一些连锁品牌的产品扩展,如星巴克推出契合年轻人心态的"星巴克猫爪杯",还未上线就遭遇哄抢,消费者为此凌晨排队甚至打架睡帐篷,官方售价199的杯子甚至被黄牛炒到2000元,成为文化IP爆红的夸张案例。文化IP的本质是具有新奇文化创意、优质文化内核和强烈文化辐射的原生文化产品,随着对我国传统文化的深度发掘和创意传承,随着对国外优秀文化引进力度的不断加大,新的文化IP将得以持续创造和获得发现,文化IP的种类和内容将持续扩展和丰富。

## 5. 人气潮流

人气潮流作为一种文化资本,尽管其萌芽形态古已有之,但成为一种可资利用的文化资本形态其历史却不长。所谓人气潮流,就是大量人群在某一时段内所表现出的一些共同性的价值观念、审美情趣和选择偏好,是一种特定的文化现象。比如传统节庆,过春节放鞭炮贴对联,元宵节挂灯笼煮元宵,中秋节食用月饼,此时相应的产品就会进入销售旺态。但在传统节庆中人们只是被动接受,此后发现还可以主动掌控成为一种经济工具。1984年洛杉矶奥运会是个重要开端。商人出身的尤伯罗斯担任洛杉矶奥组委主席后,召集了大批既懂体育又懂管理的专家,大规模进行奥运会商业开发。尽管因商业色彩过浓而备受外界批评,但洛杉矶奥运会耗资不足5亿美元,且实现了巨额盈余,使奥运会由一个烫手山芋变成了一个可以赚钱的大蛋糕,开启了奥运会发展新模式。人们由此也意识到,对人气潮流只要善加利用,可以产生相应的商业价值。

在我国,人们对人气潮流的理解和认识在很大程度上源于中央电视台黄金时段广告"标王"竞争。以秦池酒为例，1995 年底秦池以 6666 万元获得中央电视台新闻联播后 5 秒黄金标版，夺得"标王"称号，秦池酒厂甚至山东临朐一夜爆红，秦池酒一时间成为全国人民的宠儿，满天的订单向它砸来，一个月的时间，订单额竟然达到了 2.18 亿人民币。1996 年，秦池酒销售额提高到 9.8 亿元，实现利税 2.2 亿元。1996 年底，秦池酒再度荣膺标王，向"每天开进央视一辆桑塔纳，开出一辆奥迪"的目标迈进，只是此后因故未能实现。央视"标王"所起到的正是引领人气潮流的作用。"标王"不同于一般的广告，它具有强烈的轰动效应，可以在短期内形成某种消费风潮，从而给其所有者带来巨额的经济回报。

在网络时代，流量成为人气潮流的具象。在过去，人气潮流存在的一个突出问题是它难以衡量，但在网络时代，流量成为一种既简便又准确的计量方法，人气潮流的规模和强度可以通过流量轻松获取。流量的另一个巨大优势是它的获利方式更为便利和直接。从目前来看，流量转化为收益的途径是多种多样的。①付费观看。自 2003 年起点建立 VIP 收费制度后，各大视频网站、网络文学网站已普遍实行付费观看模式。②打赏募捐。网络文学阅读者可以给原创者打赏，网络直播观看者可以给主播刷礼物，从鲜花、豪车到游艇价值不等，实际都是现金性质。③第三方引流。通过各种方式将流量引至第三方平台，并由此获取回报，实际是直接出售流量的方式。④插播广告。流量就是传播量，通过插播广告可以获取巨额回报，这和传统媒体比如电视台赚取广告费是一样的。⑤推送软文。软文的实质就是广告，却以励志鸡汤、友情提示、体验交流、炫富传经、健康警告、科普养生等面目出现，获取更好的效果。⑥自行带货。通过流量也可以卖货，从而自行"收割粉丝"。总的来说，流量转化为收益的途径多种多样，互联网时代"流量为王"，流量成为人气潮流的一种"超级形式"。

借助流量这一新的具象，人气潮流成为文化资本的热点形态。如明星往往"自带流量"，其一颦一笑、穿衣打扮都可能引发某种潮流，"明星同款"很快成为热销。一些旅游景点进行"热点营销"，如西安永兴坊景区的"摔碗酒"通过借助抖音短视频火遍全国，成为西安必游的打卡景点。其中最典型的是网红，短短十几年间我国已经出现三代网红：第一代是靠出位言行成为网红，其中包括刻意为之者如"芙蓉姐姐"，也有被外界偶然发现而爆红，如"犀利哥""杀鱼弟""拉面小哥"等。第二代是公司化批量生产的网红。目前网红公司已经大量出现，如国内"网红电商第一股"的如涵，专门进行网红孵化、网红电商、网红营销，"坐拥112位网红"，2019年4月在美国纳斯达克上市。第三代是"蹭红"和"造红"。2019年上海"流浪大师"沈巍成为"超级网红"，一些女子则贴靠"蹭红"，某中年女粉丝以"师娘"为昵称在短视频平台发布相关短视频，短短时间内点赞超过40多万，吸粉三十多万。2018年，山东菏泽陈某等4名村民"人工制造"一株高达5.7米的"神高粱"，引起线上线下的膜拜，短短几天非法获利5.7万元。网红、"网红经济"等现象在未来仍将持续升温。

在文化资本各个形态中，人气潮流是最不稳定的一种。人气潮流往往"其兴也勃焉其亡也忽焉"，来得快去得也快。央视"标王"几乎成为一个魔咒，大多数标王都跌宕起伏命运多舛。人气潮流是人群在短时间内的共同偏好，并经由我国庞大的人口总量而迅速放大，但它仅在短时期内有效，一旦发生其他新的热点，人气潮流也会随之而去，这一形态本身就注定了它的不稳定性。这种先天不足，叠加上"骤然暴富"带来的各环节的不协调，以及潮流本身的鱼龙混杂泥沙俱下，如其中有些本身就是不健康甚至违反公序良俗的文化，共同造就了人气潮流这一文化资本形态短命的现象。

## 第三节 现代市场体系中的文化资本运营

文化资本运营是对文化资本的另一种运用方式，它不是将文化资本作为一种生产要素进行社会再生产，而是直接将文化资本作为对象进行交易。适当的文化资本运营不仅可以使其所有者获取丰厚回报，而且可以在全社会范围内优化文化资本配置，提高文化生产效率，推动文化经济深入和快速发展。发达的现代市场体系为文化资本运营提供了畅通的途径，产生了丰富多样的文化资本运营方式。

### 1. 从文化生产经营到文化资本运营

文化资本运营是不同于文化生产经营的一种文化资本运用方式。在文化生产经营中，文化资本是作为一种生产要素，通过和劳动等其他要素的结合，生产文化产品，获取市场回报。但在文化资本运营中，直接以文化资本为对象进行市场交易并获取市场回报。形象地讲，文化生产经营是"卖鱼"，而文化资本经营是"卖渔"；文化生产经营是"零售"，而文化资本运营是"批发"。随着文化生产规模和组织形式发生重要变化，随着现代市场体系不断成熟和完善，文化资本运营这一形式营运而生，成为一种趋势性的现象。

文化资本运营在推动文化经济深入快速发展中具有重要作用。通过文化资本运营，不仅可以给微观主体带来丰厚的资本回报，而且可以通过优化要素配置提高文化生产效能。正如马克思所说："假如必须等待积累使某些单个资本增长到能够修建铁路的程度，那么恐怕直到今天世界上还没有铁路。但是，集中通过股份公司转瞬之间就把这件事情完成了。[①]"在广播、电视、网络媒体、文化旅游等文化产业形成和发展的过程中，文化资本运营也发挥了不可或缺的作用。文化资本运营不仅曾经催生了文化产业，而且在今天还持续影响和塑造着文化产业的新业态、新格局。通过文化资本运营，文化资本被配置到更被需要、更能发挥作用的地方，并与其他要素一起生产出更多的甚至从未有过的文化产品。在这一过程中，资本的活跃性充分激发文化经济的活跃性，推动着文化经济的深入和快速发展。

由此同时可以看出，文化资本运营必须依托文化生产经营而存在。文化资本之所以具有价值，是因为它可以以文化的形式参与社会再生产并产生增值，是一种重要的生产要素，它的价值大小也是由其在文化生产中作用的大小而决定的。文化资本运营不是空中楼阁，如果脱离了文化生产经营这个基础，文化资本运营就成了空对空的炒作。因此，既要充分发挥文化资本运营优化资源配置的作用，又要防止文化资本运营过度炒作和脱实向虚，实现文化资本运营和文化生产经营的紧密结合。

---

① 《马克思恩格斯选集》(第2卷)，人民出版社2012年版，第283页。

## 2. 目前比较活跃的几种文化资本运营方式

文化资本运营的方式是多种多样的。资本运营由于其高流动性、高获利性，历来是资本大鳄们展示手段的重要舞台，资本运营的手段层出不穷甚至令人眼花缭乱。文化资本运营的方式就更多样，最简单地，购买一件古董然后伺机售出，当然也算作是文化资本运营的方式之一。在本书中，无法对所有的文化资本运营方式——剖析，只能是选取和现代资本市场结合比较紧密、应用比较普遍的几种文化资本运营方式进行重点介绍。

（1）并购

并购是最为常见的文化资本运营方式。并购包括兼并、收购、合并重组等不同形式，一直是资本运营的重要手段，在文化资本运营中更是大量运用。在文化产业尤其是广播、电视、网络等传媒产业的发展中，由于这些产业都具有大众传播的特征，并不局限于特定地区和特定人群，而是以全部人群作为潜在客户进行服务，当其发展到一定程度的时候，往往出现交叉、侵蚀和碰撞，从而产生合作、整合和优化的需要。国际传媒巨头的发展历史，可以说就是一部资本运营的历史，甚至可以说就是一部互相兼并和收购的历史[1]。最大的传媒业并购发生在美国，互联网新贵美国在线 2000 年以 1810 亿美元收购老牌传媒帝国时代华纳，成立美国在线—时代华纳公司。此后经历亏损和分家，2016 年时代华纳又以 854 亿美元被美国电信巨头 AT&T 收购。AT&T 作为美国市场顶级的渠道商，冀图通过收购时代华纳打造一个全

---

[1] 陆地、姚怡云："媒体'资本主义'的特征及其影响"，《新闻爱好者》，2017 年第 1 期。

新的"内容王国"。

2012年以后我国文化产业并购日趋活跃。一方面，国内新兴文化产业蓬勃兴起，传统文化产业受压转型，文化产业格局加剧调整，对资本的需求和冲动持续升温；另一方面，一些大型企业集团资金流充足，急于转型和扩充商业版图，由此文化产业并购成为双方共同的需要。重要的文化产业并购案例包括万达集团收购AMC影院公司、百事通收购东方明珠、粤传媒并购香榭丽传媒、中南重工收购大唐辉煌、百度收购PPS视频、腾讯收购盛大文学、阿里巴巴收购优酷土豆和南华早报、乐视网收购乐视影业等。根据前瞻产业研究院的整理，2015~2017年我国文化产业并购案例分别为136、148和120起，金额分别为1285.4、1194.1和906.8亿元。从这些并购案例来看，文化资本运营的主体是一些大型民营产业集团，尤其是百度、阿里巴巴和腾讯（所谓的BAT）三家互联网企业。文化资本运营的购买对象以新媒体、影视企业为主，目前网络游戏正受到资金追捧，2017年共发生并购事件30起，涉及资金规模256.7亿元，并购金额和案例数均居于首位。

（2）上市

上市是借助现代资本市场实现文化资本运营的一种方式。在国外，知名的文化相关企业通常都是上市企业。在我国，由于文化定义的宽泛性，沪深股市中并没有文化企业的分类，通常人们以文化传媒概念股作为一类企业进行分析。据统计，至2018年底我国约有100余家文化传媒概念上市公司，多冠以"传媒""文化""影视"的字样。但这样的统计是不完全的，如宋城演艺以演艺和主题公园为主业，是典型的文化企业，却并不包括其中。再如一些旅游、地产类上市公司，如丽江旅游、华侨城、三湘印象等，文化产业在其经营中占有相当比重，同样也未包括其中。如果按照本书所定义的文化经济概念，文化企业在沪深股市上市的可以达到150家以上，如果加上新三板、香港股市等则更多。

在文化企业上市时，可以通过IPO（首次公开募股，Initial Public Offerings）获得资本市场支持。2016年，中影集团在经历12年等待之后，旗下的中影股份在上交所正式挂牌，通过IPO募集资金41.7亿元。根据投中研究院的统计，2017年我国文化传媒行业IPO企业共14家，募集资金规模达12.89亿美元。2019年7月，中信出版集团在深交所上市，发行价为14.85元/股，募集资金净额为6.5亿元。通过上市这一方式，不仅文化企业可以获得资金支持，而且文化资本得以打破地方局限和板块切割，在全行业和全国范围内流动，加快了我国文化资本优化配置，提高了我国文化生产的效率。

**专栏7-4　　　　阅文集团的文化资本运营**

阅文集团是我国目前最大的网络文学平台，文化资本运营在其成长中发挥了至关重要的作用。新世纪以后，依靠付费阅读的盈利模式，网络文学市场有了稳定的现金流，网络文学网站文化资本运营拉开帷幕。2004年，互联网巨头盛大收购起点中文网，使其迅速成为网络文学第一流量入口。2008年盛大文学成立并开始大规模投资收购，3年内收购了晋江中文网、红袖添香、潇湘书院等文学网站以及聚石文华、中智博文、华文天下等图书出版公司，成为当时网络文学界巨头。

由于两次IPO未能成功等原因,2012年后盛大文学未能继续保持市场领先地位。随着BAT全面铺开"泛娱乐"战略,2014年,腾讯收购盛大文学,盛大文学与腾讯文学整合成立阅文集团。阅文集团一方面通过控股股东腾讯公司取得在影视、游戏、动漫改编上的资金和渠道优势,另一方面主动布局,先后投资喜马拉雅、音熊联萌、娃娃鱼动画,与腾讯影业、腾讯游戏及万达影视成立合资公司,进军互联网音频、动漫游戏和影视改编等领域,完善全版权运营链条。阅文集团还宣布成立2亿元内容产业基金,用于扩充文化IP和开发衍生产品。2017年11月,阅文集团在港交所挂牌上市,开盘即上涨63%,创下香港IPO历史上第二大融资额。

阅文集团的文化资本运营收到丰厚回报。在短短15年间,阅文集团从零起步占据了我国网络文学的大量地盘。目前,阅文集团旗下囊括QQ阅读、起点中文网等业界知名品牌,拥有上千万部作品储备、730万名创作者,覆盖200多种内容品类,占据我国网络文学市场份额的半壁江山。在"2018年度中国网络文学作家影响力排行榜"中,唐家三少、猫腻、丁墨、天下归元等阅文系作家占据了九成份额。尤其是,阅文集团在IP培育方面走在国内前列,成功输出《鬼吹灯》《盗墓笔记》《琅琊榜》《择天记》等大量优秀改编作品。2017年,阅文集团实现营业收入40.95亿元,盈利5.11亿元,呈现良好增长态势。

从阅文集团资本运营也可以发现,文化资本运营的手段不是单一的而是多样的。阅文集团在其诞生、成长和壮大的不同阶段,综合运用了多种多样甚至令人眼花缭乱的资本运营方式,投资入股、兼并、收购、合作、IPO、私募股权、产业基金等方式都可见其身影。因此,必须根据市场形势和自身需求，灵活选取适当的文化资本运营方式，实现融入发展资金、延伸产业链条、获取竞争优势、降低经营成本、提高抗风险能力等特定目的。

资料来源：宫丽颖、纪红艳："网络文学平台多元化资本运营探究"，《中国出版》，2008年第12期；钱丽娜："阅文集团：15年创业成就泛娱乐IP独角兽"，《商学院》，2018年第1期；https://www.yuewen.com/#&copyright。

### （3）文化PE

PE 意为私募股权（Private Equity），文化 PE 就是使用私募股权方式进行文化产业投资。文化 PE 的目的并不是为了长期持有文化企业进行文化生产经营，而是为了在所投资的创业企业在发展相对成熟后，将其持有的权益资本在市场上出售以收回投资并实现投资收益。现代资本市场体系为文化 PE 退出提供了畅通的渠道，常见的有 IPO、新三板挂牌、并购、股权转让、股权回购等。文化 PE 主要通过投资平台方式进行，由于我国文化产业投资需求强烈，投资回报丰厚，各类文化私募股权基金不断涌现，文化 PE 规模也迅速扩大，目前年度投资金额已达千亿规模。

最为典型的文化 PE 是文化产业投资基金。2011 年 7 月，由财政部、中银国际控股有限公司、中国国际电视总公司及深圳国际文化产业博览交易会有限公司等联合发起中国文化产业投资基金，目标总规模 200 亿元，首期募集 41 亿元，其中财政部出资 5 亿元。中国文化产业投资基金成立后，在影视、短视频、知识付费、动漫、教育体育等领域进行了广泛投资，规模不断扩大。在此之后，各地也纷纷成立政府牵头的文化产业投资基金，如北京、成都、广州、天津等，形式多种多样。以上海为例,既有市政府牵头的上海文化产业发展投资基金,也有人民网和浦东新区政府共同设立的"人民浦东"文化产业基金,还有上市公司主导发起、市场化运作的文化产业基金。文化产业投资基金成为改变财政投入方式、发挥财政资金示范和杠杆作用、带动社会资本投入文化产业领域的重要尝试。

### (4) 委托经营

委托经营是实现文化资本所有权和经营权分离的一种运营方式,也是在所有权不转移前提下解决"能不配位"问题的一种手段。文化资本作为一种文化资源,是人类文化活动的时空积累,文化积累所形成的初始配置和资本高效利用的市场要求之间往往存在矛盾。某些社会主体拥有文化资本,却并不具备驾驭文化资本进行生产经营的能力,但由于主客观原因又不能实现所有权的转移,在这一情况下就可以采取委托经营的方式,将经营权出让给其他主体,双方依据协议承担相应义务和获取相应收益。如文化遗产,其所有权大多属于国家,不可转让,但可在有效保护前提下按照委托经营方式进行开发利用[①]。如文化IP,通过协议进行授权经营的情况十分普遍。再如品牌字号,可采用品牌租赁、合作加盟等方式进行扩张和获取回报,这也属于委托经营的一种方式。

委托经营在文化景区经营中应用十分广泛。文化景区是基于文化遗产进行开发的旅游景区,如北京八达岭长城、安徽黄山、四川峨眉山、云南丽江古城、陕西华清池、重庆天生三桥等。文化遗产属于国

---

① 《关于加强文物保护利用改革的若干意见》规定:"支持社会力量依法依规合理利用文物资源,提供多样化多层次的文化产品与服务",委托经营是方式之一。

有资产，其所有权不能进入资本市场流通，但它作为旅游吸引物，具有观光、游览、健身、益智等价值，形成了一种特殊形态的经营性资产，其旅游的经营权可以进入旅游市场，通过委托、授权、租让、合作、合股等方式，转让给企业。以湘西凤凰古城为例，2003年，凤凰县政府作价8.33亿元，将古城50年经营权转让给专业旅游公司。目前，除北京故宫、颐和园、山东泰山等少数传统文化景区外，新开发的文化景区大多采用委托经营的方式。

（5）文化众筹

文化众筹是指由发起者、支持者通过网络平台发布文化产品项目、募集资金和进行回报，是一种新型的文化资本运营方式。文化众筹直到2014年才为大众所认知，其规模并不大，业态也不成熟，目前全国平台数仅为100家数量级、年度融资额仅为10亿元数量级。但文化众筹作为新生事物，发展势头迅猛，公众参与度高，因此本书也将其作为一种文化资本运营方式专门进行介绍。文化众筹是在互联网、移动支付等新技术不断深入扩散的背景下产生的，主要包括股权众筹和奖励众筹两种方式[①]。就前者来说，主要用于创新型企业和中小项目的资金筹集，更多依赖于"熟人圈"进行，典型项目如金融客咖啡，参与门槛是每人200万元，仅用两三个月时间就募集资金1亿元。就后者来说，主要用于产品预售，通过项目发起者在互联网平台的介绍募集资金，届时以相关商品、书籍、门票等作为回报，因此更依赖于众筹网站，目前影响比较大的有点名时间、淘宝星愿、追梦网等。

---

① 人们常说的还有一种是捐赠众筹，但它属于社会慈善事业，并非资本运营，因此本书对之不做讨论。

电影众筹是相对最为成熟的文化众筹形式，不仅在文化众筹甚至在全部众筹中都占有重要的地位。《十万个冷笑话》是我国电影众筹的首次成功之作，此后《西游记之大圣归来》《泰囧》《捉妖记》《逗比男生》等都通过众筹方式获得成功。电影众筹商业模式的中心点是众筹平台，它连接了大众投资人和电影制作公司，构成其商业模式的基础。目前，阿里巴巴推出的娱乐宝、百度推出的百发有戏，已成为面向非业界的、体量较大的电影众筹平台。以娱乐宝为例，网民只要出资100元，就可获得年化利率7%的投资回报，并有机会享受到剧组探班、明星见面会、电影点映会门票、独家授权发行的电影衍生品等娱乐权益。通过电影众筹这一方式，可以有效实现电影原创和观影者个性化需求的精确匹配送达，使观影者从结果参与变成全程参与，不仅参与感极大增强，而且在大量人群的参与中同步实现成功的商业宣传推广。在未来，电影众筹仍具有广阔的市场前景。

### 3. 文化资本运营的特性

从上述文化资本运营方式和实践来看，文化资本运营与一般的资本运营相比，既有一些共性，也有自己的鲜明特性。由于这些特性，文化资本运营成为一把"双刃剑"，既可成为加速文化经济发展的重要助力，也可能由于过度和不当运用而给文化经济发展造成损害，甚至危及社会稳定，因此必须建立规范的制度环境[①]。

文化资本运营具有如下特性。

---

① 对此，将在本书第八章"文化政策"中具体阐述。

## (1) 体量巨大

资本运营一般都具有较大的规模，文化资本运营虽然多以轻资产为主，但由于文化产品的大众性，体量相对还会更大一些。2000 年美国在线以 1810 亿美元收购时代华纳，创下当时世界上最大的并购纪录。2015 年阿里巴巴全面收购优酷土豆，标的金额达到 238 亿元。文化传媒公司在沪深股市上市，IPO 募集资金通常从几亿元到几十亿元不等。文化众筹方式虽然看起来参与门槛很低，如百发有戏最低参与门槛只需要 10 元钱，但由于参与者众多，上线两分钟之后就获得 1500 万元的认购预期总额。总的来看，文化资本运营作为一种"批发"，其体量一般都比较巨大。

## (2) 回报性高

在文化资本运营中，可以藉由资本市场的财富放大效应在短期内获取高额回报。当年，贾跃亭通过乐视网上市，在短短几年之内就在胡润、福布斯两个中国富豪榜中跻身前 40 名之列。由于文化产业的高成长性，文化 PE 中 3 倍、4 倍的回报率也常有发生，如果按照项目成熟度将其分作种子轮、天使轮、A 轮、B 轮、C 轮等不同的融资轮次，通常介入越早，收益就会更高。在文化众筹中，《西游记之大圣归来》通过众筹 780 万元宣发经费，票房突破 8 亿元，投资回报达到 3 倍。文化资本运营的高回报令市场主体趋之若鹜。

## (3) 风险多发

高回报必然伴生高风险，文化资本运营中存在多重风险。首先是市场风险，文化产品价值取决于大众的心理认同度，如影视剧、艺术品、普洱茶等，本身波动性都比较强，文化资本运营更会使其放大。其次是专业风险，文化资本运营对象如文化遗产，都是专业性非常强的领域，其价值高低甚至真伪需要相关领域专业技术才能做出判断，顶级专家都有"打眼"上当的时候，跟风参与者自然风险更高。再次是道德风险，在品牌字号的并购、委托经营中，容易出现过度利用、不当利用等行为。我国一些国有老品牌如北冰洋、美加净、中华牙膏等，被外资收购后一度被"雪藏"而走了弯路，"王老吉"也由于品牌租赁而生出事端。由于上述这些因素，文化资本运营成为风险高发区，不但可能出现"富豪过山车"，而且大众的过度和非理性参与还会危及社会稳定。

（4）政策性强

文化资本运营既要遵循资本运营的规制，也要遵循文化领域的要求，是一个政策性非常强的领域。2016年美国AT&T收购时代华纳，但直到2018年才被裁定合法。在我国，文化资本运营的政策性更强。在文化遗产委托经营中，由于国家对文化遗产保护存在明确和详尽的法规，必须处理好开发权和保护权的矛盾。在文化传媒产业资本运营中，上市的只能是其发行等经营性业务，而采编等核心业务不得进行市场化运作。在文化众筹中，如果采取股权众筹方式，不仅人数存在200人的上限，而且不能向陌生人公开众筹。文化资本运营必须在相关法规和政策的框架内进行。

## 参考文献

[1] David Throsby. Economics and Culture[M]. Cambridge University Press，2004

[2] 艾伦·J.斯科特著，董树宝，张宁译.城市文化经济学[M].北京：中国人民大学出版社，2010

[3] 布尔迪厄著，包亚明译.文化资本与社会炼金术：布尔迪厄访谈录[M].上海：上海人民出版社，1997

[4] 陈锋.文化资本研究——文化政治经济学构建[M].西安：西安交通大学出版社，2016

[5] 陈洁.中国电影众筹的商业模式与生态化发展[J].中国电影市场，2015（11）

[6] 戴维·索罗斯比著，王志标，张峥嵘译.经济学与文化[M].北京：中国人民大学出版社，2015

[7] 德瑞克·吉尔曼著，唐璐璐，向勇译.文化遗产的观念[M].大连：东北财经大学出版社，2018

[8] 宫丽颖，纪红艳.网络文学平台多元化资本运营探究[J].中国出版，2018（12）

[9] 江珊.企业收藏：艺术品市场最大推手[J].公关世界，2017（3）

[10] 江昼.城市餐饮老字号及其创新发展研究[J].管理现代化，2018（1）

[11] 李富强.让文化成为资本——中国西部民族文化资本化运营研究[M].北京：民族出版社，2004

[12] 林文君.《"西江模式"：苗寨文化资源变成发展资本——对话贵州省民间艺术家协会主席李天翼》，贵州民族报，2018-12-21（B01）

[13] 刘双舟.艺术品评估到底有多难.中国艺术，2018（9）

[14] 刘孝蓉.文化资本视角下的民族旅游村寨可持续发展研究[M].北京：中国旅游出版社，2018

[15] 陆地，姚怡云.媒体"资本主义"的特征及其影响[J].新闻爱好者，2017（1）

[16] 马克思恩格斯选集第2卷[M].北京：人民出版社，2012

[17] 马克斯·霍克海默，西奥多·阿多诺著，渠敬东，曹卫东译.启蒙辩证法：哲学断片[M].上海：世纪出版集团，上海人民出版社，2006

[18] 潘杨燕.从《花千骨》火爆荧屏看网络文学IP"触电"热[J].传媒观察，2016（1）

[19] 裴钰.八达岭长城"退市"背后——文化遗产资本运营坚冰待破[J].中国经济周刊，2010（8）

[20] 钱丽娜.阅文集团：15年创业成就泛娱乐IP独角兽[J].商学院，2018（1）

[21] 任平.文化的资本逻辑与资本的文化逻辑：资本创新场景的辩证批判[J].江海学刊，2013（1）

[22] 王雪野.国际文化资本运营[M].北京：中国传媒大学出版社，2008

[23] 魏来.关于文化经济的几个基本理论问题的探讨[J].理论与现代化，2012（2）

[24] 肖雅. 中国电影"超级IP"产业模式初探——以"西游记"IP电影系列为例[J]. 传媒，2018（7）上

[25] 新浪财经. 北京文投周茂非：宏观经济越不好 越要投文化产品 https://finance.sina.com.cn/roll/2019-01-16/doc-ihqhqcis6711720.shtml

[26] 新浪政务. 故宫文创15亿营收背后：跨界+IP+网红. https://news.sina.com.cn/gov/2019-02-20/doc-ihqfskcp6809410.shtml

[27] 徐望. 文化资本时代的中国文化产业论[M]. 北京：中国经济出版社，2017

[28] 徐习军.《西游记》：一个超级文化IP[J]. 淮海工学院学报（人文社会科学版），2018（11）

[29] 许德金. 北京文化资本发展报告. 北京：中国人民大学出版社，2015

[30] 杨涛，金巍. 中国文化金融发展报告（2019）. 北京：社会科学文献出版社，2019

[31] 姚伟钧. 文化资源学[M]. 北京：清华大学出版社，2015

[32] 张大伟，陈满儒. 符号在品牌传播中的研究及其运用[J]. 艺术与设计（理论版），2007（3）

[33] 张胜冰. 文化资源学导论[M]. 北京：北京大学出版社，2017

[34] 中证网. 2018年上市文化企业数量可望保持增长. http://www.cs.com.cn/sylm/jsbd/201806/t20180609_5821263.html

[35] 朱丽叶. 老字号独特性品牌资产的来源和构成[J]. 经济经纬，2008（1）

# 第八章 文化政策

本书中的文化政策特指文化经济政策，是保障和促进文化经济快速健康发展的政策体系。由于文化经济具有文化和经济双重属性，相应地，文化政策目标也具有二重性，必须权衡考虑文化和经济两种价值的最大化。本书将我国文化政策分作两类，一类是直接性文化政策，即政府直接提供的公共文化服务；另一类是间接性文化政策，即政府通过健全现代文化市场体系对文化经济发展进行的调控、引导和规范，具体又包括了生产端、消费端、制度端和对外端四个领域。有力和完善的文化政策，将对发挥文化经济战略助推作用、实现新时代国家发展与文化复兴产生根本的促进作用。

## 第一节　文化政策：文化经济的国家调节工具

文化政策是文化经济的落脚点和着力点。我们对文化经济构建框架开展研究，根本目的是为了促进我国文化经济的快速健康发展，实现这一根本目的的工具就是文化政策。文化政策自20世纪60年代被提出以来，内容不断拓展，手段日益丰富，在文化经济发展中的作用越来越显著。积极有效的文化政策，将对我国加快文化经济发展速度、提升文化经济发展质量、完成文化经济历史使命起到保障作用。

## 1. 文化政策是什么

从字面来看，文化政策的定义是清晰的，也非常易于大众理解，然而，不同学者所指的文化政策却存在显著差异。在过去几十年间，随着文化经济学概念的演进，文化政策关注的范畴重心也发生了悄然的转移。本书在对现有多种文化政策定义进行辨析的基础上，基于文化经济这一新事物，对文化政策进行了重新界定。

### （1）理论依据：为什么需要文化政策

文化政策是政府对文化的介入和干预。在主张自由放任的西方市场经济国家，政府介入显然需要理论依据。露丝·陶斯认为："文化经济学从一开始就与文化政策有关联，如为艺术公共资助及公共财政提供经济学论证——简而言之，即国家为什么资助以及如何资助"[①]。那么，政府为什么要介入呢？这主要有三个方面的理由。

首先是市场失灵。在艺术及文化遗产、创意产业的不少领域存在市场失灵问题，在市场失灵情况下，由于有些成本或收益未能计算在市场价格之内，价格机制这只"看不见的手"难以优化配置资源提供恰当的供给。文化产品中的市场失灵主要是两种情况：一个是公共品。许多文化产品，如公共广播、图书馆、博物馆、文化公园等，由于具有非竞争性和非排他性，具有公共品的性质，市场投资意愿显著不足。

---

① 露丝·陶斯著，周正兵译：《文化经济学》，东北财经大学出版社2016年版，第19页。

另一个是外部性。外部性又称外部效应，文化产品具有很强的正外部性，如观众通过观看戏剧既可带来精神享受同时又可提升其人文修养，文物旅游景点可以为周边住宿、餐饮、交通等行业带来商机等。由于这些正外部性并未向文化产品提供者付费，会造成实际供给量小于均衡供给量。

其次是社会失灵。社会失灵指的是文化产品具有社会效益，如果放任市场会造成社会效益的净损失或收益不足。杨永忠、林明华认为，文化产品产生社会失灵的原因包括三种情况：一是文化产品的意识形态性。多数主流意识形态对社会都具有积极作用，如凝聚民心、稳定社会、营造国家和民族归属感，无论是对执政还是人民福利都是有益的。二是消费的代际不公平性。如一些文物古迹，不仅要让当代人可以欣赏到，还要让后代人也能欣赏到，因此，政府必须花费巨资进行修缮保护，不能只算经济账。三是消费的群体不公平性。由于文化艺术属于高层次、高价格的精神享受，消费者主要集中于收入水平、受教育水平都比较高的群体，社会低收入群体往往享受不到，这当然会造成社会收益的损失。

再次是"成本病"。对"成本病"在本书前面章节里已经论述过，它揭示了表演艺术部门可能存在的天然劣势。表演艺术部门由于主要靠人力作为生产要素，生产方式几十年里一成不变，相对其他部门来说，其生产率增长大大滞后，由此造成高成本和生产者收入低下。在这里市场并没有失灵，表演艺术部门的困境正是市场作用的结果。但在客观上，由于生产方式的"弱质"，表演艺术部门成为弱势部门和夕阳产业。要想解脱表演部门的困境，保持其在经济社会中的地位和作用，就必须对其进行资助扶持。文化政策由此应运而生。

## （2）文化政策关注重心的演变

文化政策自20世纪60年代被提出以来，已经经历了沧海桑田的变化，尤其是在关注的范畴上。作为文化经济学的着眼点和落脚点，文化政策是其重要组成部分，在过去几十年里，由于文化经济学概念出现重要演变，相应地，文化政策关注的重心也发生了悄然和显著的转移。

早期文化经济学采取基于文化产品的狭义定义，文化政策关注的主要是艺术创作资助。威廉·鲍莫尔《表演艺术：经济学的困境》一书的源起，就是20世纪基金会准备开展艺术资助，请经济学家为其寻求理论依据。在这里，文化经济学、文化政策和文化艺术创作资助是相伴相生、高度一体的，所谓文化政策就是对艺术创作进行资助。戴维·索罗斯比认为："在那个时代，文化政策的主要关注点在于艺术创作——艺术家如何对社会文明做出贡献，如何让更多的人从艺术品消费中受益，如何提高教育和媒体的艺术内涵"。由此来看，文化政策在早期关注的范畴是比较狭窄的，主要集中在少量文化产品领域。

此后，作为文化产品的一种拓展，文化遗产成为文化政策的重要关注内容。1970年，联合国教科文组织通过《关于禁止和防止非法进出口文化财产和非法转让其所有权的公约》，提出"考虑到文化财产实为构成文明和民族文化的一大基本要素，只有尽可能充分掌握有关其起源、历史和传统背景的知识，才能理解其真正价值"等八项主题。1972年该组织又通过《保护世界文化和自然遗产公约》，促进了世界遗产观念的形成。从各国实践来看，在欧洲不少大陆国家，剧院、博物馆和艺术收藏等从原来由皇家或王子的财产纷纷被政府和城市当局接收，成为政府职能的一部分，由那些负责管理文化政策的国家公职人员拥有产权并实施管理①。在发展中国家，文化遗产政策也成为文化政策的重要内容。以玻利维亚为例，该国通过文化（尤其是语言、音乐、礼仪和传统等无形文化遗产）来强调其后殖民时代的爱国主义主张②。

20世纪80年代以后，文化政策的关注重心转向文化产业。此时一个重要的时代背景是，文化产业成为国家经济增长、促进就业、提高收入的重要产业力量，且呈现出全球扩张的显著趋势。各国在文化产业领域不仅形成包罗各业、手段繁多的政策体系，而且成立了专门的文化产业政策部门。一些国家如日本、韩国，将文化产业政策上升为国家战略，甚至提出"文化立国"的口号。从国家的角度来看，文化产业政策成为文化政策的最有力的抓手。在社会大众的理解中，文化政策几乎等同于文化产业政策。在一些文化经济学论著中，也直接将文化政策视为"文化经济管理与文化产业政策"③。目前就我国国内学界而言，文化政策的关注重心集中于文化产业上。

### （3）文化政策界定

正如人们对文化存在多种不同理解一样，不同的研究者对文化政策的界定存在相当大的差异。大体来说，已有的文化政策定义可以分为五类：第一类是偏重于文化治理来进行定义。托比·米勒和乔治·尤迪斯认为，文化政策是指用以沟通美学创造与集体生活方式的制度性支持——美学和人类学两个领域之间的桥梁。文化政策体现为系统化

---

① 露丝·陶斯著，周正兵译：《文化经济学》，东北财经大学出版社2016年版，第21页。
② 戴维·索罗斯比著，易昕译：《文化政策经济学》，东北财经大学出版社2013年版，第3页。
③ 陈元刚等主编：《文化经济学》，重庆大学出版社2017年版，第161页。

和规范化的行动指南，为各种组织所采纳以达成组织目标。第二类是偏重于政策范畴来进行定义。胡惠林认为，文化政策是国家在文化艺术、新闻出版、广播电视、文物博物等领域进行意识形态管理、行政管理和经济管理所采取的一整套制度性规定、规范、原则和要求体系的总称，是有别于教育政策、科技政策的一种政策形态。第三类是偏重于参与主体来进行定义。索罗斯比认为，文化政策可以理解为政府、法人及其他机构和个人对文化实践和价值的促进和限定。这些政策也许是明确的，其目的由文化来直接描述；也可以是隐含的，其目的隐藏于其他术语中。第四类是偏重于政策过程来进行定义。法国文化部科研局奥古斯丁·杰拉德认为，"文化政策"一词的准确含义来源于"政策"这个词。政策是最高宗旨、具体目标和执行手段组成的一套体系，由社会组织通过权威机构制定执行。在工会、党派、教育组织、研究机构、企业、市镇或者政府中都可以看到文化政策。但是，不管政策的执行主体是谁，一套政策中必定包含了长期最终目的、中期可测量的目标和具体实施手段，这三个要素构成了一个连贯一致的体系。第五类是偏重于社会现象来进行定义。丹麦学者彼德·杜伦德认为，狭义的文化政策是指对艺术的资助，即决定哪种艺术是好的，值得在民众中推广。因此，文化政策成为政府、文化营利机构、文化团体、艺术家等利益集团影响民众思想的手段，反映了在特定历史环境下为艺术自我实现建立体制和创造条件的政治斗争[①]。

本书将文化政策界定义为文化经济政策，即保障和促进文化经济快速健康发展的政策体系。这一定义包括了三个要点：一是以文化经济

---

① 郭灵凤："欧盟文化政策与文化治理"，《欧洲研究》，2007年第2期。

作为对象。在本书第一章里提到,文化经济是同时具有文化属性和经济属性的新形态,是文化和经济同时相向发展、相互渗透、高度融合的结果。单纯的文化领域的政策,如文艺批评、文化治理、传统文化批判继承等,由于并不具有经济属性,不属于文化经济的范畴,也就不在本书所关注的文化政策之列。这是本书文化政策与其他定义最大的差别所在。二是以政府作为政策主体。在文化经济中存在大量参与主体,包括政府、文化团体、艺术家、商业主体、社会组织和每个公民,但政策主体只能是政府,政府根据特定目的制定和实施政策,对各参与主体之间的利益安排进行调整,政府是外生调节变量,而其他参与主体为内生变量。三是以经济手段作为主要方式。文化经济的调节手段固然多种多样,但既然它具有经济属性,就必须尊重和发挥市场的作用,政策介入不是破坏市场机制,而是采用税收、信贷、补贴、奖励、完善机制等手段,通过经济手段来实现政府引导调节的目的。

## 2. 文化经济双重属性与文化政策二元目标

文化经济同时具有文化和经济两种属性,这就带来政策目标设定的困难。对单纯的文化领域政策来说,其目标相对容易确定。1998年联合国世界文化与发展委员会(WCCD)在斯德哥尔摩召开文化政策国际会议,确定文化政策的基本目标是"确立目标,建立制度,并保证充足的资源,以创造一个有益于人类发展的环境",并建议各国采用五种政策目标,一是使文化成为发展战略的重要内容之一,二是促进在文化生活中的创造性和参与度,三是制定政策和措施促进文化产业的发展,并保护和巩固文化遗产,四是促进信息社会中文化和语言的多样性，五是为文化发展提供更多的人力资源和经济资源。但对文化经济来说，由于它具有文化和经济两种属性，同时产生文化价值和经济价值两种价值，具有不同的判定标准，政策目标显然难以用单一维度来进行设定。

对此，戴维·索罗斯比认为，如果政策的目标函数仅仅包括经济价值，那么，即使所有的情况都已经被考虑在内，目标函数也是不充分或不全面的。他提出，文化政策的制定可以采用双管齐下的办法，在评估政策意义时可以同时参照经济价值结果和文化价值结果——也就是说，可以将文化政策的目标函数解释为寻求经济价值和文化价值的联合最大化。这两种价值的权重显然会视具体情况而定。例如，面向文化产业的政策就得在服从文化约束的条件下更加强调经济价值的创造，然而，定位于公开的文化目标的政策，比如对创意艺术家的支持政策，则应该在服从经济约束的条件下更加强调文化价值。

在我国文化经济实践中，在政策目标上曾经走过一段相当长时间的弯路，直到近年才进行科学合理的设定。习近平总书记强调："要把握好意识形态属性和产业属性、社会效益和经济效益的关系，坚持社会主义先进文化前进方向，始终把社会效益放在首位。"文化政策的目标不是一元的而是二元的，不仅如此，还应处理好二元目标之间的矛盾关系，它包括两个要点：一是文化的底线不能破。文化的实质是人的思想观念，更深层次则是意识形态，这是文化经济的底线。文化经济不能破坏社会公序良俗，更不能违反社会主义先进文化的意识形态导向，这一"高压线"在任何时候都不能触碰。二是在不触碰底线的情况下，实现最大化经济产出。文化经济同时属于经济形态，对其衡量具有天然的标尺，就是经济产出。只要不触碰文化底线，文化经济经营主体可以放开手脚，充分发挥其积极性、主动性、创造性，通过市场谋生存，通过营利得发展，国家的文化经济也在这一过程中得以发展壮大。

## 3. 文化政策：实现文化经济历史使命的政策保障

在我国现阶段，文化经济已经成为最活跃、最富生命力、最富创造性的形态，承担着两个方面的历史使命。以经济来看，在外部经济环境和内部要素禀赋发生重大变化的背景下，文化经济是我国未来经济发展的重要引擎；以文化来看，在文化传播国际化和经济化的背景下，文化经济是我国获取文化话语权、实现文化复兴的基本途径。

文化政策作为政府推动文化经济快速健康发展的切入点，成为实现文化经济历史使命的有力保障。从稳增长、固基础的角度来看，我国文化产业已经成为国民经济支柱性产业，但从国际视野来看，我国仍称不上文化产业强国。与一些文化产业强国相比，我国文化产业竞争力还不强，国际市场所占份额还不够高，文化产业仍然存在竞争无序、粗制滥造、同质化倾向、科技含量低、房地产化等问题。从提效率、防风险的角度来看，在制度环境不规范的情况下，文化资本运营往往成为风险高发区，不仅造成经济风险，而且还可能带来社会损失甚至危及稳定。从惠民生、启民智的角度来看，我国仍有一些群体由于收入水平低、消费条件不具备、自身素质待提高等原因，在文化服务获取方面居于十分不利的地位。解决上述问题，实现文化经济的持续快速发展，有赖于文化政策的不断完善和力度的不断加大。必须坚持推进文化体制改革，完善政府公共文化服务职能，建立健全现代文化市场体系,并通过鼓励性政策推动文化经济持续快速增长,完成文化经济所肩负的重要历史使命。

## 第二节 文化体制改革与我国文化政策体系划分

我国现行的文化政策体系,是1978年以来文化体制不断进行改革和完善的结果。这一改革分作四个阶段,脉络主线是在文化领域理顺政府和市场的关系,既充分发挥市场主体的积极性、创造性,也充分履行政府文化管理和基本公共服务的职能。文化政策是一个内容极其丰富的体系,既可以按行业进行分类,也可以按范畴来进行分类,还可以按层次进行分类。在本书中,按照我国文化体制改革的脉络方向和政策方式的差异,将文化政策体系分为直接性文化政策和间接性文化政策两大类。

### 1. 我国文化体制改革历程

文化体制改革是我国改革开放事业的重要组成部分,其历程与我国经济体制改革密不可分。同时,文化体制改革与文化产业成长之间存在相当程度的同步性。我国文化产业从无到有发展壮大,对文化体制改革不断提出新的要求,同时,在文化体制改革去除桎梏、增添活力的推动之下,文化产业也持续迈入新的发展阶段。因此,与我国文化产业发展历程相一致,1978年以来我国文化体制改革也是大体可分为四个阶段。

### （1）1978~1992年：文化体制改革酝酿起步

1978年底，随着改革开放的开始，作为"文化大革命"的重灾区，文化体制也开始松动，逐步实现由阶级斗争为纲范式向以经济建设为中心新范式的转变。文化体制改革缓慢推进，逐渐恢复和重建到"文化大革命"以前的体制上[①]。从1984年开始，随着我国经济体制改革整体推进，文化体制改革也取得不少进展，主要措施包括：改革国家统包统管的文化模式，调整艺术部门和艺术团体布局；扩大文化企业自主权，增大收入留成比例；借鉴农村改革经验，在文化领域推行承包制；允许文化事业单位开展文化有偿服务和"以文补文"；转变艺术表演团体经营方式，实行"双轨制"；承认文化市场合法地位，引导文化产业健康发展。

**专栏8-1　　小品《换大米》折射的文艺团体改革**

《换大米》是我国观众非常喜爱的一个小品，该节目1988年获"陕西省第三届喜剧小品电视表演赛"业余组一等奖，并在1991年元旦晚会上与全国观众见面，此后近30年来经久不衰，至今仍不时在电视频道中重播回放。这一小品名称原为《大米·红高粱》，但因节目中屡屡出现"换大米"经典台词而被人们熟记，《换大米》成了观众对这个小品的约定俗成的称呼。这一小品不仅是著名笑星郭达的成名之作，而且也是吴刚等著名演员的荧屏初秀。26年后，吴刚又因在《人民的名义》中饰演"达康书记"而爆红。

---

① 韩永进："文化体制改革三阶段"，《商周刊》，2010年第8期。

《换大米》背景为歌舞团家属院，里面有三个人物：女团长，美声男演员和换大米小贩。由于《红高粱》主题曲《妹妹你大胆地往前走》成为潮流，为迎合观众口味，女团长强迫学习美声的男演员用通俗唱法演唱该曲。美声男演员不仅拉不下面子，而且由于专业嗓音问题怎么都唱不好。两人矛盾冲突中，换大米小贩为了做成生意，不时从旁插科打诨。女团长意外发现，毫无声乐基础的换大米小贩演唱流行的《红高粱》主题曲极具天赋，更能迎合观众口味，遂拍板高薪聘请换大米小贩登台演出。专业的美声男演员遭到舍弃并被女团长安排打扫洒落的大米，无奈地唱起"换大米"。

　　这一小品之鲜明反映了当时文艺团体改革中出现的一些窘境。改革开放之前我国文艺团体为事业单位性质，国家全额拨款，文艺演出的标准是"雅"而不是"俗"，即"艺术规律"。在实行承包制、"以文补文"、开展有偿服务、面向市场生存系列改革举措后，文艺演出必须面向大众市场，考虑大众的口味喜好，以"俗"作为主要标准。在改革后，文艺市场大大活跃，文化团体效率大大提高，但与此同时，一些高雅艺术及艺术家由于不能适应市场需求，也出现了一些窘境。在《换大米》中，这一窘境被以高度夸张和反差的手段表现出来，从而引起观众的深度共鸣。

　　《换大米》小品的演员本身就是这样的经历。郭达是西安话剧院的演员，在话剧表演艺术上具有深厚功力。离开话剧转入小品，对此郭达本人这样说："我对话剧有着深厚道德感情，与其说转行演小品倒不如说是'逼上梁山'更确切。"在1985年左右，随着文化体制改革，艺术界出现格局调整，首先受到冲击的就是戏曲和话剧。众多演员辛辛苦苦排练演出的一场话剧,远不如陈佩斯一个"吃面条"小品受欢迎,市场的逼迫催生了郭达向小品的转型。

因此,20世纪80年代后期一些文艺团体和艺术形式所出现的窘境,是我国文化体制改革过程中所出现的特定现象。同时,这一现象也对文化体制改革的继续调整和完善提出了新的要求。

资料来源:吕宏强:"大米与红高粱",《当代戏剧》,2011年第3期;陈奇:"他从'换大米'成名——访小品大师郭达",《中国人才》,1994年第12期。

### (2) 1992~2002年:文化体制改革稳步推进

1992年,党的十四大从加强精神文明建设的角度,强调了文化建设的重要作用,提出"积极推进文化体制改革,完善文化事业的有关经济政策"。1997年,《中共中央关于进一步做好文艺工作若干意见》专门部署文化体制改革,指出既要面向市场又要避免失控,针对文艺院团、电影与电视艺术管理体制提出方案。2000年,中共十五届五中全会通过的《关于制定国民经济和社会发展第十个五年计划的建议》,第一次在党的文件中正式使用"文化产业"概念,要求"完善文化产业政策,加强文化市场建设和管理,推动有关文化产业发展"。这是文化产业概念首次获得认可,标志着党和国家对文化属性认识的全面丰富,对深化文化体制改革产生决定性作用。从政策实践来看,这一阶段我国文化体制改革主要措施包括:从改革经费投入机制入手,推动艺术院团内部改革;改革广播电台、电视台预算管理体制,采取预算包干管理办法;以组建大型文化集团为突破口,加快市场整合和结构调整;完善国家文化事业经济政策,加快市场整合和结构调整。

### （3）2002～2012年：文化体制改革突破进展

2002年，党的十六大报告首次将文化领域划分为文化事业和文化产业，明确了整个文化体制改革的方向和目标，根据社会主义精神文明的特点和规律，适应社会主义市场经济发展的要求，推进文化体制改革，提出"抓紧制定文化体制改革的总体方案"。2005年，中共中央、国务院发布《关于深化文化体制改革的若干意见》，对进一步推进文化体制改革的指导思想、原则要求、目标任务作了全面部署，强调"深化文化体制改革，加快文化事业和文化产业发展，是加快社会主义现代化建设的内在要求，是提升我国综合国力的迫切需要，是实现经济、政治、文化和社会协调发展，构建社会主义和谐社会的重要内容"。从政策实践来看，这一阶段我国文化体制改革不断取得突破进展，主要政策包括：以9个省市和35家单位为试点，全面开展文化体制改革试点，取得重要突破和成效；通过分离改制、整体改制和股份制改造等多种模式，推进国有文化事业单位转企改制；规定非公有资本和外资进入文化领域的范围和原则，引导非公有资本进入文化产业；颁布实施《文化产业振兴规划》，文化产业上升为国家支柱性产业；通过《非物质文化遗产法》，公布国家非物质文化遗产代表性项目名录；文化管理体制改革取得突破进展，设立"中央直属文化企业国有资产监督管理办公室"，初步实现从"办"向"管"、从管微观向管宏观、从以行政管理手段为主向综合运用法律、经济、行政、技术等手段管理为主的转变。

### （4）2012年至今：文化体制改革成熟完善

2012年党的十八大报告指出："文化实力和竞争力是国家富强、民族振兴的重要标志。要坚持把社会效益放在首位、社会效益和经济效益相统一，推动文化事业全面繁荣、文化产业快速发展。"2013年党的十八届三中全会通过的《中共中央关于全面深化改革若干重大问题的决定》提出"建设社会主义文化强国，增强国家文化软实力"的战略目标，布置了完善文化管理体制、建立健全现代文化市场体系、构建现代公共文化服务体系、提高文化开放水平四大领域改革任务。2017年，党的十九大报告确立了文化建设在整个中国特色现代化建设布局中的重要地位，指出"文化是一个国家、一个民族的灵魂。文化兴国运兴，文化强民族强。没有高度的文化自信，没有文化的繁荣兴盛，就没有中华民族伟大复兴"，提出要推动文化事业和文化产业发展，健全现代文化产业体系和市场体系，创新生产经营机制，完善文化经济政策，培育新型文化业态。从政策实践来看，这一阶段我国文化政策更为成熟化、体系化和法治化，主要政策举措包括：构建公共文化服务体系，加快公共文化产品和服务供给，加强文化馆、博物馆、图书馆、美术馆、科技馆、纪念馆、工人文化宫、青少年宫等公共文化服务设施和爱国主义教育示范基地建设并完善向社会免费开放服务；颁布《电影产业促进法》《国家出版基金资助项目管理办法》等系列法律法规，对文化产业发展进行鼓励扶持；将文化部、国家旅游局的职责进行整合，组建文化和旅游部，推动文化和旅游的融合发展；印发《关于加强文物保护利用改革的若干意见》，在强化文物保护传承的基础上，支持社会力量依法依规合理利用文物资源；印发《文化体制改革中经营性事业单位转制为企业的规定》和《进一步支持文化企业发展的规定》，修订完善了一系列推动文化体制改革的经济政策，加快文化事业单位转制，建立有文化特色的现代企业制度。

## 2. 我国文化体制改革的脉络主线：理顺政府和市场的关系

改革开放以来，我国文化体制改革不仅经历曲折的过程，而且内容非常丰富，包括了各个领域各个环节。在这些看似纷乱芜杂的改革中有一条主线脉络，如果用一句话来概括，那就是如何处理好文化领域中政府和市场的关系。

文化体制改革的起点是政府包办一切的文化计划经济体制。改革开放之前，我国文化体制的特点是政府包办一切，政府既是监管者又是生产者，不仅决定生产的数量也决定生产的内容。文化产品被局限于意识形态工具，甚至内容仅限于阶级斗争题材。在文化大革命的十年里，不仅人民文化生活极其单调，"八亿人民八个戏"[①]，而且文化系统成为受害最为深重的领域。文革之后，原有文化体制的弊端逐渐暴露出来，越来越成为阻碍文化事业进一步发展的桎梏。这些弊端包括：在所有制上，片面追求"一大二公"，全部文化事业由国家直接经营，统包统揽，排斥社会和个人兴办文化事业；在管理上，与行政管理体制相对应，层层建立专业文艺团体，机构臃肿，人浮于事，文化机构行政化、机关化，严重违背文化事业发展规律；在分配上，平均主义的"大锅饭""铁饭碗"现象严重，干与不干、干多干少一个样，缺少竞争和激励机制，影响了集体和个人积极性的发挥等[②]。

在这一历史起点上，我国文化体制改革在相当长的时期内以减少政府直接参与和更多发挥市场作用作为主要方向。从最早的文化院团承包制、开展有偿服务，对绝大多数规模比较小、比较分散、演出流

---

[①] 此为习惯说法，实际上，革命样板戏的数量约有二十几个。
[②] 曹普："20世纪70年代末以来的中国文化体制改革"，《当代中国史研究》，2007年第9期。

动性比较强的艺术表演团体实行多种所有制形式，自主经营，独立核算，自负盈亏，到承认文化市场的法律地位，改革文化经费投入机制，采取预算包干、场次补贴等管理办法，直到提出文化产业概念，明确承认文化的产业属性，并对文化产业发展进行财政、税收等各种支持政策。在这些政策的作用下，我国文化生产呈现日益繁荣的局面，文化产业从无到有成为国民经济中的重要产业，文化从业者的收入和地位得到不断提升。

在市场作用得到不断发挥的基础上，政府的作用也被逐渐认识和日益增强，逐渐形成市场和政府合理分工、相得益彰的政策体系。文化领域必须发挥市场的作用，这是文化繁荣发展的前提条件。但片面强调市场作用也会带来弊端，如公共文化服务缺位、迎合观众低级趣味、文化产品同质化、部分严肃文化作品出现生存危机、文化遗产遭遇短期化利用开发等，必须发挥政府的作用来应对这些弊端。在这一背景下，我国文化体制改革更加完善成熟，将文化领域划分为文化事业和文化产业两个方面，并对两个方面同时进行强化。一方面，构建和完善公共文化服务体系，政府直接提供和保障人民群众所需的基本文化服务；另一方面，加快经营性文化事业单位"转企改制"，鼓励非公有资本进入文化建设投资，将文化产业作为国民经济支柱性产业进行扶持培育。这一政策体系在党的十九大以后日益成熟，在推动我国文化经济发展、建设社会主义文化强国、增强国家文化软实力中发挥着日益重要的作用。

在上述政府和市场实现合理分工的过程中，动力既来自于市场倒逼，也来自政府的主动作为，藉由二者的良性互动而实现。20世纪80年代，在文化娱乐市场放开之后，出现了社会瞩目的演员"走穴"现象，冲击了平均主义、一潭死水的国有文化院团体制，迫使其作出市场化方向的调整和改制。文化产业日益发展壮大，成为国民经济中举足轻重的产业，也迫切要求政府对这一产业进行界定、管理、规范、引导、扶持。在党的十八大之后，党和政府对文化经济的认识越来越全面、深刻，根据我国文化经济发展的新形势、新要求、新条件，主动提出坚持把社会效益放在首位、社会效益和经济效益相统一的原则，推动文化事业全面繁荣、文化产业快速发展。政府从上而下和市场从下而上作用的互动交会，推动着我国文化体制改革的成熟完善，最终形成了政府和市场合理分工、相得益彰的政策体系。

## 3. 文化政策体系划分

经过40年文化体制改革，在我国已经形成一整套内容丰富的文化政策体系，对政策体系开展研究首先需要对其进行划分。当然，由于对文化政策本身的界定存在差异，对文化政策体系的划分也就不一而足。但大致来看，对文化政策体系的划分存在几种思路，即按行业、按范畴、按层次和按方式，不同划分思路各具利弊。本书在对几种思路进行辨析的基础上，将我国文化政策体系按照政策方式，划分为直接政策和间接政策两大类。

（1）按行业进行划分

一些学者按照行业对文化政策体系进行划分。如祁述裕等在《中国文化政策研究报告》中，分新闻出版、网络新媒体、电影产业、网络游戏产业、动漫行业、工业文化遗产保护、文化遗产事业、演艺产业、对外文化贸易等行业进行分析。在对文化产业的研究中，按行业进行政策研究的就更多。这一划分方式的优点是实用、完整，但也存在缺点，主要是纵向分割和政策手段的重复。如新闻出版和网络新媒体、网络游戏产业和动漫产业、工业文化遗产保护和文化遗产事业，在政策上的共性多于个性，如果按行业划分就会带来政策手段的重复赘述。

（2）按范畴进行划分

一些学者按照范畴对文化政策进行划分。如昝胜锋将文化经济分作文化生产与消费、文化企业、文化产业、文化市场与区域经济、人力资源与文化经济、金融与文化经济等不同范畴，并分别进行政策分析。这一划分方式具有学术上的规范性，但也存在明显的缺点，主要是政策内容的重复性。如文化产业与文化产品、文化企业在内容上大量交叉，文化产业政策本身甚至就包括了文化产品政策，如果按范畴对文化政策进行划分，就会造成政策的交叉重合。

（3）按层级进行划分

一些学者按照层级对文化政策进行划分。所谓层级，就是政策制定和执行主体的行政级别，如国家级、省级、城市级。尽管还没有单纯按层级进行文化政策划分的情况，但就地区和城市等层级进行政策分析的并不少见，如戴维·索罗斯比在《文化政策经济学》中对城市和地区发展中的文化进行论述，艾伦·J.斯科特专门就城市文化经济学进行研究。这一划分方式非常贴近各地政策的实践，如我国文化产业政策除了国家层级之外，省级和一些城市大多也制定了自身的政策。但也存在缺点，主要是不同层级之间的文化政策在手段上大致相同，差异仅体现在力度和作用上。因此，在本书中，将区域发展中的文化产业作为一种特定的区域发展战略，而在政策手段上认为和国家层级是一致的。

（4）按方式进行划分

在本书中，按照政策方式对文化政策体系进行划分。国家对文化经济的介入方式只有两种，一种是直接的，由政府提供基本文化公共服务；另一种是间接的，政府通过健全现代文化市场体系，通过规范制度、调节供求、规范文化对外贸易等方式，对文化经济进行管理、干预、引导、扶持。这一划分具有科学合理、针对性强、应用广泛的优点。因此，尽管本书对文化经济学按照范畴展开研究，但对政府的文化政策体系，则按照政策方式，将其划分为直接文化政策和间接文化政策两个大类，分别进行研究。

## 第三节 直接性文化政策：发展公益性文化事业

直接性文化政策是国家提供基本公共文化服务，并根据国家财力和实际需要对基本文化公共服务提供数量、提供质量、提供方式等进行调整的政策体系。在我国，直接性文化政策对应于政府提供的公益性文化事业，构成了公共文化服务体系的核心和主体内容，它具有四个显著的特征：一是直接性。公益性文化事业的提供主体为各类事业单位，背后是各级政府，对提供哪些公共文化服务、按照何种方式进行提供，政府可以直接指令。二是公益性。公益性文化事业的经费来源是财政拨款，提供公共文化服务不以营利为目的，虽然针对某些个性化需求也存在一些收费，但仅是为了保本和优化服务，不允许高收费和高利润。三是便利性。公益性文化事业所提供的是经常性、近距离的服务，方便主要居民群体随时方便获得。四是均等性。公益性文化事业的对象是全体公民，而且具有"逆市场化"的特征，越是那些贫困的、对市场性文化服务缺乏支付能力的群体，越是公益性文化事业的政策对象。

在现阶段，我国发展公益性文化事业主要包括四个领域。

## 1. 公共文化设施开放和服务提升

我国公共文化服务设施通常被称为"四馆一站"或"五馆"，如财政部《中央财政积极支持完善公共文化服务体系》政策中提出"持续推进全国5万余个博物馆、纪念馆、美术馆、公共图书馆、文化馆（站）等公共文化设施向社会免费开放"。但公共文化设施范围并不止"五馆"，而是更为广泛，大体来说可以分作三类：第一类是博物馆、公共图书馆、文化馆（站）。它们是我国按层级从上到下设置比较齐全、管理体系比较成熟、数量统计比较精确的公共文化设施，至2017年底我国共有博物馆4721个、公共图书馆3166个、文化馆（站）44521个。第二类是美术馆、纪念馆、体育馆（场）、科技馆、档案馆、青少年宫、歌舞剧院、农家书屋等。这类公共文化设施有的是依托当地特有资源而建立，有的仅在特定行政层级中才有设置，有的仅部分承担文化功能，其部门归口不一，数量也难以精确统计。第三类是公园、儿童乐园、文化广场等。这类公共文化设施体现为敞开式的公共文化活动空间，往往具有当地历史文化特色，如鄂尔多斯成吉思汗广场、兰州黄河水车博览园、洛阳周王城广场、邯郸丛台公园、深圳荔枝公园、广州北京路文化步行街等，往往是人们日常文化休闲活动的重要场所。

近年来我国公共文化设施实现免费开放，这是国家公共文化服务体系建设中具有历史意义的里程碑，堪称具有划时代意义的重大文化政策之一。2008年，中宣部、财政部、文化部、国家文物局联合下发《关于全国博物馆、纪念馆免费开放的通知》，确立了我国博物馆免费开放的基本原则和相关制度机制，全国博物馆实现向社会免费开放。2011年，文化部与财政部共同发布《关于推进全国美术馆公共图书馆文化馆（站）免费开放工作的意见》，提出全国美术馆、公共图书馆、文化馆（站）全部向公众免费开放，并推出取消原有部分收费项目、限期收回出租设施、降低非基本服务收费、完善免费开放公示制度、制定应急预案、加强免费开放宣传等具体举措。在短短几年时间内，我国博物馆、公共图书馆、文化馆（站）等公共文化设施全方位、持续化实现免费开放，成为建设社会主义文化强国、保障公民文化权益的重大战略举措。

我国公共文化设施开放不仅产生各界瞩目的社会效应，而且取得扎扎实实的文化效果，我国公共文化设施利用效率和公民公共文化服务水平都有显著提升。以博物馆为例。至2017年，我国免费开放的博物馆达到3902家，是2009年的2.2倍，免费开放博物馆在全部博物馆数的占比达到82.60%。博物馆参观率显著提升，从2008年的17.31%上升到2017年的70.86%，年均增长率达到16.95%。馆均参观人数稳定增长，从 2008 年的平均每馆 12.14 万人次上升至 2017 年的 20.85 万人次，年均增长率达到 6.19%①。博物馆服务人员、建筑面积、馆藏数量等指标也都有改善。一些大型博物馆如国家博物馆、首都博物馆、上海博物馆等还开展夜场等特色服务②，成为都市休闲生活的重要方式。总体来看，免费政策实施 10 年来，我国博物馆建设跃上新台阶，相关公共文化服务水平得到显著提升。

**专栏8-2　　　　　国家图书馆的开放之路**

在1998年之前，国家图书馆基本是对大众封闭的。从1949年至1987年迁入白石桥新址，国家图书馆的借书证从未公开、大量发行过。1974~1988年的14年里，累计办理的借书证数量仅为12130个。国家图书馆的借书证仅仅是权力与地位的象征，存在荣誉证、关系证和利用率低的问题。从1989年开始，借书证范围略有扩大，如中文借书证办理条件放宽到北京地区中级以上职称或处级以上职务，此后8年内累计办理借书证32325个。

1998年后这一情况发生根本转变。国家图书馆进行改革，将办理借书证的条件扩大到普通有工作的公民或大学一年级以上的学生，而且敞开名额。办证手续更为简便，办证处实行全年365天开馆，取证时间从1周缩短为3天，后再次缩短为1天，直至后来的立等可取。2000年借书证更名为读者卡，办卡范围再次扩大到所有年满18周岁的公民，只要提供身份证都可现场办理。随着国家图书馆大门的敞开，读者人数迅猛增长，1998年办理的各种借阅证的数量相当于上一年的近7倍，

---

①　彭雷霆、皮彦芳：" 我国博物馆免费开放政策实施十年的回顾与检视"，《国家治理评论》，2019 年第 4 期。

②　"上海离博物馆'夜场模式'还有多远？" http://sh.people.com.cn/n2/2019/0518/c134768-32952808.html。

2002年入馆读者达到497万人次，2010年一个月的办证量就超过1974~1988年14年的总量。

紧随大门开放的是免费和降低收费水平。2008年之前，国家图书馆在很大程度上依靠收费项目运转，大体是国家拨款承担基本开馆成本，图书馆自身创收给1400多名员工发工资。创收项目包括：读者卡工本费、读者卡年度验证费、读者存包费、自习室使用费、文献复印费、文献检索费等。不仅收费项目多，而且收费标准高，读者意见很大，媒体批评也不绝于耳。在国家财政加大投入的支持下，从2008年开始，国家图书馆率先在全国实现基本服务项目全部免费，其他服务项目收费标准也大大降低。

通过开放和免费，国家图书馆真正回归了"公共图书馆"的本质。公共图书馆不能限制任何有阅读需求的人，没有权力也不应该去区分谁是乞丐，谁是拾荒者，谁是官员，谁是学者，所有进入图书馆的人只有一个身份，就是读者，他们都应当免费获得基本的阅读服务。这是我国公益性文化事业发展进步的象征，也是国家财政不断加大支持力度的结果。

资料来源：http://www.nlc.cn/dsb_footer/gygt/lsyg/；李鸥、贾玉文："从国家图书馆免费开放看公共图书馆公益性服务"，《图书馆学刊》，2011年第10期；文静："公共图书馆免费开放：不能限制任何阅读者"，《中国青年报》，2011年2月19日第003版；赵星、张迈："从读者证卡管理谈中国国家图书馆服务创新"，《科技情报开发与经济》，2012年第9期。

我国公共文化设施免费开放中也存在一些不容忽视的问题。国家加大财力支持可以有效保障公共文化设施运营，但也带来体制僵化、激励不足和"大锅饭"的隐忧。2011年，故宫博物院出现一系列大大小小的"意外"，被戏称为故宫"十重门"事件，暴露了文化事业单位的众多弊端，引起社会的广泛关注。中小型公共文化设施在免费开放后出现的困难更大。如大多数中小型博物馆资金来源相对单一,在免费开放后出现了博物馆资金紧张和参观人数大量增加的矛盾,陈列水平不高,服务质量低下,基础设施老旧,安保工作不足,甚至对馆藏文物保护构成威胁[①]。

目前,我国公共文化设施在免费开放的基础上,重点已经转向服务水平的提升上。国家对公共文化设施的支持力度不断加大,文化事业费占财政总支出的比重持续提升。根据《文化和旅游部2018年文化发展统计公报》,2018年全国文化事业费达到928.33亿元,占财政总支出的比重达到0.42%。公益性文化事业单位改革进度加快,2015年中共中央办公厅、国务院办公厅印发《关于加快构建现代公共文化服务体系的意见》,提出要进一步落实公益性文化事业单位法人自主权,创新运行机制,建立事业单位法人治理结构,推动公共图书馆、博物馆、文化馆、科技馆等组建理事会,吸纳有关方面代表、专业人士、各界群众参与管理,健全决策、执行和监督机制。通过人事制度、收入分配制度、社会保障等一系列制度改革强化公共服务功能,增强发展活力,不断提升文化公共设施服务水平。

## 2. 文化遗产保护和利用

文化遗产是历史遗留下来的文化资产,对文化遗产进行保护利用是国家重要的公共文化职能之一。文化遗产在概念上分为有形文化遗产和无形文化遗产两类,在实践中分别对应于物质文化遗产和非物质文化遗产。

---

① 陈惠荣:"免费开放下中小型博物馆的困境及思考",《中国文物报》,2019年2月26日第007版。

## （1）物质文化遗产保护利用

1972年联合国教科文组织《保护世界文化和自然遗产公约》对物质文化遗产进行了界定。该公约规定，属于下列各类内容之一者，可列为文化遗产：①文物：从历史、艺术或科学角度看，具有突出、普遍价值的建筑物、雕刻和绘画，具有考古意义的成分或结构，铭文、洞穴、住区及各类文物的综合体；②建筑群：从历史、艺术或科学角度看，因其建筑的形式、同一性及其在景观中的地位，具有突出、普遍价值的单独或相互联系的建筑群；③遗址：从历史、美学、人种学或人类学角度看，具有突出、普遍价值的人造工程或人与自然的共同杰作以及考古遗址地带。该组织同时规定，只有"从历史、艺术或科学角度看具有突出的普遍价值"的文物、建筑群等，才有资格进入《世界遗产名录》。至2018年7月，我国已有53项世界遗产，其中多数为文化遗产，少数为自然遗产或文化与自然双重遗产。

在我国，可以将物质文化遗产简化理解为"文物"。从范畴上来看，无论是文物、建筑群还是遗址，它们都属于物化的文化遗产。从实践来看，相关单位门口往往加挂"文物保护单位"的牌子，尽管从颁发机构来看，它们可以分作国家级、省级、市级和县级等不同的级别。由于我国有5000年的文明史，拥有辉煌灿烂的历史文化，各级各类文物资源数量极为丰富，至2018年末，全国共有可移动文物1.08亿件（套），不可移动文物76.7万处。

我国文物保护利用力度正在不断加大。至2018年末，全国共有各类文物机构10160个，文物机构从业人员16.26万人。2018年，我国推进文物法人违法案件专项整治行动，查处673起文物法人违法案件，行政处罚349起,责令改正408起,行政追责314人次,刑事追责74人次。在加大文物保护力度的同时,对文物资源的开发利用也得到增强。2018年,中共中央办公厅、国务院办公厅印发了《关于加强文物保护利用改革的若干意见》,提出"统筹推进文物保护利用传承,切实增强中华优秀传统文化的生命力影响力,更好促进经济社会发展,不断满足人民日益增长的美好生活需要"。近几年我国各类文物机构举办陈列展览和接待观众数量持续增长,宝贵的文物资源正在得到良好保护和有效利用。

(2)非物质文化遗产保护利用

非物质文化遗产概念的出现晚于物质文化遗产。2006年联合国教科文组织通过《保护非物质文化遗产公约》,规定:非物质文化遗产是指被各群体、团体、有时为个人所视为其文化遗产的各种实践、表演、表现形式、知识体系和技能及其有关的工具、实物、工艺品和文化场所,包括以下方面:①口头传统和表现形式,包括作为非物质文化遗产媒介的语言;②表演艺术;③社会实践、仪式、节庆活动;④有关自然界和宇宙的知识和实践;⑤传统手工艺。随着"藏医药浴法"成功列入联合国教科文组织人类非物质文化遗产代表作名录,截至2018年底,我国共拥有40项非物质文化遗产列入世界非物质文化遗产名录,其中,人类非物质文化遗产代表作名录32项、急需保护的非物质文化遗产名录7项、非物质文化遗产优秀实践名册1项,总数位居世界第一。40个项目的入选,体现了中国日益提高的履约能力和非物质文化遗产保护水平,对于增强遗产实践社区、群体和个人的认同感和自豪感,激发传承保护的自觉性和积极性,在国际层面宣传和弘扬博大精深的中华文化、中国精神和中国智慧，都具有重要意义[①]。

我国《非物质文化遗产法》规定：非物质文化遗产是指各族人民世代相传并视为其文化遗产组成部分的各种传统文化表现形式，以及与传统文化表现形式相关的实物和场所。包括：①传统口头文学以及作为其载体的语言；②传统美术、书法、音乐、舞蹈、戏剧、曲艺和杂技；③传统技艺、医药和历法；④传统礼仪、节庆等民俗；⑤传统体育和游艺；⑥其他非物质文化遗产。我国先后于2006年、2008年、2011年和2014年公布了四批国家级非物质文化遗产代表性项目名录，包括了10个类别、1372个国家级非物质文化遗产代表性项目和3154个子项目，并先后命名了五批国家级非物质文化遗产代表性项目代表性传承人，共计3068人。除国家层面之外，省级层面也公布了相应的非物质文化遗产名录。

近年来，我国非物质文化遗产不仅保护力度日益增强，而且得到社会各界的重视和认可。截至2018年末，全国共有非物质文化遗产保护机构2467个，从业人员17308人。相关机构持续对国家级非物质文化遗产代表性传承人开展抢救性记录，并对已支持项目开展通查验收。加强非物质文化遗产保护利用设施建设，持续安排中央预算内投资支持建设国家级非遗保护利用设施。全国各类非物质文化遗产保护机构举办演出场次和观众数量持续快速增长，2018年达到65495场、观众4960万人次。开展非遗影像展、非遗服饰秀、非遗讲座月等品牌传播活动，线上线下共2.6亿人次参与。目前，非遗保护理念已经深入人心，实现了非物质文化遗产保护传承与经济社会发展的有机结合。

---

① 中国入选联合国教科文组织非物质文化遗产名录（名册）项目，内容详见中国非物质文化遗产网 http://www.ihchina.cn/chinadirectory.html#target1

## 3. 文化多样性与保护传承

文化多样性概念最初主要基于国家间文化政策而提出。1998年，联合国教科文组织在瑞典斯德哥尔摩召开政府间文化政策促进发展会议，"尊重和维护文化多样化"成为会议的重要议题之一。2001年，该组织第三十一届会议通过了《文化多样性宣言》。2005年，该组织第三十三次会议以压倒性多数通过了《保护和促进文化表现形式多样性公约》（以下简称《文化多样性公约》），把文化多样性定义为"各群体和社会借以表现其文化的多种不同形式，这些表现形式在他们内部及其间传承。文化多样性不仅体现在人类文化遗产通过丰富多彩的文化表现形式来表达、弘扬和传承的多种形式，也体现在借助各种方式和技术进行的艺术创造、生产、传播、销售和消费的多种方式"。该公约确认了"文化多样性是人类的一项基本特征"和"共同遗产"，强调文化多样性对各社区、各民族和各国可持续发展的重要性，并把保护和促进文化多样性提高到国际社会应该接受的人类基本伦理的高度[①]。尽管联合国教科文组织提出的文化多样性概念侧重于国与国之间，但在此后的实践中，受到人们更多重视并取得更多成效的是国家内部的文化多样性保护传承政策。

文化多样性的价值和意义在很大程度上是通过生态学中的生物多样性类比移用而来的。《文化多样性宣言》中明确提到，"文化多样性是交流、革新和创作的源泉，对人类来讲就像生物多样性对维持生物平衡那样必不可少"。具体来看可分为四个方面：一是文化权利本身应当得到尊重。每个群体都有其生存和延续的权利，文化作为其生存和

---

① 高红岩："文化多样性的内涵及其政策导向研究"，《北京行政学院学报》，2010年第1期。

延续的方式,也同样应当受到尊重和保护,这是人的权利的一个重要组成部分。二是避免"系统风险"。任何一种文化,都有其长处,同时也有其缺陷,如果文化单一化发展,有可能造成整个人类文化普遍具有某种共同缺陷,从而危及人类文化的持续存在。三是文化的"杂交优势"。文化多样性为不同文化间的交流碰撞提供了机会,交融产生新的尝试和探索,可以使人类文化保持持续的创造性和活力。四是可能存在尚未发现的经济效益。某种特定文化可能存在未被认知和发现的市场价值,也许在将来某一天经过开发可能得以体现出来,从而给人们带来经济回报[1]。

保护文化多样性与保护文化遗产既有联系又有区别。目前世界上已有《保护世界文化和自然遗产公约》《保护非物质文化遗产公约》和《文化多样性公约》三大文化公约。从范畴上来讲,《文化多样性公约》是最广的,涵盖了《保护世界文化和自然遗产公约》和《保护非物质文化遗产公约》,可是说是其"上位公约"[2]。从政策实践来看,文化遗产都是久经历史浸润的优秀文化资源,即便是我国省级非物质文化遗产也具有很高的门槛,且申遗本身具有较长的流程,保护文化多样性为所有的文化提供了保护的机会,尤其是那些处于弱势的甚至濒临灭绝的文化形态。因此,保护文化多样性的视野和范围更为广阔,是文化政策重要的整体性观念转变。

保护文化多样性在我国具有丰富的政策内容。我国作为几千年大一统的国家,文化具有深厚和内在的同一性,但同时由于民族、历史、地理、气候等差异,形成了种类繁多、各具特色的文化形态。如民族

---

[1] 如我国西安的大唐芙蓉园,基于对盛唐文化的再现和开发而获得商业上的成功。
[2] "《文化多样性公约》的意义及其影响——访国家社科基金重大项目首席专家、中国社会科学院研究员李河",http://www.cssn.cn/skjj/201409/t20140926_1343781.shtml

文化，我国有 56 个民族，每个民族都有自己独特的语言、文字、宗教、服饰、歌曲、乐器、舞蹈、体育、技艺、建筑、医药、节庆、传说等文化形式。如地域文化，我国有 960 万平方公里，661 座城市，245 万个村庄，各地都有自己独特的方言、饮食、民俗、艺术、节庆、戏曲、民歌、曲艺、雕刻、刺绣、剪纸、皮影等文化形式，还有大量历史文化名城、古村落、特色街道。如传统文化。我国拥有光辉灿烂的古代文明，留下诗歌、词曲、文学、舞蹈、绘画、书法、礼仪、服饰、节日、医药、养生、农耕等传统文化形式，如果对浩如烟海的古籍进行发掘，还会有更多的发现。在国家持续深化改革开放、全面实现现代化的过程中，文化多样性保护传承成为现实的需要。

我国政府在保护文化多样性方面开展了大量的政策实践。从新中国成立开始，我国就开始对民族民间文化等进行调查、挖掘、搜集和整理。2004 年，文化部、财政部联合发出《关于实施中国民族民间文化保护工程的通知》，成为政府组织实施推动的，对珍贵、濒危并具有历史、文化和科学价值的民族民间传统文化进行有效保护的系统工程，提出按照保护为主、抢救第一、合理利用、继承发展的方针，在 2020 年前分三个阶段建立起比较完备的民族民间文化保护制度和保护体系。此后，相关部门在少数民族语言文字、少数民族民歌、民族歌剧、传统戏曲、民间文学、民俗文化、古籍整理等多个领域开展文化抢救保护工作，用文字、录音、摄影、摄像等现代化手段进行数字化记录。一些省市政府结合当地实际，制定相应的法规条例，如云南省实施少数民族传统文化抢救保护，推进民族文化生态保护区建设，民族和地域文化多样性获得良好保护传承①。

---

① "云南：多措并举推进民族文化生态保护区建设"，http://yn.people.com.cn/n2/2019/0424/c378439-32874874.html

## 4. 文化均等化服务和艺术普及推广

文化均等化服务是国家为少数特定群体提供基本公共文化服务的职能。社会中总是有一些群体在文化获取方面处于不利的地位，如由于收入低下对文化服务缺乏支付能力，或由于居住偏僻分散超出正常的文化服务半径，或存在某些特定小众需求而市场难以提供，此时就需要通过国家公益性文化事业为其提供基本公共文化服务，其目的是实现所有社会群体文化服务的公平均等。自新中国成立以来，我国一直非常重视文化均等化服务，其中一些具有浓郁边疆民族特色的服务形式如内蒙古自治区的乌兰牧骑，持续活跃服务超过60年，取得了良好社会反响。

> **专栏8-3　　　草原上的红色文艺轻骑兵——乌兰牧骑**
>
> 乌兰牧骑汉语意为"红色的嫩芽"，是内蒙古自治区为牧区群众进行巡回式文艺服务的文化事业机构。乌兰牧骑自创的《顶碗舞》《筷子舞》《乳飘香》《剪羊毛》《嘎达梅林》《鄂尔多斯婚礼》《草原上升起不落的太阳》等歌舞成为流传经典，培养了德德玛、拉苏荣、金花等歌唱家。著名歌唱组合凤凰传奇的主唱杨魏玲花，也曾作为乌兰牧骑的一员，纵马驰骋在为广大牧民服务的大草原上。
>
> 1957年，第一支乌兰牧骑诞生于锡林郭勒盟苏尼特右旗，是一支仅有9人、两辆勒勒车、四件乐器的小队伍。蒙古族群众天生爱好歌舞文艺，然而，当时我国内蒙古地区经济发展相对落后，地域广阔、人口稀少，农牧民在广袤的草原上过着逐水草而居的生活，流动性高，生活区域分散，接受丰富精神生活的途径非常狭窄。在这一情况下，

内蒙古自治区政府针对这一情况组建乌兰牧骑，克服一切困难，以马车、骆驼作为交通工具，甚至有时靠步行穿越茫茫草原，为广大牧民提供巡回式的免费文艺服务。

乌兰牧骑成为内蒙古牧区文艺均等化服务的重要力量。通过乌兰牧骑这种方式，满足了内蒙古草原牧区牧民和半农半牧地区群众的文化需求，保障了绝大多数人的文化权益。乌兰牧骑也受到广大群众的热情欢迎，甚至农牧民参与其中。乌兰牧骑在提供文化娱乐的同时，同时起到教育引导群众、传承民族文化、凝聚边疆人心等多重功能。经过60年的风雨洗礼，乌兰牧骑不断壮大，从最初的9个人发展到46支队伍、2800多人，拥有齐全的设备装备，显示出旺盛的生命力。2019年6月，内蒙古自治区人大常委会公布《内蒙古自治区乌兰牧骑条例（草案）》并向社会公开征求意见，明确乌兰牧骑为公益一类事业单位，并对乌兰牧骑发展、完善、服务提出规范性要求。

2017年11月，习近平在给苏尼特右旗乌兰牧骑队员的回信中指出："乌兰牧骑的长盛不衰表明，人民需要艺术，艺术也需要人民。在新时代，希望你们以党的十九大精神为指引，大力弘扬乌兰牧骑的优良传统，扎根生活沃土，服务牧民群众，推动文艺创新，努力创作更多接地气、传得开、留得下的优秀作品，永远做草原上的'红色文艺轻骑兵'。"

资料来源：郝凤彩、刘筠梅："乌兰牧骑文化现象的本质之思考"，《内蒙古艺术学院学报》，2018年第2期；肖玉梅："浅谈乌兰牧骑在群众文化中的地位和作用"，《戏剧之家》，2018年第2期；周轶楠、赵辰光："少数民族地区文艺人才团队的作用及发展策略研究——以内蒙古乌兰牧骑为例"，《艺术教育》，2015年第2期；南鸿雁："乌兰牧骑——蒙古族艺术的当代传承者"，《中国民族》，2014年第8期。

近年来，随着国家文化政策的完善和财政实力的提高，我国开展了目标群体更为广泛、种类内容更为多样、形式手段更为灵活的文化均等化服务项目。国家持续开展面向革命老区、边疆地区、民族地区、贫困地区的"春雨工程""阳光工程""圆梦工程"文化志愿活动，在农村地区开展戏曲进乡村活动，仅2018年就为国家级贫困地区12984个乡镇配送了77094场文艺演出①。社会特殊群体基本文化权益保障得到关注。2011年，文化部、人力资源和社会保障部、中华全国总工会联合下发《关于进一步加强农民工文化工作的意见》，提出建立相对稳定的农民工文化经费保障机制，将农民工文化服务纳入公共文化服务体系。2015年，中共中央办公厅、国务院办公厅《关于加快构建现代公共文化服务体系的意见》提出保障特殊群体基本文化权益，将老年人、未成年人、残疾人、农民工、农村留守妇女儿童、生活困难群众作为公共文化服务的重点对象。

艺术普及是文化均等化服务的拓展和延伸，也是公益性文化事业的内容之一。艺术来源于生活，却又高于生活，必须不断提升大众的艺术素质，使他们产生对艺术的热情和鉴赏能力。近年来我国各地政府开展"艺术普及日""艺术普及周""一人一艺"等大量活动，全面提升市民艺术素养，为市民所熟知、接受、热爱，其构筑的全民艺术普及生态体系正逐渐形成。在国家层面，学生群体成为政策重点对象。早在20世纪90年代末，在李岚清同志的倡导下，一些著名的国家级艺术院团已举办针对部分高校的艺术普及活动。2005年，教育部、文

---

① 文化和旅游部："2018年文化和旅游发展统计公报"，http://zwgk.mct.gov.cn/auto255/201905/t20190530_844003.html?keywords=

化部、财政部联合在全国高校开展"高雅艺术进校园"活动，以"走近大师，感受经典，陶冶情操，提高修养"为主题，在国家财政专项经费的支持下，组织国家级艺术院团赴高校演出、组织高校学生乐团在本省高校巡回演出、组织全国高校艺术教育专家讲学团赴中西部高校讲学，引导青年学生了解我国优秀的民族文化艺术，培养他们的艺术热情和鉴赏能力，取得积极成效。

公共文化空间建设成为艺术普及推广的重要途径。在现代城市发展中，公共空间艺术氛围营造不仅有益于市民艺术素养的提高，而且日益成为城市形象、吸引力和竞争力的重要体现，甚至超出了文化政策的意义和范畴。这一潮流最初源于国外，如英国伦敦、美国纽约、丹麦哥本哈根、墨西哥的墨西哥城等。以墨西哥城为例，漫步在街道等公共空间，随处可见栩栩如生的雕塑艺术品，它们均由本国艺术家创作，风格各异，造型独特，立意新颖，给人以美的享受，为城市增添浓郁的文化色彩和艺术气息。在我国，以北京、上海等大城市为引领，城市公共文化空间建设正如火如荼开展，充分依托公共建筑、楼宇立面、历史街区、文化雕塑、街心公园、博物馆、立交桥、公交站、指示牌、灯光、绿化、座椅、喷泉等各种空间和载体，全力营造艺术氛围，提升城市文化品位。目前这一潮流已向农村扩展，十九大报告提出实施乡村振兴战略，文化振兴成为五项基本内容之一，乡村建设中的文化气息正越来越浓厚。

## 第四节　间接性文化政策：健全现代文化市场体系

间接性文化政策是与直接性文化政策相对的一种政策方式，政府并不是直接提供文化服务，而是通过维护秩序、引导方向、调节供求等方式，对文化经济产出的种类、数量、服务方式等施加影响。从这一定义来看，与直接性文化政策恰好相反，它具有间接性、市场化、非均等的显著特征。在我国，间接性文化政策基本内容是健全现代文化市场体系，这一新提法包括几个要点：第一，它是国际通行做法。由于文化具有意识形态、历史传承、社会文明等至关重要的功能，文化市场具有不同于普通商品市场的特征。世界各国的一个普遍共识是，不能任由文化在市场里生存，这构成了各国直接支持文化产业发展的逻辑基础[①]。第二，它大于文化产业政策的范畴。目前，最为人们熟知的间接性文化政策为文化产业政策，文化产业政策是间接性文化政策的重要组成部分，但并非全部，间接性文化政策还包括了文化产品、文化企业、文化市场等政策，甚至包括了品牌字号等文化资本的相关政策。第三，它在实践中往往表现为组合配置。本书对健全现代文化市场体系按方式手段分别进行展开论述，但在文化政策实践中这些方式手段却往往不是单一使用，而是组合配置使用，即便是针对出版行业这样的单一领域，也同时存在税收优惠、财政补贴、评优评奖等多

---

① 陈庚、傅才武："文化产业财政政策建构：国外经验与中国对策"，《理论与改革》，2016年第1期。

种方式手段。

在现阶段,我国健全现代文化市场体系主要包括四个领域。

## 1. 生产端政策

生产端政策就是对文化经济生产者进行扶持和鼓励的政策。从国际范围来看,这一政策最早出现于英国。自1944年开始,大英艺术委员会(Arts Council of Great Britain)成为表演艺术、文学与视觉艺术的政策制定部门,该委员会会从政府那里获得一笔资金,然后根据自己制定的规则发放,直至今日亦是如此[①]。在英国之后,美国国会于1965年批准设立国家艺术基金会(NEA)作为联邦政府的独立机构,旨在为文化企业和文化项目提供政府财政支持。每年对主要文化机构的直接资助约为10亿美元,对文化艺术项目的直接资助约为20亿美元。各州立艺术机构(SAA)规模更大,每年拨款总额达到400亿美元左右[②]。除了政府财政资金之外,各发达国家通过对艺术资助进行税前扣除,激励商业和私人部门对艺术的资助力度。英国甚至通过发行彩票支持文化产业,投向文化产业的比例大约占到彩票收入总额的16.6%[③]。除了上述直接和间接资助形式之外,发达国家对文化生产者还有大量的税收优惠政策,形成了完善的生产端政策体系。

我国对文化经济的生产端政策是在20世纪80年代伴随着文化院团市场化改革而出现的,此后力度不断加大,形式也越来越多样,目

---

① 露丝·陶斯著,周正兵译:《文化经济学》,东北财经大学出版社2016年版,第20~21页。
② 蒋冬青:"发达国家文化产业发展中的财税政策及启示",《福州党校学报》,2019年第2期。
③ 闫坤、于树一:"支持文化产业发展的财税金融政策研究",《华中师范大学学报》(人文社会科学版),2015年第5期。

前主要包括以下方面。

第一，财政补贴。①财政拨款。根据中国统计年鉴数据，2017年全国艺术表演场馆收入合计124.3亿元，其中财政拨款占到20.5%，全国艺术表演团体收入合计342.0亿元，其中财政拨款占到43.4%。②票价补贴。北京市自2012年开始实施惠民低价票政策，2016年起实施《北京市惠民低价票补贴项目管理办法》，剧场补贴项目进一步扩大，提高儿童等剧目低价票比例，补贴考核指标和监督也更为严格[1]。天津市为扶持高雅艺术演出项目的运作，推出了高端演出补贴，给予歌剧、交响乐、舞剧等高水平演艺项目每场最高60万元、占比直接费用50%的专项补助[2]。③项目补助。2013年至2018年，中央财政安排文化产业发展专项资金275亿元，支持项目超过4000个[3]。《国家出版基金资助项目管理办法》规定，对七类项目作为重点进行出版基金资助。④融资补贴。2010年《关于金融支持文化产业振兴和发展繁荣的指导意见》规定，中央和地方财政可通过文化产业发展专项资金等，对符合条件的文化企业，给予贷款贴息和保费补贴。2013年，文化部与财政部启动中央财政文化发展专项资金重大项目"文化金融扶持计划"，当年对全国92个文化产业信贷项目提供了4.61亿元贴息支持。

第二，税收减免。①增值税。根据《增值税暂行条例》，我国图书、报纸、杂志、音像制品、电子出版物销售享受13%优惠税率，至2017年7月下调为11%，至2018年《财政部 国税总局关于延续宣传文化增值税优惠政策的通知》又进一步规定，对部分出版物出版环节

---

[1] 卢扬等："降低票价再出实招 小剧场首度纳入补贴"，《北京商报》，2016年1月21日。
[2] 马广洲："天津市舞台演出文化惠民政策实施情况研究"，《经营与管理》，2019年第7期。
[3] 雒树刚："国务院关于文化产业发展工作情况的报告"，http://www.npc.gov.cn/npc/xinwen/2019-06/26/content_2089345.htm

增值税先征后返,批发、零售环节免税。②企业所得税。按照2018年《文化体制改革中经营性文化事业单位转制为企业的规定》,经营性文化事业单位转制为企业后,五年内免征企业所得税。2018年12月31日之前已完成转制的企业,自2019年1月1日起可继续免征五年企业所得税。③个人所得税。《个人所得税法》规定,对稿酬所得适用20%的比例税率,并按应纳税额减征30%,2019年新的《个人所得税法实施条例》规定对稿酬所得按综合所得纳税。④其他税。按照2018年《文化体制改革中经营性文化事业单位转制为企业的规定》,由财政部门拨付事业经费的经营性文化事业单位转制为企业,对其自用房产五年内免征房产税。对经营性文化事业单位转制中资产评估增值、资产转让或划转涉及的城市维护建设税、契税等,符合现行规定的享受相应税收优惠政策。

第三,金融支持。①间接金融支持。2019年《文化产业促进法(草案征求意见稿)》第六十条"间接融资"提出,国家鼓励金融机构为从事文化产业活动的公民、法人和非法人组织提供融资服务,依法开展与文化产业有关的知识产权质押融资业务,在依法合规、风险可控、商业可持续的前提下,加大对文化产业基础设施建设和改造的金融支持力度。国家鼓励融资担保机构依法向从事文化产业活动的公民、法人和非法人组织提供融资担保,通过银担合作、再担保、保险等方式合理分散融资风险。②直接金融支持。党的十八届三中全会提出"鼓励金融资本、社会资本、文化资源相结合"的要求,此后电影、出版、网络文学等文化企业在沪深股市上市进度显著加快,各类政府文化产业投资基金的规模也不断扩张。

第四,其他扶持。如土地扶持,2016年《关于支持实体书店发展的指导意见》提出，加强政府引导，鼓励房地产企业、综合性商业设施、公共服务设施等为具有较强经营发展能力和社会影响力的实体书店提供免租金或低租金的经营场所。2019年《文化产业促进法（草案征求意见稿）》第三十三条"用地支持"提出，县级以上人民政府应当根据文化产业发展需要，将文化产业用地纳入国土空间规划，有效保障文化产业设施、项目用地需求。再如评奖评优，我国长期以来一直对各领域文化产品进行评优评奖，除了大众比较熟悉的金鸡奖、百花奖、金鹰奖、梅花奖、白玉兰奖、五个一工程奖等奖项外，在电视剧剧本、纪录片、少儿图书等领域也都有评奖项目，获奖者不仅可以得到资金支持，更会带来社会荣誉和市场效果。

生产端政策具有非常突出的优点，但也存在一些明显的副作用。它的优点包括：一是产出效果显著。生产端扶持政策尤其是政府补贴方式，对文化经济产出具有直接和显著的影响作用，可以在短期内、大幅度提升市场供给。二是引导效果显著。生产端扶持政策可以给市场一个清晰的信号，政府鼓励发展哪些重点产业、重点产品，引导社会资本和相关要素向之流动汇集。三是社会效果显著。生产端扶持的对象是生产企业甚至直接是艺术家，可以使一些市场处境艰难的传统文化、高雅艺术等得以生存延续，避免其湮灭断档和流离失所。然而，由于生产端政策弱化了市场的作用，也会因此产生一些副作用：一是"大锅饭"。过多的补贴和扶持弱化了市场本身的"优胜劣汰"功能，激励作用不足，高质量文化产品难以脱颖而出。二是总量过剩。生产端政策刺激文化经济供给，甚至"为了生产而生产"，超出居民实际需求量，造成社会资源的浪费。三是公平问题。国有的、规模比较大的国有文化经营单位往往更容易享受到财政补贴、税收减免等政策，而民间的、规模比较小的文化单位则相对较难,由此产生市场公平问题[1]。因此,生产端政策需要与其他政策有机结合才能取得更好的效果。

从政策实践进程来看,经过改革开放尤其是近年来的快速发展,我国生产端文化经济政策内容已经大大丰富,方式手段比国外更为多样,一些政策的力度甚至超过了国外。但从政策实效来看,我国生产端文化经济政策仍需提高,尤其是在税收政策上。以增值税为例,我国对图书、报纸等实行11%优惠税率,但很多发达国家对此税率更低,英国甚至长期实行免税。以个人所得税为例,我国对书画、雕刻、影视等文化从业人员按一般劳务所得征收个人所得税,但在国外考虑到艺术家收入波动性,往往是多年成果一年实现,多采取多年平均法或其他优惠方式征收[2]。以艺术资助税前扣除为例,我国对捐赠行为的税前扣除在捐赠限额、捐赠途径、捐赠对象方面规定严格,对文化产业发展以及吸收社会资金产生了不利影响[3]。这些都有待在未来不断进行完善。

## 2. 消费端政策

消费端政策就是对文化经济消费者进行扶持和鼓励的政策。文化经济的消费端政策与生产端政策具有不同的特点,一方面,由于文化消费受到居民主观和客观多方面因素的影响,政府实施的文化消费政策作用是有限的,另一方面,一些既未冠以"文化"又未冠以"消费"的政策,却可能对文化消费起到深远的影响。最典型的是工作时间,

---

[1] 刘钰:《支持文化产业发展的财税政策研究》,中国广播影视出版社2018年版,第58页。
[2] 李本贵:"促进文化产业发展的税收政策研究",《税务研究》,2010年第7期。
[3] 陈笑纬、马维春:"我国现行文化产业税收优惠政策浅析",《税务研究》,2018年第3期。

严格来说它属于劳动政策，却直接影响到文化消费。20世纪初，欧洲体力劳动者每周工作52～54小时，第一次世界大战之后减为48小时，第二次世界大战之后减为44小时，现在工人标准工作时间是每周40小时。美国、日本和英国的劳动者平均每周工作时间分别约为35、33和32小时。除公共假日外，几乎所有工人都能享受每年至少4周的带薪假期。2014年美国95.7%的居民每天都参与文娱或体育活动，时长甚至超过了工作时间[①]。工作时间减少、闲暇时间增加显著提高了文化消费倾向，促成了文化产业的诞生和壮大。

我国消费端文化经济政策的出现晚于生产端政策，但近年来随着政府财力的不断增长和各地方对文化经济的重视，以及居民需求得到越来越多的考虑，消费端政策的应用越来越广泛[②]。目前我国消费端文化经济政策主要包括如下形式。

①文化消费补助。文化消费补助就是政府对居民的文化消费进行补助，以实现相对降低文化产品价格、刺激文化消费数量的目的，具体又包括文化消费券、文化惠民卡、文化消费季等多种形式。如北京市实施文化惠民项目，2017年推出文化惠民消费券，居民可以根据自己的需求和兴趣爱好选择文化消费内容，凭文化惠民消费券可以在原票价基础上直接实现折扣。广东惠州采取文化惠民卡的方式，向重点优抚对象、低保家庭、五保供养户、家庭困难学生等特定群体发放文化惠民卡，该卡每年由财政补贴充值200元，限持卡人在惠州域内

---

① 毛中根、杨丽姣：“文化消费增长的国际经验及中国的政策取向”，《经济与管理研究》，2017年第1期。

② 2019年8月23日，国务院办公厅发布《关于进一步激发文化和旅游消费潜力的意见》，针对激发文化消费提出一系列举措，详见http://www.gov.cn/zhengce/content/2019-08/23/content_5423809.htm

拥有POS机终端的特约文化商户进行刷卡消费使用，享有折扣优惠功能[①]。安徽、山东等省则采取"文化惠民消费季"活动，在为期3个月的活动期间内，财政投入各种类型的文化消费引导基金，带动居民文化消费。

②政府购买服务。从性质来看，政府购买公共文化服务是政府提供的文化服务，属于直接性文化政策，但从方式来看，它作为一种政府消费，通过注入消费需求的方式对文化市场施加影响，因此又属于消费端的间接性文化政策。2017年《国家"十三五"时期文化改革发展规划纲要》提出，推动各级政府购买公共文化服务，鼓励社会组织和企业参与公共文化设施运营和产品服务供给，建立"按需制单、百姓点单"模式，明确由基层选定为主的公共文化服务项目，健全配送网络。目前，我国相当一部分公共文化服务都是通过政府购买的方式来实现的，如"戏曲进乡村""高雅艺术进校园""农村电影放映工程"等。2018年，我国文化和旅游部门所属艺术表演团队共组织政府采购公益演出16.2万场，观众1.3亿人次。政府购买服务对文化市场起到了重要支撑作用。

③改善消费条件。文化消费构建在特定基础设施的基础上，通过改善一些重要的基础设施建设，可以对文化消费产生直接影响作用。其中最为典型的是移动通信网络建设。2000年之前，手机基本只是作为通讯工具，随着从1G到2G、3G、4G的改造提升，多媒体应用和移动互联网应用高度渗透扩展，手机成为文化消费工具，文化产业获得突飞猛进的发展。目前，随着国家加快5G建设，文化消费即将迎来新

---

① 罗川山："社会力量参与公共文化服务的模式创新"，《惠州学院学报》（社会科学版），2015年第2期。

的飞跃期。再如农村电网改造。我国农村地区电网设施薄弱、电力供应不稳定、线损高造成高电价，对农村居民收看电视等文化消费造成制约。国家从1998年开始大规模实施农村电网改造项目，先后投入数千亿元。2016年，国家发改委公布"十三五"期间实施新一轮农村电网改造升级工程，到2020年，全国农村地区基本实现稳定可靠的供电服务全覆盖，这将对农村文化消费产生促进作用。

④其他相关政策。所谓其他相关政策，指的是这些政策本身并不属于消费政策，其着眼点也并非是文化消费，但这些政策客观对文化消费具有影响作用。如劳动和休假制度。文化消费属于人们的精神享受，必须通过闲暇时间来实现，"996"等超时长工作制显然会产生抑制作用。2000年我国首次全面实施"黄金周"休假制度，当年"五一"我国文化旅游消费立即出现井喷式增长。在未来，带薪休假制度的完善会对文化消费产生积极影响。再如城镇化。2017年我国城镇居民文化教育娱乐支出高达农村居民的2.4倍，且其文化教育娱乐支出占生活消费支出的比重也高于后者。随着国家推进新型城镇化进程，城乡结构变化有助于促进文化消费。再如教育。随着我国对教育事业的重视和发展，居民平均受教育年限不断提高，文化消费的数量和结构都会出现提升。

与生产端政策相比，文化经济消费端政策具有一些独特优势。一是更为直接和精准。消费端政策直接面向消费者这一终端，促进消费和生产对接，避免了盲目生产和"骗补"现象。二是有利于文化服务均等化。如文化消费补助，通过向特定对象的发放，有助于实现文化服务的均等化获取。三是带动作用显著。如北京市2016~2018年累计发放文化惠民消费券金额1.1亿元，直接带动北京市文化消费超过

7.8亿元①。山东省在2017年7月至10月期间开展首届文化惠民消费季活动，省市两级投入文化消费引导基金1.2亿元，直接拉动文化消费超过3亿元②。四是促进市场作用发挥。消费端政策非但不会弱化市场信号，还具有一定的放大作用，消费者通过"用钱投票"，使市场优胜劣汰功能得以充分发挥。虽然消费端政策具有上述优点，但它也并非万能，也会带来过度迎合受众喜好造成市场单一化畸形发展③、一些高雅艺术由于"曲高和寡"而遭遇生存危机等问题，同样需要与其他政策优化组合。

目前，我国消费端文化经济政策仍存在较大的发展空间。从我国文化消费情况来看，2018年，我国全体居民人均教育文化娱乐支出2226元，占人均消费支出的比重只有11.2%。根据发达国家经验，文化消费通常要占到居民整体消费的30%，可见，我国居民文化消费增长还有相当大的空间④。在未来，除了原有的消费端政策不断完善、加大力度之外，还可以尝试增辟新的方式和途径，如出台刺激文化消费的个人所得税优惠政策，对个人用于购买文化产品、文化服务的支出，根据实际支出额，可以按年度给予税前一定比例扣除等政策。

## 3. 制度端政策

制度端政策就是对文化经济管理体制进行的调整和完善。中共十九大报告指出："要深化文化体制改革，完善文化管理体制，加快构

---

① 陈凯欣："供给侧改革背景下公共文化服务供给方式创新——以北京市政府补贴文化惠民消费券为例"，《人文天下》，2019年第3期。
② 徐琰："引导文化消费，激发文化产业发展活力——以'山东文化惠民消费季'活动为例"，《人文天下》，2018年第7期。
③ 马广洲："天津市舞台演出文化惠民政策实施情况研究"，《经营与管理》，2019年第7期。
④ 吴静寅："文化消费的影响因素及其促进机制"，《山东社会科学》，2019年第6期。

建把社会效益放在首位、社会效益经济效益相统一的体制机制。"在西方发达国家，文化经济管理体制作为其市场经济体系的一部分，已经比较成熟定型。我国的文化体制改革持续推进40多年，虽然持续取得突破进展，但至今尚未完全完成，文化经济管理体制仍在不断优化和完善过程中，成为健全现代文化市场体系的重要组成部分。

制度端文化经济政策的基本内容是理顺党、政府、文化企业和文化事业之间的关系，构建统一、开放、竞争、有序的市场规则，保障文化经济按照市场规律平稳运行，实现企业自主经营、政府依法监督、市场竞争开放、要素自由流动。它包括的范围极为广泛，以下是近年来迈出步伐较大、受到关注较多的几个领域。

①改革管理机构。近年来我国对文化管理机构进行了大幅度调整和完善。2018年，中共中央印发《深化党和国家机构改革方案》，在这一方案中，文化部和国家旅游局合并，组建文化和旅游部；组建国家广播电视总局，不再保留国家新闻出版广电总局；整合中央电视台（中国国际电视台）、中央人民广播电台、中国国际广播电台，组建中央广播电视总台，归口中宣部领导；中宣部还统一管理新闻出版工作和电影工作。这些调整致力于理顺文化经济的政府管理职能，将为我国文化经济长期持续发展奠定制度基础。

②重塑市场主体。由于历史原因，在我国文化市场经营主体中文化事业单位占有相当比重。从2008年开始，国家开始支持经营性文化事业单位转制为企业。相关政策经不断补充完善，2018年国务院办公厅印发《文化体制改革中经营性文化事业单位转制为企业的规定》，明确经营性文化事业单位转制为企业，要依法登记为有限责任公司或股份有限公司，加快构建有文化特色的现代企业制度，完善法人治理结

构，同时，建立健全党委和政府监管国有文化资产的管理机构，完善党委和政府监管有机结合、宣传部门有效主导的管理模式。经营性文化事业单位转制为企业，有助于打造自主经营、自负盈亏、富有活力的市场主体，和其他市场主体一起平等竞争、优胜劣汰。

③扩大市场准入。2005年，国务院发布《关于非公有资本进入文化产业的若干规定》，不仅明确了鼓励、允许和禁止非公有资本进入文化产业的领域，而且对非公有资本投资参股国有文化企业的比例、审批、待遇等进行了规定。2013年十八届三中全会《中共中央关于全面深化改革若干重大问题的决定》提出，完善文化市场准入和退出机制，鼓励各类市场主体公平竞争、优胜劣汰，促进文化资源在全国范围内流动。2017年，《国家"十三五"时期文化改革发展规划纲要》提出"降低社会资本准入门槛，鼓励和引导非公有制文化企业发展"。近年来，随着文化市场准入门槛不断降低，非公有资本进入文化经济领域的范围和比重不断提升，推动了文化经济的快速发展。

④保护知识产权。2008年《国家知识产权战略纲要》将我国知识产权保护分为七类专项任务，其中与文化经济相关的是三类，即版权、商标和特定领域知识产权[①]。十八届三中全会《中共中央关于全面深化改革若干重大问题的决定》提出，要加强知识产权运用和保护，健全技术创新激励机制，我国知识产权保护政策进度显著加快。2014年以后，我国在北京、上海、广州设立知识产权法院，2017年，又在南京、苏州、深圳等15个市设立跨区域管辖的知识产权专门机构，公正高效地审理了大量知识产权案件，尤其是一些疑难复杂、具有国际影响力的

---

① 特定领域知识产权共5项内容，其中有3项和文化经济相关，即地理标志保护、传统知识保护和民间文艺保护。

典型案件。至2019年4月,《国家知识产权战略纲要》所提出的到2020年"把我国建设成为知识产权创造、运用、保护和管理水平较高的国家"这一目标已经基本实现①,文化创新的法制环境得到改善。

> **专栏8-4　　　　　　　沸沸扬扬的于正抄袭案**
>
> 　　2018年4月26日,法制日报整版刊出北京市第三中级人民法院公告——《陈喆(笔名:琼瑶)诉余征(笔名:于正)等著作权侵权案强制执行公告》。公告内容为,陈喆诉余征及湖南经视公司、东阳欢娱公司、万达公司、东阳星瑞公司侵害著作权纠纷案,北京市第三中级人民法院2014年12月作出一审判决、北京市高级人民法院2015年12月作出维持原判的终审判决。因余征拒绝履行判决书中第二项所确定的在新浪网、搜狐网、乐视网等显著位置刊登致歉声明,向陈喆公开赔礼道歉、消除影响的义务,陈喆依法申请强制执行。故此,北京市第三中级人民法院在《法制日报》刊登该判决内容,所需费用由被告余征承担。至此,一桩前后绵延4年、引起大众高度关注的侵犯著作权案件终于落下帷幕。
>
> 　　风起于2014年4月15日。当天,"琼瑶写给广电总局的一封公开信"引燃网络。陈喆在信里控诉,于正编剧的连续剧《宫锁连城》中多处剧情抄袭其作品《梅花烙》,给自己造成巨大心理伤害,为此心如刀绞,一气之下,已经病倒。她希望广电总局出面,停播《宫锁连城》,并呼吁观众拒看于正电视剧。同日下午,于正在微博发文,称尊重琼瑶但否认抄袭。同年5月28日,陈喆向北京市第三中级人民法院

---

① "国家知识产权局举行2019年第二季度例行新闻发布会",http://www.gov.cn/xinwen/2019-04/25/content_5386282.htm#1

起诉余征等五方侵权。

  法院经过认真审理查明事实：于正担任编剧的《宫锁连城》的确侵犯了琼瑶作品《梅花烙》的著作权。虽然陈喆诉讼主张中列举的情节，如果以剧本《宫锁连城》中的所有情节来计算，所占比例不高，但是由于其基本包含了剧本及小说《梅花烙》故事内容架构，也就是说其包含的情节设置已经占到了剧本及小说《梅花烙》足够充分的比例，以至于受众足以感知到来源于剧本及小说《梅花烙》，且上述情节是《梅花烙》的绝大部分内容。因此，剧本《宫锁连城》与剧本及小说《梅花烙》在整体上仍然构成实质性相似。对此，法庭进行了翔实的调查，并在判决书中作出了详细的论述。此后经过上诉、驳回，以《法制日报》公报形式进行了强制执行。

  琼瑶诉于正抄袭案是我国知识产权保护中里程碑式的判例。所谓"一诗千改始心安""两句三年得，一吟双泪流"，优秀作品创作至为不易。但一旦创作出来，抄袭、冒用、模仿却如举手之劳。不仅如此，正如全国人大常委会关于专利法、著作权法执法检查报告所指出，知识产权维权存在"举证难、赔偿低、周期长"等问题，有些即便法院判决，也未必能够得到顺利执行。在这一背景下，琼瑶诉于正案成为一个经典范例。尽管仍有一些遗憾之处，如500万元的赔偿并不高，再如《宫锁连城》一剧在强制执行前已播出完毕，但至少，抄袭者狼狈现形，公平正义得到彰显，我国在保护知识产权领域阔步向前。

  资料来源："陈喆（笔名：琼瑶）诉余征（笔名：于正）等著作权侵权案强制执行公告"，《法制日报》，2018年4月26日第04版；支振锋："让侵犯著作权者亮相现形"，《法制日报》，2018年4月26日第07版；王媛媛："文学作品的抄袭认定法律问题——以琼瑶《梅花烙》与于正《宫锁连城》版权纠纷案为视角"，《法制与社会》，2016年第12期（中）。

⑤强化市场监管。市场监管是一个涵盖文化经济各领域、各行业、各环节的政策体系。近年来，我国文化市场监管越来越及时、有力和完善。仅以2018年来说，相关部门先后就网络直播答题节目、网络视听节目传播秩序、影视行业天价片酬、网络综艺节目标准、影视行业规范纳税、游戏版号申报审批、收视率造假、未成年人保护等专项进行监管整治。2019年《文化产业促进法（草案征求意见稿）》"市场监管"提出，县级以上人民政府及有关部门加强对文化市场的日常监督管理，推动文化市场综合执法，提升文化市场技术监管水平，对违反有关法律、行政法规的文化市场经营活动实施处罚，保护文化企业和消费者的合法权益。文化监管体系的不断完善，成为我国文化经济有序竞争、健康发展的重要保障。

## 4. 对外端政策

对外端政策就是文化经济对外贸易的相关政策。与生产端、消费端、制度端政策不同的是，文化经济对外端政策的目标既要致力于促进文化经济的增长，还要保障国家的文化安全，必须在二者之间进行权衡取舍。

### （1）文化贸易与文化例外

文化贸易即文化产品（含文化服务）的进出口，历来是国际贸易谈判中的热点和难点。对文化贸易主要有两种主张。一种是美国，主张文化产品自由贸易。美国对国内文化市场的监管方式，与钢铁、汽车等其他产业部门几乎没有区别，与此对应地，美国也要求其他国家开放本国文化市场,取消对本国文化产业的保护壁垒,实现全球文化产品的贸易自由和资本的自由流动。另一种是世界上其他绝大多数国家,主张文化例外,尤以法国和加拿大最为激烈。法国认为,文化产业关系到国民素质、民族传统、国家形象、文化安全等,属于与其他产业存在巨大差别的特殊领域。在乌拉圭回合谈判中,法国以"文化例外"为由,坚决反对文化市场的自由贸易,几乎为此退出整个关税和贸易总协定(GATT)谈判。在 WTO 谈判中,法国进一步将"文化例外"演变为"文化多元化"原则,指责美国低俗化的文化产品和文化发展方面的商业倾向对别国文化安全构成毁灭性的威胁。加拿大是法国的坚定盟友,与美国文化贸易争端不断[①]。

两种政策主张并不存在是否对错,而是由于其在国际文化贸易中地位的差别造成的。以文化贸易争端的主战场——电影业为例,从历史来看,法国和美国的政策主张几乎各自发生了 180 度的大转变。电影是 1895 年由法国卢米埃尔兄弟发明的,在早期,法国电影率先创造有效的现代制片体制,形成世界性的生产和发行网络,取得巨大的规模经济效益和市场支配力,由百代公司带领法国电影产业一度占据美国市场 70% 的份额。美国对此则采取抵制政策。1896 年法国百代公司进入美国时遭到联合抵制,产品和设备被海关没收,展映没有任何理由就被取消。20 世纪 20 年代以后,随着第一次世界大战和好莱坞的崛起,美国电影在全世界占据了绝对优势。于是美国开始主张自由贸易,而法国从 1928 年开始实行配额制,以"保卫法国的习惯和民族传统",此后有了"文化例外"的正式提法[②]。加拿大由于与美国毗邻,受"文

---

[①] 李宁:"'自由市场'还是'文化例外'——美国与法、加文化产业政策比较及其对中国的启示",《世界经济与政治论坛》,2006 年第 5 期。

[②] 韩骏伟、胡晓明编著:《国际文化贸易》,中山大学出版社 2009 年版,第 169～171 页。

化入侵"的威胁最大，当然也就强烈支持法国的主张。因此，不同的文化贸易政策主张的背后是各自竞争地位的差别，当然文化本身成为一个很好的理由。

两种政策主张对立冲突的结果是达成了某种程度的妥协。在GATT框架下，本来在平等对待进口产品和本国产品上是针对所有商品的，但在法国坚持下增加了一条，允许各国实行屏幕配额以保护本国的电影行业。除此之外，对其他文化产品并无特殊待遇。1993年成立世界贸易组织（WTO）时，法国和加拿大提出一项将视听媒体排除在WTO程序之外的文化例外，但这项议案没有被通过。不过，1995年签署的服务贸易总协定（GATS）还是允许对视听产品予以灵活对待。特别是，各成员国可以自行决定是否对某些特殊服务贸易的市场准入、最惠国待遇和国民待遇等问题作出承诺。大多数国家并未选择对视听产品作出这种承诺，而是坚持现行文化政策。此后进展缓慢，大体一致沿用下来[1]。

文化例外为我国文化贸易政策制定提供了重要依据[2]。改革开放以来，我国在文化贸易中充分利用文化例外这一政策空间，在扩大开放的同时保障自身文化安全。一方面，采取组建文化集团、扶持优势文化企业等措施，不断提升自身国际竞争力，另一方面，有步骤地不断加大国内文化市场放开力度，促进文化市场充分竞争。以电影业为例，2000年广电总局、文化部发布《关于进一步深化电影业改革的若干意见》，开启了中国电影股份化、集团化、产业化改革序幕。与此同

---

[1] 戴维·索罗斯比著，易昕译：《文化政策经济学》，东北财经大学出版社2013年版，第172～173页。

[2] 在这一领域，为人们熟知的还有一个《文化多样性公约》，但该公约制定者为联合国教科文组织，且本身禁止援引其来证明违反WTO行为的正当性，并不能作为国际文化双边贸易自由化谈判的依据。见祁述裕、陆筱璐："论放宽文化市场准入——扩大文化市场开放的若干思考"，《山东大学学报》（哲学社会科学版），2018年第3期。

时，电影引进限制不断放宽，从 2004 年到 2017 年间，国外引进影片数量从 49 部增加至 98 部①。通过分账制、合拍片、买断式多元联合电影引进模式，中国电影市场开放活跃，对外竞争力显著提高。从文化贸易整体来看，2018 年，我国文化产品和服务进出口总额达到 1370.1 亿美元，结构也日益改善，2012~2017 年，全国版权输出从 9365 项增长到 13816 项，增长 47.5%，版权输出与引进的比例从 1:1.9 提高到 1:1.3。我国文化贸易政策取得良好实效。

十九大报告提出，实行高水平的贸易和投资自由化便利化政策，全面实行准入前国民待遇加负面清单管理制度，大幅度放宽市场准入，扩大服务业对外开放，保护外商投资合法权益。从这一要求来看，我国文化领域在放宽文化市场准入、提高文化服务业对外开放水平方面仍然还有很大的潜力。在未来，应当充分把握 WTO 等国际多边贸易规则，借鉴欧盟等比较成熟的文化产业保护手段，尤其是一些市场化的手段，在战略上，应当坚持文化自信，坚定不移扩大开放力度，不断提高对外文化开放水平，为人民提供更为丰富的文化产品，在战术上，应当坚持把握底线、差别分类、有序放开、逐渐深入，在保障国家文化安全的前提下，实现文化贸易的持续增长。

（2）文物出境与"国宝回家"

在文化贸易中有一类特殊的情况，即重要文化物品的国际流动。对一些具有一定历史价值的文物或者具有重要文化意义的艺术品来说，它们可以在市场中进行销售、转让，但在两种情况下需要国家政策的

---

① 陈清洋、黄亚利："羽化成蝶：改革开放 40 年以来电影引进政策的演变与绩效"，《艺术评论》，2018 年第 6 期。

介入，一种情况是文物出境，即重要的"国家珍宝"可能流失到境外，另一种情况是"国宝回家"，即通过各种手段使一些此前流失在境外国宝级文物回归到祖国。

①文物出境。我国文物流失境外的情况一度比较猖獗，1982年，《文物保护法》颁布实施，文物出境管理有了法律依据。此后，文化部又颁布《文物出境鉴定管理办法》，《文物保护法》也屡次修订，逐渐形成一套较为完善的文物出境管理政策体系。2017年《文物保护法》规定，文物出境，应当经国务院文物行政部门指定的文物进出境审核机构审核。经审核允许出境的文物，由国务院文物行政部门发给文物出境许可证，从国务院文物行政部门指定的口岸出境。任何单位或者个人运送、邮寄、携带文物出境，应当向海关申报；海关凭文物出境许可证放行。目前，我国对出境文物管理以特定年份（1949年、1911年和1795年）作为主要标准线，采取禁止珍贵（或重要）文物出境和限制一般文物出境的政策。同时，国家文物局根据国家需要和文物数量变动情况，对限制出口的文物随时进行必要的调节，决定停止某些文物品种出境或限制某些品类出境的数量。通过相关法律法规的完善和执法力度的加强，我国文物流失现象得到有力遏制。

②"国宝回家"。"国宝回家"是我国对流失海外文物的追索回归政策，在很多时候涉及到境外拍卖市场。据中国文物学会统计，自1840年鸦片战争以来，因战争、不正当贸易等原因，我国有超过1000万件文物流失海外。近年来，我国探索多样化文物追索途径，其中比较成功的回归途径主要有：一是商业回购。如2014年青铜器皿天全方罍器身的回归，就是通过省级博物馆出面、民间收藏家出资，通过多方协商达成洽购的方式促成，既体现尊重市场，又讲究策略。二是捐

赠。如 2009 年圆明园十二生肖铜像兔首和鼠首、2012 年秦公晋侯 9 件青铜器、2018 年青铜"虎鎣"的回归，都是以境外买家或持有人捐赠的方式回归国内，其中不少都经历过艰难的斡旋、协商、诉讼等过程。三是两国之间签订双边协议或备忘录。如 2019 年 2 月美国向我国返还 361 件（套）中国流失文物艺术品，2019 年 3 月，意大利政府向我国返还 796 件中国流失文物，成为海外文物追索的成功范例[①]。在相关部门努力下，近年来已有 30 余批次、近 4000 件套流失文物回归祖国[②]。未来，中国仍将进一步拓展流失文物追索渠道，完善流失文物追索机制，不仅使更多的民族瑰宝回国祖国怀抱，而且为建立更加公平正义的流失文物追索返还国际规则贡献中国力量、中国智慧。

## 参考文献

[1] David Throsby. Economics and Culture[M]. Cambridge University Press，2004

[2] 北大科技园创新研究院 . 5G 产业发展现状级趋势浅析 [J]. 科技中国，2019（4）

[3] 布鲁诺·弗雷著，易晔，郝青译 . 艺术与经济学 [M]. 北京：商务印书馆，2017

[4] 曹普 . 20 世纪 70 年代末以来的中国文化体制改革 [J]. 当代中国史研究，2007（5）

[5] 陈庚，傅才武 . 文化产业财政政策建构：国外经验与中国对策 [J]. 理论与改革，2016（1）

[6] 陈惠荣 . 免费开放下中小型博物馆的困境及思考 . 中国文物报，2019-02-26（007）

[7] 陈凯欣 . 供给侧改革背景下公共文化服务供给方式创新——以北京市政府补贴文化惠民消费券为例 [J]. 人文天下，2019（3）

[8] 陈奇 . 他从"换大米"成名——访小品大师郭达 [J]. 中国人才，1994（12）

[9] 陈清洋，黄亚利 . 羽化成蝶：改革开放 40 年以来电影引进政策的演变与绩效 [J]. 艺术评论，2018（6）

[10] 陈笑玮，马维春 . 我国现行文化产业税收优惠政策浅析 [J]. 税务研究，2018（3）

---

① 唐颖："国宝回家有多难"，《法人》，2019 年第 4 期。
② 王珏："点亮'国宝'回家之路"，《人民日报》2018 年 12 月 20 日第 005 版。

[11] 陈元刚，孙平，刘燕.文化经济学：理论前沿与中国实践[M].重庆：重庆大学出版社，2017

[12] 大卫·赫斯蒙德夫著，张菲娜译.文化产业[M].北京：中国人民大学出版社，2007

[13] 戴维·索罗斯比著，王志标，张峥嵘译.经济学与文化[M].北京：中国人民大学出版社，2015

[14] 戴维·索罗斯比，易昕.文化政策经济学[M].大连：东北财经大学出版社，2013

[15] 德瑞克·吉尔曼著，唐璐璐，向勇译.文化遗产的观念[M].大连：东北财经大学出版社，2018

[16] 东方网.上海离博物馆"夜场模式"还有多远？http://sh.people.com.cn/n2/2019/0518/c134768-32952808.html

[17] 法制日报.陈喆（笔名：琼瑶）诉余征（笔名：于正）等著作权侵权案强制执行公告.法制日报，2018-04-26（04）

[18] 范周，关卓伦，孙巍.回首与展望：新时代下文化产业发展新态势[J].出版广角，2018（2）下

[19] 范周，杨矞.改革开放四十年中国文化产业发展历程与成就[J].山东大学学报（哲学社会科学版），2018（4）

[20] 高红岩.文化多样性的内涵及其政策导向研究[J].北京行政学院学报，2010（1）

[21] 郭灵凤.欧盟文化政策与文化治理[J].欧洲研究，2007（2）

[22] 国家统计局.2017年全国旅游及相关产业增加值占国内生产总值的比重为4.53% http://www.stats.gov.cn/tjsj/zxfb/201901/t20190118_1645545.html

[23] 韩骏伟，胡晓明.国际文化贸易[M].广州：中山大学出版社，2009

[24] 韩永进.文化体制改革三阶段[J].商周刊，2010（8）

[25] 郝凤彩，刘筠梅.乌兰牧骑文化现象的本质之思考[J].内蒙古艺术学院学报，2018（2）

[26] 何星亮.中华民族文化的多样性、同一性与互补性[J].思想战线，2010（1）

[27] 胡惠林.文化政策学[M].太原：山西出版传媒集团·书海出版社，2006

[28] 胡智锋，杨乘虎.免费开放：国家公共文化服务体系的发展与创新[J].清华大学学报（哲学社会科学版），2013（1）

[29] 蒋冬青.发达国家文化产业发展中的财税政策及启示[J].福州党校学报，2019（2）

[30] 厉以宁.文化经济学[M].北京：商务印书馆，2018

[31] 李本贵. 促进文化产业发展的税收政策研究 [J]. 税务研究，2010（7）

[32] 李琨. 促进文化产业发展的财税政策研究 [M]. 北京：中国税务出版社，2013

[33] 李宁. "自由市场"还是"文化例外"——美国与法–加文化产业政策比较及其对中国的启示 [J]. 世界经济与政治论坛，2006（5）

[34] 李鸥，贾玉文. 从国家图书馆免费开放看公共图书馆公益性服务 [J]. 图书馆学刊，2011（10）

[35] 刘钰. 支持文化产业发展的财税政策研究 [M]. 北京：中国广播影视出版社，2018

[36] 卢扬等. 降低票价再出实招 小剧场首度纳入补贴. 北京商报，2016-01-21（D01）

[37] 露丝·陶斯著，周正兵译. 文化经济学 [M]. 大连：东北财经大学出版社，2016

[38] 罗川山. 社会力量参与公共文化服务的模式创新——基于惠州市文化惠民卡制度探索试点的研究 [J]. 惠州学院学报，2015（1）

[39] 吕宏强. 大米与红高粱（喜剧小品）[J]. 当代戏剧，2011（2）

[40] 马广洲. 天津市舞台演出文化惠民政策实施情况研究 [J]. 经营与管理，2019（7）

[41] 毛中根，杨丽姣. 文化消费增长的国际经验及中国的政策取向 [J]. 经济与管理研究，2017（1）

[42] 南鸿雁. 乌兰牧骑：蒙古族艺术的当代传承者 [J]. 中国民族，2014（8）

[43] 彭雷霆，皮彦芳. 我国博物馆免费开放政策实施十年的回顾与检视 [J]. 领导科学论坛，2019（4）

[44] 祁述裕，陆筱璐. 论放宽文化市场准入——扩大文化市场开放的若干思考 [J]. 山东大学学报（哲学社会科学版），2018（3）

[45] 祁述裕，王列生，傅才武. 中国文化政策研究报告 [M]. 北京：社会科学文献出版社，2011

[46] 人民网. 云南：多措并举推进民族文化生态保护区建设 http://yn.people.com.cn/n2/2019/0424/c378439-32874874.html

[47] 沈全芳，范汉熙. 文化经济学研究新进展 [J]. 经济学动态，2010（6）

[48] 唐颖. 国宝回家有多难 [J]. 法人，2019（4）

[49] 托比·米勒，乔治·尤迪斯，刘永孜，付德根. 文化政策 [M]. 南京：南京大学出版社，2017

[50] 王珏. 点亮"国宝"回家之路. 人民日报，2018-12-20（005）

[51] 王兴昀，苏坦，齐悦. 高端引领 惠民推动——2015年天津舞台演出综述 [J]. 戏剧文学，2016（1）

[52] 王媛媛. 文学作品的抄袭认定法律问题——以琼瑶《梅花烙》与于正《宫锁连城》版权纠纷

案为视角 [J]. 法制与社会, 2016（12）中

[53] 文化和旅游部. 2018年旅游市场基本情况 https://www.mct.gov.cn/whzx/whyw/ 201902/ t20190212_837270.htm

[54] 文化和旅游部. 2018年文化和旅游发展统计公报 http://zwgk.mct.gov.cn/auto255/ 201905/ t20190530_844003.html?keywords=

[55] 文静. 公共图书馆免费开放：不能限制任何阅读者, 中国青年报, 2011-02-19（003）

[56] 闻嫒. 文化政策的价值取向——从文化产业、创意产业到文化经济. 上海财经大学学报, 2017（4）

[57] 吴静寅. 文化消费的影响因素及其促进机制 [J]. 山东社会科学, 2019（6）

[58] 肖玉梅. 浅谈乌兰牧骑在群众文化中的地位和作用 [J]. 戏剧之家, 2018（2）

[59] 徐琰. 引导文化消费，激发文化产业发展活力——以"山东文化惠民消费季"活动为例 [J]. 人文天下, 2018（7）

[60] 闫坤, 于树一. 支持文化产业发展的财税金融政策研究 [J]. 华中师范大学学报（人文社会科学版）, 2015（5）

[61] 杨永忠, 林明华. 文化经济学：理论前沿与中国实践 [M]. 北京：经济管理出版社, 2015

[62] 昝胜锋. 文化经济学 [M]. 北京：中国人民大学出版社, 2016

[63] 赵星, 张迈. 从读者证卡管理谈中国国家图书馆服务创新 [J]. 图书情报导刊, 2012（9）

[64] 支振锋. 让侵犯著作权者亮相现形. 法制日报, 2018-04-26（07）

[65] 中国政府网. 国家知识产权局举行2019年第二季度例行新闻发布会 http://www.gov.cn/ xinwen/2019-04/25/content_5386282.htm#1

[66] 中国人大网. 雒树刚：国务院关于文化产业发展工作情况的报告 http://www.npc.gov.cn/npc/ c30834/201906/d6205ca4de0b49c6994b7427880b143b.shtml

[67] 中国社会科学网.《文化多样性公约》的意义及其影响——访国家社科基金重大项目首席专家、中国社会科学院研究员李河. http://www.cssn.cn/skjj/201409/t20140926_1343781.shtml

[68] 周轶楠, 赵辰光. 少数民族地区文艺人才团队的作用及发展策略研究——以内蒙古乌兰牧骑为例 [J]. 艺术教育, 2015（2）

# 第九章 经济文化

经济文化是指在经济活动中形成的，并且反作用于经济发展的文化形态。现代经济中经济文化主要包括两类，一类是在市场经济运行过程中形成的具有广泛意义的价值理念，比如契约精神、法律意识、责任意识、创新精神、风险意识等，这些价值理念在现代市场经济中形成，并助推了市场经济的发展，我们将其统称为市场文化，包括企业文化等；另一类是凝结在商品中的文化，商品本身或者商品的流通不止是因为其使用价值，更重要的是其中的文化意义，比如茶文化、酒文化、服饰文化、饮食文化、文创产品等，我们将这一类统称为产品文化。经济文化是如何逐渐形成的？其在现代市场经济中发挥了怎样的作用？如何弘扬和培育积极的经济文化？这是本章研究的主要内容，由于市场文化在现代市场经济体系中的重要作用，我们将研究重点放在市场文化上，分别讨论契约精神、法律意识、责任意识、创新精神和风险意识的内涵、意义与实践，而对产品文化只作简要的概述。

## 第一节 契约精神

### 1. 契约精神的内涵与溯源

契约精神包含四方面的含义，即契约自由精神、契约平等精神、契约信守精神和契约救济精神。契约自由精神是指人们在订立契约时有权利选择订立契约的对象、订立契约的内容、订立契约的方式等；契约平等精神是指订立契约的主体之间是平等的；契约信守精神是指契约订立之后，契约主体有责任和义务遵守契约的内容；契约救济精神是指如果有主体不遵守契约的内容，其对对方有救济赔偿的责任。这四个方面从契约订立的原则、主体地位、实施过程和约束机制等角度对于契约精神的内涵进行了系统性的概括。

如果从契约订立的主体来说，可以将契约精神分为私人契约精神和社会契约精神。私人契约精神是对个体私人之间订立契约的规范、遵守与约束，其起源于商品经济的发展，并在现代市场经济中发挥了重要的作用。当前，私人契约精神作为市场经济主体之间的一种规范和约束，是市场经济的宝贵财富，其已经成为经济学和法学研究的重要范畴。与私人契约精神对应的是社会契约精神，社会契约精神强调的是个人私权力与国家公权力之间订立的契约，其典型论述见于卢梭1762年发表的《社会契约论》。他认为国家主权在民，公民通过契约的形式形成国家，并且组建政府，以保护公民的人身和财产，政府是人民契约的产物，其权力来自于人民，这就是社会契约精神的主要内涵。社会契约精神的研究主要存在于政治学和社会学领域。我们在此处所谈的契约精神主要是指私人契约精神，也就是在商品经济和市场经济中发挥直接作用的契约精神，在以下所称的契约精神中皆专指私人契约精神。

契约精神萌芽最早可见于古希腊、古罗马先哲的论述中，比如古希腊亚里士多德的交换正义思想，古罗马法学家盖尤斯将债分为契约和侵权两大类，托马斯·阿奎那将契约分为有偿契约和无偿契约。在社会契约领域，洛克、卢梭、康德等进行了进一步发展，著有《社会契约论》的卢梭是社会契约理论的集大成者，在私人契约领域，现代经济学的激励理论、不完全契约理论和新制度交易成本理论对其有深入的研究，2016年哈特和霍姆斯特罗姆因在契约理论上的突出贡献获得诺贝尔经济学奖，契约在现代市场经济中发挥着越来越重要的作用。

## 2. 契约精神在市场经济中的意义

契约精神在商品经济时代开始孕育和发展，在现代市场经济中已经成为主流的精神和共识，是支撑起现代市场经济的强大文化支柱和意识基础。可以说，没有契约精神，不可能有市场经济的发展，甚至不会有市场经济的存在。

首先，现代市场经济的本质就是信用经济，契约精神是信用经济的内核。现代市场经济区别于小农经济、计划经济的关键在于其依靠供求、竞争和价格机制来达成经济运行，其与商品经济的最大区别在于市场已经成为配置资源最主要的方式，已经达到了商品经济的高级阶段。与小农经济、计划经济和商品经济等相比，在现代市场经济中有两种东西不可或缺，一个是货币，一个是信贷。货币是用于交换的手段，调节了空间上的资源配置；信贷是用于调剂的手段，调节了时间上的资源配置，而货币和信贷的本质都是信用，货币依赖于国家的信用，信贷依赖于借贷双方的信用，所以说现代市场经济的本质就是信用经济。契约精神是保证信用经济运行的内核，因而也是现代市场经济平稳运行的保障。

其次，契约精神在金融领域发挥着格外重要的作用，现代金融体系完全依赖于契约精神。金融就是资金融通，包括投资和融资，二者其实是一个问题的两个方面。总体来说，金融市场的投资对应于实体经济的融资，实体经济通过获利回馈于金融市场的投资，这就是一种契约关系。当然，在这个简单的契约关系中可能嵌套了更多层的契约链条，比如金融市场的投资可能不是直接进入实体经济，而是在金融市场层层嵌套，也就是我们说的资金空转，但是无论进行了多少层的嵌套，也不能改变金融的本质，服务实体经济是其根本要求。无论是金融市场与实体经济达成的契约，还是各自内部嵌套的多层契约，都需要市场主体的契约精神来保护，一旦发生违约，后果不堪设想。比如2008年美国次贷危机，就是由于房地产领域的抵押贷款违约，引发金融体系内部崩溃，从而引发全球经济危机。金融市场系统内部的多层契约其实加剧了风险，所以在现代金融市场逐渐发达的情况下，契约精神就显得更加重要。

最后，契约精神具有极强的正外部性，本身就是市场经济中的一种价值存在形式。契约精神保护了市场经济的秩序，让市场经济的价值流动有效运转，但是同时契约精神本身所具有的正外部性也是市场经济的价值形式，而且是一种实实在在的价值。比如说，在信贷系统内，契约精神的高低体现在以往契约的履行程度上，对于以往契约履行程度越高，能获得信贷资源可能性与额度越高，银行的信用系统、债券的信用评级等都是利用这个原理，契约精神已经转化为一种实实在在可被利用的价值，市场正在奖励有契约精神的主体。随着市场经济的进一步发展，契约精神的作用会越来越高，如何评价和利用契约精神，一定是未来制度设计和市场经济发展的重要课题。

## 3. 我国培养市场主体契约精神的实践

相对于西方国家，我国市场经济的起步较晚，但是发展速度很快，我国在培养市场经济主体的契约精神方面已经有诸多实践。

第一，初步建立起企业信用评级体系，但是发展面临着不规范、不专业等问题。对于企业信用的评级主要包括债券评级、上市公司资信评级、中小企业信用评级等，这些对于金融工具或企业信用的评级直接关系到企业的资产定价与借贷能力，实际上是对企业契约精神和履行契约能力的评估。这在西方市场经济中已经形成较为成熟的体系，以标准普尔、穆迪和惠誉为首的评级机构在市场中占有重要地位。在我国，以中诚信、大公国际、联合资信和上海新世纪为首的评级机构体系初步形成，在国内市场评级中发挥重要作用。但是当前中国的信用评级在规范性、专业性等方面饱受质疑，主要是与评级行业没有明确的规范、市场主体的逆向选择等问题有关，这是需要进一步解决的问题。

第二，个人诚信体系建设取得进展，但是信用记录资料有限，主要是金融系统内信用情况。中国人民银行在各银行数据的基础上构建了个人信用信息服务平台，其对个人的信用状况提供查询和报告服务，但是主要依据于个人信贷违约与还款情况,因而具有一定的片面性。政府还建立了信用中国网站,其中有对行业、城市、校园、个人等信用有综合性介绍。对于个人信用,包括列明了拖欠农民工工资名单、限飞限乘名单、违法失信上市公司相关责任主体名单以及个人信用关联查询等,是目前较为全面的个人信用评估渠道。除了政府机构,不少企业也在对个人信用进行评估并加以利用,比如支付宝的芝麻信用、百度的度小满金融等。

第三,我国已经颁布一系列维护市场主体契约和信用的法律、规章制度和指导建议等,但是具体落实还有待进一步完善。为维护市场主体的契约精神,我国颁布了《中华人民共和国合同法》,这是专门针对合同的订立、履行、违约责任等制定的法律,除此之外,《中华人民共和国民法通则》《中华人民共和国公司法》《中华人民共和国信托法》《中华人民共和国证券投资基金法》等,其中都有对契约或合同的相关规定。国务院还颁布了《社会信用体系规划建设纲要(2014-2020年)》《关于加强个人诚信体系建设的指导意见》等指导文件。这些法律、规章制度和指导文件等极大地推进了我国市场经济契约精神的培育,我国当前在企业信用方面已经有了很大进展,未来在个人信用体系建设方面还需要进一步落实和完善。

## 4. 培养市场主体契约精神的未来举措

在培养市场主体契约精神方面,未来一定要实行中心化和分散化两条路径并行的方式,从而逐步构建完整的社会信用系统。

一方面,中心化的信用系统建设主要由政府来主导,并引导市场机构提供相应的服务。契约精神的培育不能完全靠市场主体自发的行为，需要一定的强制力作为基础。政府是具有这种强制力的机构，违约行为的强制力执行对于契约精神的培育具有重要意义，并且政府掌握了大量的经济资源，除了法律和行政手段，其也有充足的经济手段进行强制力执行，比如限飞、限乘、限购等。另外，当前政府是掌握信用记录资源最丰富的机构，税务系统、银行、交易所、电信系统等主要机构的数据，基本都掌握在政府手中，其最有力量来推动社会信用系统建设。

另一方面，分散化的信用系统建设由各市场主体的信息资源共享支撑，这可以在最大程度上收集和处理信用记录，从而达成更准确的信用评估。中心化固然有其好处，但是也有弊端，最大的弊端是对于资源的收集能力有限，但是去中心化的系统则可以有效地应对这个问题。当前以区块链为代表的去中心化技术的发展使得分散化的信用系统建设有了技术支撑，其可以在最大程度上收集并处理企业、个人等的信息，从而更好地评估信用情况，将契约精神深入到社会生活的方方面面。

## 第二节　法律意识

### 1. 法律意识的内涵

市场经济中的法律意识主要是指权利意识和义务意识，市场经济主体在法律规定的范围内享受权利，并履行法律规定的相应义务，法律禁止的坚决不做，法律要求的必须去做，法律鼓励的积极去做，法律规定的权利可以放弃，但是法律规定的义务必须履行，违反法律需要受到相应的制裁。这就是法律意识的内涵，其在市场经济中和市场主体上的应用就是市场经济的法律意识，是重要的经济文化。

从市场经济的主体来说，法律意识存在于政府部门、生产者、消费者、各种中介机构等主体中，每个市场主体的权利与义务既有其共通之处，又有独特的表现，它们既有共同遵守的一般性法律，比如宪法、刑法、民法等，又有专门针对某一类主体的特殊性法律，比如证券法、商业银行法、消费者保护法等，这些不同的法律构成的法律体系维护着市场经济的秩序，让市场经济有条不紊地运行。从市场经济的过程来说，生产、交换、分配、消费等不同环节均有相应的法律进行规范，对这些法律规范的遵守保证了市场经济的有序运转。

当然，市场经济的法律意识除了不同市场经济主体遵守法律的意识之外，还包括制定法律的主体要不断完善法律体系，使其适应现代市场经济发展的需要，法律是发展的，法律体系是开放的体系，要用改革的思维来看待法律体系。

## 2. 法律意识在现代市场经济中的作用

首先，法律意识在现代市场经济中的最大作用就是保护不同市场经济主体的利益。市场经济是利益驱动的，每一个主体都想最大化自己的效用函数，企业想要实现既定产量的成本最小化和既定成本的利润最大化，消费者想要实现既定预算约束的效用最大会，政府部门考虑社会效益，但同时又有自己的部门利益和相关人员的个人利益，在这样的一种利益关系中，不可避免地会存在利益上的相互冲突，包括不同主体的利益冲突，或个体与社会的利益冲突，这种冲突只能在一定程度上依赖于道德来解决，但是道德是不具有足够约束力的，最终还是需要法律来调节和规范，因而法律在现代市场经济中的最大作用就是以制度的形式来调节不同市场主体的利益冲突，从而保护各主体的利益。《消费者权益保护法》保护了消费者的利益，《证券法》保护了投资者的利益，《公司法》保护了企业的利益，等等，无论是约束条款，还是授权条款，其本质都在于保护。"法律是道德的底线"，这句话同样适用于市场经济领域，市场经济的逐利性、盲目性等，不可避免地会带来逾越道德的行为，法律就是保护市场经济的最后一道屏障。

其次，法律意识有助于营造公平有序的竞争环境，基于法律规范达成的共识可以很大程度上降低市场的交易成本，提高市场的有效性。在市场经济中，政府的目标和企业的目标存在统一性，也存在矛盾性。政府是以社会利益最大化为目标的，其有扩大竞争的倾向，并且反对垄断和不正当竞争。企业是以企业利润最大化为目标的，其有扩大市场份额的倾向，从而有垄断的倾向，在扩大市场份额过程中其采用的手段也形形色色，有不正当竞争的可能性，所以国家制定《反垄断法》和《反不正当竞争法》等来维持市场的正常竞争秩序，企业对这些法律的遵守将会在很大程度上减少市场摩擦，让市场更有效地运转。法律相当于提供给了市场主体统一的行为规范，从而更容易形成预期，这有助于降低市场交易成本，也会让市场更有效。

最后，产权意识在现代市场经济中发挥了格外重要的作用，产权清晰是市场经济发展的基础性动力。法律的作用在于保护人身和财产，而在市场经济中，保护财产的功能性尤其凸显。现代市场经济之所以比计划经济更有效率，是因为其强调了私有财产的概念，每个人的劳动与自己的私有财产直接挂钩，从而极大地调动了个人的积极性。产权就是对财产的所有权，其包括占有权、支配权、使用权、收益权和处置权。产权清晰是现代市场经济的要求，只有产权清晰并且保护产权，人们的积极性才能被调动起来，经济才有持久发展的动力。

## 3. 我国市场经济主体法律意识现状

从我国经济领域立法和执法的情况来看，我国市场经济主体法律意识逐渐提高，已取得较大进展。我国的法律体系包括宪法、程序法、刑法、民商法、行政法、经济法、社会法、军事法和国际法等法律部门，其中大部分都有与经济相关的法律或条文，与市场经济最直接相关的就是商法和经济法，我国在这两个领域已经形成了较为完善的体系，商法包括公司法、保险法、合伙企业法、海商法、票据法等，经济法包括竞争法、消费者法、银行业法、证券法、财税法、劳动法、土地法规、环保法等，这些法律也在不断的修订与完善中。从执法领域来看，经济领域的法律诉讼增长很快，比如根据全国法院司法统计公报的数据，2010年合同纠纷一审收案3222555件，到2018年合同相关纠纷达到7972100件，增长了将近1.5倍；知识产权与竞争纠纷一审收案从2017年的201039件增加到2018年的283414件，年增长超过40%；等等，可见我国市场经济主体的法律意识在增强，更多地使用法律武器捍卫自己的权益。

但是，从另一个方面来看，经济领域司法案件的增加也说明了当前市场经济主体法律意识不够，侵权行为在大量发生。事实上，我国经济主体的法律意识还非常不足。企业制假售假问题屡禁不止，侵犯知识产权问题依旧相当严重；企业和个人偷税漏税问题曝光量增加；侵犯消费者权益时有发生，并且众多消费者维权意识也很淡薄；证券市场违法违规操作，证监会系统 2018 年作出行政处罚 310 件，同比增长 38.39%，罚没款金额 106.41 亿元，同比增长 42.28%，行政处罚决定数量和罚没款金额连续 3 年创新高；经济领域腐败案件大幅攀升，涉案级别也在上升；等等，这些都反映出市场经济主体的法律意识亟待加强。

## 4. 市场经济中法律意识的形成机制探讨

市场经济主体法律意识的培养需要激励机制和惩戒机制的配合。我们当前更多地依赖于惩戒机制，对于违法行为进行惩戒，从而达到震慑的效果，当然也会对案件中承受损失的一方进行补偿，但是这种补偿一般是基于案件胜诉而进行的。可以推断的是，能够通过起诉等手段进行维权的，已经是具备了相当法律意识的主体，而更多的是并没有暴露出来的违法或侵权行为，由于市场主体法律意识的缺乏，这些违法或侵权行为在被有意识或无意识地持续，比如说消费者为了贪图便宜，故意购买"山寨货"、假冒品牌等，虽然消费者不违法，但是其消费权益得不到保护，并且也是在助长销售者的违法行为；生产者或者销售者制假售假、漫天要价、欺骗消费者等；旅游市场侥幸心理泛滥，"宰客"现象频现；等等，这些都是由于法律意识不足，我们当前更多的是遇到一起，处理一起或者遇到一起，处理一片的思路，这是相对较为被动的处理方法，更偏向于惩戒机制。而在市场法律意识还不足的情况下,可以采取激励机制来培养法律意识,主动暴露问题,主动处理问题,比如在市场中设置举报分层激励机制和违法调查分层激励机制,也就是说针对市场举报和参与市场违法调查等行为,根据其产生的效应大小,设置分层激励,从而让每一个个体都成为"调查员"和"监管员",激励机制的目的是让其边际收益大于边际成本,而市场经济中法律意识的正外部性得到这种形式的补偿也符合社会利益最大化的要求。

## 第三节 责任意识

### 1. 责任意识的内涵

市场经济中的责任意识是指市场主体需要对自己所要履行的责任有清晰的认知并主动履行,责任是比法律所规定的义务更宽泛的概念,履行法律规定的义务只是基本的责任,而每个市场主体其自身的市场身份都有自己额外的和独特的责任,这种责任就是对社会的责任。

从不同的市场主体来说,责任的具体内涵有所不同。企业的责任包括为股东创造收益、为市场提供产品、为社会创造就业、为国家提供税收、保护环境等,也就是说企业在创造利润、承担对股东和员工的法律责任的同时,还要承担对消费者、社区和环境的责任,企业有其自身的社会责任。消费者的责任包括保护环境、保护资源、维护市场经济秩序、维护社会公德等。其在购买、使用商品和接受服务时,需要承担对社会的责任。政府部门有对市场进行宏观调控和微观监管的责任，其本身的目标就是实现社会利益最大化，因而不能只关注于经济增长，还要关注于可持续发展。

## 2. 责任意识在现代市场经济中的作用

首先，市场主体的责任意识有助于促进资源与环境保护，实现可持续发展。不同市场主体的社会责任都包括了对资源与环境的保护，过去我国依赖于高消耗、高污染、高排放的方式实现了经济的快速发展，但是这种方式是不可持续的，资源问题和环境问题逐渐严重，近些年国家开始注重对生态和环境的保护，大力倡导生态文明建设，并且在微观上开始规制企业的污染与排放，将资源环境问题上升到战略层面，这是可持续发展的需要，无论是企业，还是消费者，都有责任关注资源与环境问题，并且保护环境、保护资源。

其次，企业社会责任已经成为管理学和投资学研究的重要课题，社会责任投资逐渐流行。从表面上看，企业社会责任是在为社会公共利益考量，是企业的一种付出与成本，但是近些年从管理学和投资学角度对企业社会责任的研究，发现其对于企业本身的经营与盈利也大有裨益，可以提高企业的声誉，扩大企业影响力，具有广告和品牌效应，而且不少投资机构基于社会责任维度对企业进行投资，发现其可以更好地获得投资回报，当前社会责任投资在不少西方国家已经成为主流投资策略。

最后，市场经济主体的责任意识有助于我国实现新旧动能转换和从高速度增长向高质量发展的转型。新旧动能转换和从高速度增长向高质量发展转型是我国当前经济转型的两条主线,前者是内在动力和实质,后者是目标和外在表现,新旧动能转换要求产业结构的优化升级和经济增长方式转变,高质量发展要求效率更高、供给更有效、结构更高端、更可持续和更和谐的增长。市场主体的责任意识在促进资源与环境保护的同时,也更有助于技术创新和公平分配,从而对于结构升级和社会和谐都具有深远的影响,因而其有利于我国的经济转型发展。

## 3. 我国社会责任投资发展现状

社会责任投资是指在投资中不仅考虑企业财务回报和业务表现,也关注其履行社会责任的情况,包括环境(Environmental)、社会(Social)和治理(Governance)等因素,因而也叫 ESG 投资。我国的社会责任投资已经获得了一定程度的发展,但是和欧美国家相比尚有很大差距。具体来说,我国的社会责任投资表现出如下三个特征。

第一,社会责任投资相对规模较小,与欧美国家差距很大。根据全球可持续投资协会的统计,欧盟和加拿大的可持续投资(即社会责任投资)当前的规模占总管理资产的比例达到 50% 左右,澳大利亚、新西兰则在 60% 以上,美国和日本分别在 25% 和 18% 左右,而我国社会责任投资在总管理资产中的比例不到 1%。由此可见,差距非常明显,从市场对标的视角来看,未来社会责任投资在我国的发展前景非常广阔。

第二,我国的社会责任投资主要依赖于绿色信贷和绿色债券,公募基金和股票市场 ESG 投资发展不足。根据《中国责任投资年度报告 2019》的统计,2019 年 1~11 月我国绿色信贷余额达到 9.66 万亿元人民币，占我国可持续投资的86.6%，远高于国际可持续信贷的相对规模，绿色债券2018年发行量达到312亿美元，成为仅次于美国的第二大绿色债券发行国。但与此同时，我国ESG公募基金和股票市场ESG发展不足，截至2019年6月，我国ESG公募基金的数量和规模在股票型和混合型基金中都只占到2%左右。股票市场公布了40余支ESG策略指数，但是目前上市公司ESG披露不到30%。在我国，除了科创板，上市公司社会责任报告不是强制披露的，这也在很大程度上影响了股票市场社会责任投资的发展。

第三，我国的社会责任投资专业性不足。当前的社会责任投资无论从机构设置、人员配置，还是人员素养上来说，专业性都远远不够，缺乏有效的市场策略和组织推动者，在高校或者培训机构课程方面，也鲜有涉及这一领域，因而其在我国表现为一种"特色市场"，也就是非主流市场。社会责任投资在我国的关注度远远不够，社会责任意识不足是主要原因，只有提高社会责任意识，拥有更充分、更专业的对社会责任的考量，社会责任投资才能逐渐发展起来。

## 4. 市场主体培育责任意识的可行方式

从企业责任意识来说，企业社会责任是企业在经营中必须考虑的因素，需要制定企业社会责任的量化指标，并加大对企业社会责任的披露，尤其是上市公司，社会责任报告需要进一步细化，以上市公司为抓手，带动整个市场企业社会责任意识的形成。

从消费者责任意识来说，消费者在购买、使用产品和接受服务时，要有资源和环境保护理念，要有可持续发展概念，这一方面有赖于扩大宣传，让人们树立更健康的消费观念；另一方面，也需要有所激励，对于具有环境保护和资源节约的产品进行补贴等，从而达到扩大消费的目的。

从政府部门责任意识来说，政府部门在追求经济利益的同时，考虑可持续发展，这可能有赖于官员考核和晋升制度的改革，需要将绿色发展、可持续发展等融入官员的考核晋升中，让其不是单单追求GDP锦标，而是有更长远的发展目标。

## 第四节　创新精神

### 1.创新精神的内涵

创新精神是指致力于综合运用已有的知识、信息、技能和方法等，创造出新的知识、新的方法或新的技术等。创新精神的内核是"新"，强调用新的方法或技术解决未知的问题，既包括基础科学领域的创新，也包括应用领域的创新，但是归根结底其能创造现实的价值。创造价值是衡量创新的重要尺度，这种价值不可简单地理解为应用价值，基础科学领域的创新通过层层传导其也是创造价值的，甚至创造出比应用领域更大的价值，所以要对创新的价值有更深入的理解和更富远见的认识。

在现代市场经济中，创新主要包括三个层面，分别是产品和服务的创新、商业模式创新和技术创新。产品和服务的创新是指在原来产品和服务的基础上加以适当改造以不断适应人们新的需求，这是比较初级层次的创新，它更强调根据市场需求来对已有产品和服务的改造和调整。商业模式创新是指某些企业经营业务和产品服务内容不发生变化，但是经营方式发生了改变，比如运用互联网与传统产业融合，也就是"互联网+"等。商业模式创新在过去几年曾经风靡一时，很多传统企业升级和创业企业的方向都是"互联网+"，引发一波互联网热，但是近两年热度有所下降，商业模式创新的浪潮正在消退。技术创新是指对现有的技术进行升级或者依据于基础科学理论创造出新的更先进的应用技术。技术创新是市场经济创新的核心，也是目前创新发展的趋势和动力。我国目前有从商业模式创新时代过渡到技术创新时代的趋势。

## 2. 创新精神在市场经济中的意义

从宏观角度来说，创新是经济增长最强劲和最持久的动力。现代西方经济学对于经济增长的分析中，技术进步对经济增长有着巨大的贡献，技术进步的来源就是创新，因而创新与经济增长有着密不可分的联系，最早对此进行研究的就是著名经济学家熊彼特，其代表作《经济发展理论》《景气循环论》等强调了创新在经济发展中的作用。创新不仅贡献了经济增长，也导致了经济波动，其从创新的角度解释商业周期，并对资本主义社会的长周期、中周期和短周期进行了研究。其后索洛、斯旺、卡斯、拉姆齐、阿罗、罗默等经济学家对经济增长理论的研究进一步证明了技术创新在经济增长中的作用，以索洛为代表的新古典经济学对于经济增长的原因分析认为，人口增长和资本积累对于经济增长都只具有水平效应，而不具备增长效应，也就是说其在短期内可以推动人均产出的提升,但是在长期内将失去其效果,只有技术进步才是经济增长永恒的动力。内生增长理论以此为基础,分析了技术进步的原因,包括"干中学"模型、私有利益驱动创新模型等,其也是在说技术对经济增长作用的持续性问题。创新在现代经济增长中的作用毋庸置疑,目前的焦点已经集中于怎么创新的问题上。

从微观角度来说,企业在市场中的核心竞争力来自于创新,企业家的本质就是创新。在熊彼特对创新的分析中,其将创新分为五种情况,分别为产品创新、技术创新、市场创新、资源配置创新和组织创新,其含义分别为创造出一种新的产品、采用一种新的生产方法、开辟一个新的市场、获得一个新的供应源和实现一种新的生产组织形式。他认为创新同时意味着毁灭,也就是"创造性破坏",企业家是创新的主体,企业家的本质就是创新。现代管理学大师彼得·德鲁克也在其《创新与企业家精神》一书中将实践创新与企业家精神视为所有企业和机构有组织、有目的、系统化的工作,并讨论了企业如何进行创新的问题。从微观角度来说,创新已经成为现代微观经济学和管理学研究的重要课题。创新就是要与其他人区别开来,就是要获得相对垄断优势,从而凭借这种垄断优势获得相对有利的市场地位,这也是一个企业相对于其他企业的核心竞争力。同质化是市场竞争均衡的倾向,但是异质化是每个有理想的企业必须选择的路径。

## 3. 我国创新体系的现状

从宏观层面来说,我国已经从要素驱动走向创新驱动,并且在创新内容上来说,逐步从商业模式创新时代过渡到技术创新时代。从改革开放以来我国经济增长的实践来看,创新的作用也越来越大,在20世纪八九十年代,我国的经济增长主要依靠劳动力驱动,创造了长三角、珠三角这样的增长"神话",而到了21世纪初则主要依靠货币投入和投资驱动。2000年到2020年,我国广义货币量(M2)从13万亿元增加到200万亿元,年均增长大约为15%,货币投入量流入市场大大刺激了我国的投资,主要表现就是房地产领域的兴起和传统制造业的增长,而当前我国面临去库存和去产能的压力,因而2012年之后国家提出创新驱动发展战略,也就是转向依靠创新来发展经济,这也是历史发展的必然。当前我国"互联网+"的泡沫逐渐散去,伴随着大批互联网企业的倒闭和凭借互联网概念在市场融资难度的提高,商业模式创新的红利正在减弱,而技术创新的红利愈加明显,我国正在步入技术创新的时代。

从中观层面来说,现代制造业和战略性新兴产业是产业结构转型的方向,技术创新激励制度不断完善。在过去的发展中,我国的支柱性产业主要是传统制造业和房地产业。依靠这两大产业,我国的经济获得了快速的发展,但是2014年之后去产能和去库存的压力不断加大,产业结构转型势在必行,而目前来看,产业结构转型的主要方向就是服务业、现代制造业和战略新兴产业,服务业包括生产服务、消费服务、商务服务和精神服务,其对技术的要求可能不是很高,但是现代制造业和战略性新兴产业都对技术有着非常高的要求,现代制造业包括航空器制造和航天器制造、高铁装备制造、核电装备制造、特高压输变电装备制造、现代船舶和现代海洋装备制造,战略性新兴产业包括新能源、新材料、生命生物工程、信息技术与移动互联网、节能环保、新能源汽车、人工智能和高端装备制造,这些领域的发展都有赖于技术的进步。我国也设计了一系列技术创新激励方案，比如产学研结合制度等，逐步放开高校与科研院所教授或研究人员运用其研究成果进行创业的限制，并且对于科研人员本身分配的比例逐步提高，这些都反映了技术创新激励制度的完善。

从微观层面来说，技术创新越来越成为企业关心的问题，更多的企业设立了技术创新部门，并不断完善技术创新制度。根据《国家创新蓝皮书：中国创新发展报告》，2014年中国科研人员数量就已经占到了世界的25%，居世界第一，虽然科技人力资源雄厚，但是人均产出效率远低于西方国家，尤其是高端的创新性人才非常稀缺，没有一流的人才也就不可能诞生一流的企业。企业是最有动力进行创新的主体，近些年来我国企业研发投入占比不断提高，尤其是以华为、阿里巴巴、腾讯、百度等为代表的信息技术公司，研发投入提高，研发体系不断完善。但是根据欧盟委员会发布的《2018年欧盟工业研发投资排名》来看，中国进入榜单前五十名的只有华为一家，并且位列世界第五，可见我国的技术创新还存在很大的结构性差距，进一步提高企业的技术创新水平是当务之急。

## 4. 进一步加强市场创新能力的建议

第一，推动经济体制改革，发挥市场在资源配置中的决定性作用。为了推进创新驱动型增长，必须进行体制机制改革，包括：①政府体制改革，其核心是"简政放权"，要向社会、市场和企业放权，激发创新活力；②金融体制改革，其方向是金融自由化，包括利率市场化、汇率市场化、人民币在资本项目下的可自由兑换、银行自由化、放开非银行金融以及资本市场改革等,完善金融市场,为创新提供财力支撑;③调整基本经济制度,民营经济要获得与公有经济一样完整、平等的地位,在市场中公平竞争,发挥中小企业的技术创新能力;④国有企业改革,国企改革的方向是转向混合经济,通过向社会资本开放来加强监督,提高经营效率,包括企业在技术研发等方面的效率等等。通过这些体制机制改革,将能发挥市场在资源配置中的决定性作用,提高市场创新活力。

第二,建立健全知识产权保护体系,做到有法可依、执法必严。我国的知识产权保护力度不够是阻碍创新的一个重要因素,建立健全知识产权保护体系必须从立法、司法和执法三个方面进行全方位的完善,具体来说:①立法方面:《宪法》中规定"公民的合法的私有财产不受侵犯",并将"私有财产"从有形资产延伸至无形资产,这就以根本大法的形式规定了对知识产权的保护。此外,还有《商标法》《专利法》《著作权法》等专门的法律保护知识产权,在《刑法》《民事诉讼法》《行政诉讼法》等法律中也有所涉及。但是我国的知识产权立法方面仍有不足,比如知识产权犯罪的现行刑事立法范围过窄、知识产权制度的技术主体涵盖不全、缺乏量化赔偿标准等,这些是未来立法方面需要改进的地方。②司法方面:要加强对知识产权的司法保护,细化和严格对知识产权法律的解释,培养一支高技能、专业化的知识产权司法队伍,不断改进知识产权案件的审判程序,做到公平、公正、公开,提高司法效率。③执法方面:我国对知识产权侵权的执法力度依旧不够,盗版现象泛滥猖獗,尤其是在电影、书籍、软件、手机等常见的商品领域,不良厂商为了盈利以次充好,甚至有时消费者贪图便宜,故意寻求盗版商品,这更加剧了对知识产权的侵犯。知识产权执法是一项耗时耗力并且具有一定技术性的活动，所以建设一支高素质的执法队伍必不可少，并且要加强执法力度，做到执法必严，违法必究。只有从立法、司法和执法三个方面全方位完善知识产权保护体系，才能为新常态时期的创新活动提供良好的法律保障。

第三，大力发展高等教育和职业教育，尊重人才，尊重创造。科学技术是第一生产力，教育是基础，人才是关键，创新活动归根结底是教育人和激发人的活动，每一项创新都需要人来完成，但并不是任何人都可以进行有意义的创新，所以教育和人才制度显得尤为重要。2018年我国的高等教育毛入学率达到48.1%，超过中高收入国家平均水平，但与发达国家相比仍有很大差距，未来发展空间巨大。高等教育对于创新具有非常重要的作用，一方面它能加强人们的交流、拓展人们的视野以及改变人们的观念，另一方面它也是人们学习知识、创造知识甚至发明技术的直接平台。职业教育在政府推动和市场引导下，也取得了快速的发展，培养了一大批中高级技能型人才，这种教育直接面向市场，以掌握技术并直接应用于工作为目的，极大地提高了劳动者的专业素养，这些高素质的劳动者成为未来技术发展的重要驱动主体，是创新驱动型增长的重要力量，所以大力发展高等教育和职业教育有利于社会创新和经济增长。另外，人才制度也至关重要，当前我国有很多人才流失海外，这跟国内的经济环境、生活环境和学术环境等相关，当然也与人才制度密不可分，如果我们尊重人才，尊重创造，还是有很多人愿意回到中国、贡献中国的，而人才制度设计的关键就在于基于人的贡献的差别待遇，核心就是公平，在保证公平的前提下，通过差别待遇激励人才创新。

## 第五节　风险意识

### 1. 风险意识的内涵

风险意识是指对于经济中的不确定性因素进行识别，并采取措施进行管理的意识。这种风险既包括宏观经济的风险，也包括企业层面的风险，宏观经济风险的识别与管理部门是政府部门，包括央行、财政部、证监会、银保监会等。企业层面风险的识别与管理依赖于企业自身，当然企业在经营过程中也要对宏观经济风险有所认知，政府部门也要对重点企业的风险进行识别，因为宏观经济风险和企业风险是相互影响的，宏观经济的风险会影响到企业运营过程，带来企业风险，而企业的风险，尤其是系统重要性企业的风险，会导致宏观经济的风险。

从宏观经济角度来说，风险主要包括两个方面，一个是市场本身运行带来的波动，比如说经济周期带来的波动风险、通货膨胀或通货紧缩的风险、宏观杠杆率过高的风险、过度金融创新带来的风险等；另一个是政策扰动带来的风险，比如政治动荡、不合理的经济政策等。无论是市场本身的，还是政策引致的，都会导致宏观经济的波动，给宏观经济带来不确定性。

从企业角度来说，风险包括市场风险、信用风险、流动性风险、法律风险、会计风险、作业风险、资讯风险、策略风险等，其存在于企业生产经营的各个环节，也可以说，企业生产经营的过程就是不断面临和处理不确定性的过程。

## 2. 风险意识在现代市场经济中的作用

风险意识在现代宏观经济中最重要的体现就是宏观审慎政策。宏观审慎政策主要包括两方面的内容：一方面是逆周期调节，经济在发展过程中会面临不同的周期，根据现代宏观经济学对于经济周期的研究，一般来说，经济中包括了三种周期，一种是短周期，也叫库存周期，一般是40个月左右，因英国经济学家基钦提出因而也叫基钦周期。第二种是中周期，也叫设备周期或信贷周期，一般为7～12年，因法国经济学家朱格拉提出，因而也叫朱格拉周期。第三种是长周期，也叫技术周期，一般为50～60年，因俄国经济学家康德拉季耶夫提出，因而也叫康德拉季耶夫周期或"康波"。在每一个周期中，经济都会面临着繁荣、衰退、萧条、复苏几个阶段，而在不同的阶段需要采取相应的逆周期调节措施，目的是为了防止系统性的风险过度扩张，将经济控制在一个平稳的增长率和通货膨胀率范围内。另一方面是防止市场"传染病"，不同的市场之间因为存在上下游产业或者其他关联而被绑定在一起，其风险会"传染"，宏观审慎政策的重要目标就是隔断市场之间的相互传染，从而将风险控制在一定范围内。

风险意识在企业中的体现就是企业的风险管理体系，企业会对项目和运营进行评估，从而做好风险评估与预防。对于企业来说，其在经营过程中毫无疑问会面临着宏观经济的影响。宏观经济在消费、投资等方面会对企业形成冲击，除此之外，每个企业还有自己的特殊性风险，比如在生产经营过程中的信用风险、流动性风险、市场风险等，如果在国际市场经营，还会面临着政治风险、法律和会计制度存在差异的风险等。对这些风险进行评估和预防,是做投资决策的基础,同时也是在风险发生时最大程度降低损失的需要。

风险意识对于市场中的每一个投资者都具有极重要的意义,尤其是资本市场的参与者,树立收益与风险相对称的理念极其重要。很多投资者在资本市场一味地追求高收益,而全然不顾风险,毫无风险意识,面对20%、30%,甚至50%等的收益率,比如一些P2P的宣传,竟然不思考背后的风险,最终导致陷入"庞氏骗局",损失惨重,这就是缺乏风险意识的必然结局。投资者需要树立风险与收益相对称的理念。

## 3. 中国的系统性金融风险与防范

在宏观经济风险中,最重要的是防范与化解系统性金融风险,因为系统性金融风险可能引发金融危机,从而带来非常不利的经济冲击。

从我国经济现状来看,可能引发系统性金融风险的有四个领域,分别为房地产领域、外汇领域、债务领域和金融创新领域。房地产领域主要是要控制好房地产泡沫,防止发生类似于日本1990年泡沫破灭带来的危机。抑制房地产泡沫一方面需要限购限贷和约束开发商行为的短期策略,另一方面还需要租售同权、共有产权、房地产税、调整一线城市空间布局等长期策略。外汇领域主要是要稳住汇率和外汇储备,这需要做到三点,一是外汇改革中已经放开的项目继续坚持,二是严格海外并购项目审查,支持技术类并购,限制非技术类并购,三是"一带一路"投资使用人民币,不再使用外汇投资。债务领域主要是在三种债务上做好相应的防范，个人债务主要是个人房贷要从严控制，企业债务方面重点是把国有企业的债务水平降下来，政府债务方面主要是要控制好地方政府隐性债务。金融创新领域一个是要防范改革引起的金融乱象，改革的配套措施缺失会引起金融乱象；另一个是防范新技术引起的金融乱象，比如区块链技术被用于发私人货币等。在做好这些领域金融风险控制的同时，要继续健全和完善货币政策和宏观审慎政策双支柱调控框架，做好逆周期调节和防止市场之间的"传染病"。

## 4. 企业现代风险管理体系的进一步完善

现代企业风险管理体系包括对风险的识别、估测、评价、监管和效果评估等环节，其目标是以最小的成本获得最大的安全保障，管理的对象包括政治、经济、文化、社会、环境等多方面的风险因素，比如市场风险、信用风险、流动性风险、法律风险、会计风险、作业风险、资讯风险、策略风险等。很多企业已经构建了全面风险管理体系，但是针对当前市场中存在的一些较为严重的风险问题，我们认为目前的风险管理体系还有很多待完善之处。

第一，2014年以来债券违约风险逐渐加剧，2019年债券违约达到210只，涉及违约总金额达到1338.96亿元，违约只数和违约金额再创历史新高。债券违约与企业的风险管理问题息息相关，违约企业未能处理好现金流问题，这是当前风险管理的一个重要问题，同时也是投资需要重点关注的，未来债券违约率可能进一步上升。

第二，面对着对外开放程度的进一步拓展与深化，尤其是"一带一路"框架的实施，我国企业对外投资不断增加，但与此同时政治和文化差异带来的风险在不断加剧，比如缅甸密松水电站项目、中国港湾在斯里兰卡项目等，都是由于政治或文化的差异导致项目搁置，这种情况在未来也会愈发明显，因为随着进一步开放和对外投资，未来与外经济交往更加密切，这种跨文化沟通和理解能力将会变得愈发重要，怎样管理好这种风险将是企业未来面对的重要课题。

## 第六节 产品文化

### 1. 产品文化的内涵

产品文化是指凝结在商品中的文化，商品本身的生产或流通不止是因为其使用价值，而更重要的是其中蕴含的文化含义，比如茶文化、酒文化、服饰文化、饮食文化、文创产品等，这些产品本身具有使用价值，但是随着社会的发展，在购买或使用它们时，逐渐形成了一些固定的习惯或意识，让其具有了非常浓厚的文化含义，成为了一种文化符号，这也是经济文化的重要组成部分。

茶文化是在饮茶过程中形成的文化特征，包括茶道、茶德、茶书、茶具、茶艺等等，在中国具有非常悠久的历史。中国有诸多产茶区，尤其是在南方，喝茶已经不仅是一种饮食习惯，也是一种礼仪习惯。

酒文化是指在喝酒过程中形成的文化特征，中国的酒文化源远流长，在古代酒与诗篇、思乡、失意、好友等就产生了千丝万缕的联系，诗人喜欢以酒为意向表达自己的情感，酒已经超越了自身的使用价值，成为一种情感的寄托，在现代，人们在高兴或悲伤时也会以酒来表达情感，或结交友人，酒成为一种情感意向和礼仪。

服饰文化是指人们通过对服饰的不同装扮来达到表达情感的目的，服饰已经超越了原始的遮羞和保暖功用，不同阶层、不同区域、不同民族或不同节日，人们可能用不同的服饰来表现，这种蕴含在服饰中的文化已经成为研究历史和民族的重要素材。

饮食文化是指在不同地域或时间，人们具有不同的饮食习惯、使用不同的食具等，而在特定地域、特定时间，人们的饮食习惯相对统一，因而具有较强烈的心理认同感，此种将饮食作为联系情感、社交活动的重要手段的形式逐渐形成了饮食文化。

文创产品是指人们将某种文化概念或者文化意向通过与其他物体的结合，形成带有文化符号的一种新的文化商品。文创产品既可能是带有某种实体的商品，比如"故宫口红"等，也有可能是不具有实体的商品，比如腾讯游戏开发的"飞天皮肤"等。这种文化与商品的融合促进了文化的传播，同时带动了经济的发展，文创产品已经越来越引起市场的关注。

## 2.我国产品文化发展的现状

我国的茶文化、酒文化、服饰文化和饮食文化等源远流长，具有阶段性和区域性特点，但是总体来说，又具有在文化上一脉相承的属性。茶、酒、服饰、饮食等既是使用价值的物质载体，又是文化的物质载体，产品文化的发展与这种产品的物质消费息息相关。首先，从消费总量上来说，中国的茶产量和消费量一直稳居世界第一，并且保持稳定增长态势。酒类包括蒸馏酒、发酵酒和配制酒，中国白酒属于蒸馏酒，在世界蒸馏酒的产量中占到三分之一，但是从国际化消费来看，中国白酒占比不到百分之一，也就是说中国国内对白酒的消费量巨大。我国的服装、饮食产业也保持平稳的增长，过去几年年均增长率分别在 6% 和 10% 左右。

从分布特点来说，我国茶产区主要有江南茶区、江北茶区、西南茶区和华南茶区，主要集中于南方，所以南方的茶文化相较于北方更为浓厚。酒文化已逐渐从政务消费向个人消费和商务消费转变。服饰和饮食在不同的历史阶段、不同的区域呈现很大差异，典型的如少数民族服饰、中国八大菜系等，反映的都是文化内涵的差异。从文化创新上来说，当前的茶、酒、服饰和饮食，也在不断迎合新的需求，在销售方式、表现形式和内容等方面进行创新，从而更好地满足市场需求。

从文创产品来说，近些年文创产业迎来了快速的发展，故宫文创产品引起网络热议，腾讯"新文创"战略的推出，各种文化创意产业基金和文创园区的设立等等，无不反映着文创产业的欣欣向荣。当前文创产业能够得以快速发展，主要是随着人们物质生活水平的提高，对于精神生活的要求相应提高，文创产品主要就在于满足了人们的精神需求。但是我国的文创产业与世界其他国家仍然有较大差距，据联合国教科文组织 2016 年和 2017 年统计，全世界文化创意产业产值为 2.2 万亿美元，美国占全球文创产业的 43%，欧洲占 34%，日韩和中国占比是 18%，其中日本的占比是 10%，韩国的占比是 5%，而 3% 是中国和其他亚洲国家。

## 3. 我国产品文化未来发展趋势

从当前来看，我国的产品文化在未来发展有两大趋势非常明显。

第一，借助于现代科技进行创新发展。产品文化是借助于产品传递文化，而产品越来越借助于现代科技手段实现传播和销售，数字科技越来越成为产品文化发展的重要支撑手段，比如茶、酒、服饰、饮食等很多借助于网络平台进行销售，运用了新零售模式，这助长了相应产品的销售，也促进了产品文化的传播，此外，5G 技术、VR 技术等进一步发展，文创产品种类也会更加丰富。

第二，传统文化的活化利用。从故宫的文创产品和腾讯的"飞天皮肤"等受到市场欢迎来看，传统文化正在借助现代产品或科技，实现活化利用。我国的传统文化有精华，也有糟粕，我们要持批判性继承的态度，将其中优秀的部分加以继承和发扬。如何将其以创新的形式迎合当下人们的需求，是传统文化发展的一大挑战，也是产品文化发展的重要机遇。

**参考文献**

[1] 卢梭. 社会契约论 [M]. 北京：商务印书馆，2011

[2] 魏杰，汪浩. 推动创新驱动型增长的政策建议 [J]. 经济纵横，2016（5）

[3] 熊彼特. 经济发展理论 [M]. 北京：中国画报出版社，2012

[4] 彼得·德鲁克. 创新与企业家精神 [M]. 北京：机械工业出版社，2018

[5] 魏杰，汪浩. 当前中国经济的金融风险及其防范 [J]. 学术月刊，2018（11）

[6] 中国产业信息网.2018年中国服装行业发展情况分析.2018年5月6日.http://www.chyxx.com/industry/201805/637509.html

[7] 中国报告大厅.饮食行业市场现状.2018年9月6日.http://m.chinabgao.com/k/yinshixingye/39315.html

[8] 中国经济时报.文创产业困局几何.2018年11月8日,http://www.chinawhcy.com/news.asp?id=3477